अलौकिक शक्ति के चमत्कार

AF649941

अलौकिक शक्ति के चमत्कार

अतीन्द्रिय अनुभवों द्वारा जानें पाँच इंद्रियों पार के रहस्य

डॉ. जोसेफ़ मर्फ़ी

अनुवाद : डॉ. सुधीर दीक्षित

MANJUL

मंजुल पब्लिशिंग हाउस

MANJUL

मंजुल पब्लिशिंग हाउस

कॉरपोरेट एवं संपादकीय कार्यालय

• द्वितीय तल, उषा प्रीत कॉम्प्लेक्स, 42 मालवीय नगर, भोपाल-462003

विक्रय एवं विपणन कार्यालय

• सी-16, सेक्टर 3, नोएडा, उत्तर प्रदेश - 201301, इंडिया

वेबसाइट : www.manjulindia.com

वितरण केन्द्र

अहमदाबाद, बेंगलुरू, कोच्चि, कोलकाता, चेन्नई,
हैदराबाद, मुम्बई, नई दिल्ली, पुणे

डॉ. जोसेफ़ मर्फ़ी द्वारा लिखित मूल अंग्रेजी पुस्तक
सायकिक परसेप्शन – द मैजिक ऑफ़ एक्सट्रासेन्सरी पावर
का हिन्दी अनुवाद

Psychic Perception- The Magic of Extrasensory Power
by Dr. Joseph Murphy - Hindi Edition

यह हिन्दी संस्करण 2014 में पहली बार प्रकाशित
8वीं आवृत्ति 2026

कॉपीराइट © 1971 डॉ. जोसेफ़ मर्फ़ी
जे एम डब्ल्यू ग्रुप, इनकॉर्पोरेटिड एवं द जीन मर्फ़ी ट्रस्ट द्वारा
सर्वाधिकार सुरक्षित

ISBN 978-81-8322-505-2

हिन्दी अनुवाद : डॉ. सुधीर दीक्षित

मुद्रण व जिल्दसाज़ी : रेप्रो इंडिया लिमिटेड

यह पुस्तक इस शर्त पर विक्रय की जा रही है कि प्रकाशक की लिखित पूर्वानुमति के बिना इसे या इसके किसी भी हिस्से को न तो पुनः प्रकाशित किया जा सकता है और न ही किसी भी अन्य तरीक़े से, किसी भी रूप में इसका व्यावसायिक उपयोग किया जा सकता है। यदि कोई व्यक्ति ऐसा करता है तो उसके विरुद्ध कानूनी कार्रवाई की जाएगी।

Printed on Print Demand

यह पुस्तक आपके लिए क्या कर सकती है

अतीन्द्रिय शक्ति हर एक में होती है। यह पाँच इंद्रियों के पार जाकर घटनाओं की जानकारी प्राप्त कर सकती है। इस असाधारण शक्ति का इस्तेमाल आप आसानी से सीख सकते हैं। इससे आपको अपनी रोज़मर्रा की ज़िंदगी में इतना फ़ायदा होगा कि आप आश्चर्यचकित रह जाएँगे।

जीवन के सभी क्षेत्रों के बहुत से लोग लगातार कुछ शक्तियों का अनुभव करते हैं : जैसे अतीन्द्रिय-दर्शन, जहाँ व्यक्ति दूर की चीज़ों और स्थितियों को अनुभूत करता है। पूर्वाभास, यानी इंसान के दिमाग़ में भविष्य की घटनाओं को अभी होते देखने की योग्यता। टेलीपेथी, जिसमें इंसान समय व स्थान की सीमाओं से परे मानसिक रूप से दूसरों से संवाद करता है। और पश्च-दृष्टि, यानी अतीत में घटी घटनाओं को देखने की योग्यता। ये सारी शक्तियाँ हम सभी में छिपी हुई अवस्था में होती हैं।

आप इस पुस्तक में पढ़ेंगे कि बहुत सारे लोगों ने अतीन्द्रिय अनुभूति (साइकिक परसेप्शन) का इस्तेमाल करके कैसे अपने प्रिय लोगों की जान बचाई, अपनी दुर्घटनाओं या आर्थिक तबाहियों को रोका तथा जटिल दैनिक जीवन में अत्यंत महत्त्वपूर्ण और भी बहुत सी चीज़ें कीं।

आपको इस पुस्तक की ज़रूरत क्यों है

यह पुस्तक आपको सिखाती है कि दैनिक जीवन की चुनौतियों, मुश्किलों, परीक्षाओं और अन्य समस्याओं से कैसे मुक़ाबला करना और उबरना है। यह बताती है कि आप अपने भीतर की असीम उपचारक उपस्थिति से कैसे संपर्क कर सकते हैं। इसमें आपको ख़ास तकनीकें बताई जाएँगी, जिससे आप अपनी अतीन्द्रिय शक्तियों से तुरंत व्यावहारिक लाभ उठा सकें।

प्रिय पाठक, आप अपने दैनिक जीवन में इन असाधारण और अतीन्द्रिय शक्तियों का कैसे इस्तेमाल कर सकते हैं, यही सिखाने के उद्देश्य से मैंने यह पुस्तक लिखी है। मैंने हर पन्ने पर अतीन्द्रिय अनुभूति और उपचार को स्पष्ट करने की कोशिश की है। जैसे पूर्व-आभास; यानी सपने कैसे दुखद घटनाओं को रोकते हैं। या अतीन्द्रिय श्रवण; सपने लोगों के जीवन में कैसे दौलत लाते हैं। या पूर्वाभास; नकारात्मक भविष्यवाणियों को मिटाने की तकनीकें। या सूक्ष्म-शरीर यात्रा; अतीन्द्रिय अनुभूति; और समृद्धि या प्रचुरता का नियम, जिसमें आर्थिक पहलू भी समाहित है - यह सब इस पुस्तक में शामिल है।

अतीन्द्रिय अनुभूति ने दूसरों के लिए क्या किया है

मैं पिछले 30 सालों से यहाँ और विदेशों में सपनों, अतीन्द्रिय-दर्शन, शरीर से बाहर के अनुभवों और मस्तिष्क की दूसरी चमत्कारी शक्तियों के बारे में सिखा रहा हूँ, लिख रहा हूँ। जीवन भर मुझे अतीन्द्रिय अनुभव हुए हैं। घटनाएँ होने से बहुत पहले ही मुझे उनकी अनुभूति हो जाती थी, कई मामलों में तो 20 साल पहले। इसके अलावा, मैंने उन असंख्य लोगों की ज़िंदगी में ज़बरदस्त परिवर्तनों के बारे में सुना और देखा है, जिन्होंने सचमुच अपनी अतीन्द्रिय शक्तियों का इस्तेमाल किया। इनमें से कुछ इस प्रकार हैं :

- ढेर सारी दौलत प्राप्त करना
- असाध्य समझे जाने वाले रोगों का अतीन्द्रिय उपचार
- लंबे समय से खोए मित्रों और रिश्तेदारों का पता लगाना
- सूक्ष्म-शरीर यात्रा और शरीर से बाहर के अनुभवों के विशिष्ट व मूल्यवान लाभ
- भावी ख़तरे के अतीन्द्रिय आभास से जान बचना
- सार्वजनिक अभिनंदन, सम्मान और मान्यता
- सपनों में दैनिक समस्याओं के अद्भुत जवाब मिलना
- ज़्यादा सुखद विवाह तथा जीवन में ज़्यादा उत्साह
- बिक्री योजनाओं या कारोबार बढ़ाने के नए विचार
- कई अनावश्यक दुखद घटनाओं की रोकथाम

- और सबसे बढ़कर, अतीन्द्रिय जागरूकता की मदद से दैनिक जीवन के सभी पहलुओं की समस्याओं को सफलतापूर्वक सुलझाना, ताकि आपको इच्छा पूरी होने की सुखद संतुष्टि मिले।

अतीन्द्रिय अनुभूति जीवन के सभी क्षेत्रों में और सभी स्तरों पर काम करती है

अपने अवलोकन और अनुभव के अनुसार जो पुरुष, महिलाएँ और किशोर अपने दैनिक जीवन में अतीन्द्रिय अनुभूति का इस्तेमाल करते हैं, वे समाज के हर स्तर और हर संभव आय समूह से आते हैं। वे टैक्सी ड्राइवर हैं, गृहिणियाँ हैं, स्टेनोग्राफ़र हैं, डॉक्टर हैं, विद्यार्थी हैं, कॉलेज प्रोफ़ेसर हैं, फ़िल्म स्टार हैं, काइरोप्रैक्टर्स हैं, औषधि विक्रेता हैं, स्पेस साइंटिस्ट हैं और ट्रक ड्राइवर हैं - और भी बहुत से हैं, जिन्होंने अपनी अतीन्द्रिय क्षमता को पहचाना और वे हर दिन उससे फ़ायदा उठाते हैं। इन लोगों ने अनुशासित कल्पना के चमत्कार खोजे। वे अकेलेपन और हानिकारक जुनून के अपने अहसास से छुटकारा पाने में कामयाब हुए। उन्होंने अपने अवचेतन मन में दस लाख डॉलर का मानसिक समतुल्य स्थापित किया। अपने तथा दूसरों के जीवन की भावी दुखद घटनाओं को पहले देखने की वजह से वे उनसे बचने में सफल हुए। उन्होंने अपनी क़ानूनी समस्याएँ सुलझाईं। वे तथाकथित काले जादू या टोने-टोटके के डर से आज़ाद हुए। उन्होंने हर स्थिति को बेहतरीन बनाने का मानसिक शांति तथा आत्मविश्वास पाया।

इस पुस्तक की अनूठी विशेषताएँ

इस पुस्तक की अनूठी विशेषता यह है कि यह ज़मीन से जुड़ी, व्यावहारिक और रोज़मर्रा की ज़िंदगी के लिए उपयोगी है। इसमें आप भावी घटनाओं को देखने की अपनी जन्मजात असाधारण योग्यता का इस्तेमाल करना सीखेंगे। यदि आपको पता चलता है कि आपके साथ बुरी घटनाएँ होने वाली हैं, तो आप यह भी सीखेंगे कि आप वैज्ञानिक प्रार्थना के ज़रिये उन्हें कैसे बदल सकते हैं। इसमें आप सीखेंगे कि अपने अन्तर्ज्ञान और अतीन्द्रिय शक्तियों को कैसे विकसित करें, ताकि आप ख़ुशी, मानसिक शांति और सभी तरह की सीमाओं से मुक्ति के राजमार्ग पर पहुँच जाएँ।

असीम उपचारक शक्ति सपनों और मानसिक दृश्यों के द्वारा आपको कैसे जवाब देती है

आप इस पुस्तक में शरीर के बाहर के अनुभवों के रोचक प्रसंग पढ़ेंगे, जिन्हें कई बार अतीन्द्रिय या सूक्ष्म-शरीर यात्रा, अतीन्द्रिय-दर्शन या अतीन्द्रिय-श्रवण कहा जाता है। आप सीखेंगे कि अतीन्द्रिय अनुभूति से अपने लिए कैसे काम कराएँ। आपको पता चलेगा कि आध्यात्मिक रूप से विकसित व्यक्ति समय या स्थान के बंधन से मुक्त होकर स्वेच्छा से दूसरों को कैसे दिख सकते हैं या आत्मिक जगत में प्रियजनों के साथ कैसे संवाद कर सकते हैं। आपको पुनर्जन्म के पक्ष तथा विपक्ष में तर्क मिलेंगे। आप यह जानेंगे कि लेखक कर्म, जीवन चक्र, बाल प्रतिभाओं, पूर्व जन्म की यादों, जन्म की असमानता और तथाकथित दुर्भाग्यशाली लोगों के बारे में लोकप्रिय मिथकों का विरोध क्यों करते हैं। पुनर्जन्म संबंधी अध्याय युगों पुरानी वर्जनाओं, गुण-दोष की व्याख्याओं, दुखद बंधन और कारागार से आपका उपचार कर देगा, क्योंकि यही तो हैं, जो आपको कुंठा और असफलता से बाँधे रहते हैं।

अपने जीवन में चमत्कार होने दें – अभी से शुरूआत कर दें!

जीवन में सबसे महान व्यावहारिक सत्य सबसे सरल होते हैं। इस पुस्तक में मैंने पुनर्जन्म और तथाकथित मृत व्यक्तियों से संवाद पर एक नई रोशनी डाली है। मैंने इन महान सत्यों को अधिकतम सरलता और बेहद स्पष्टता से पेश किया है, ताकि आप अतीन्द्रिय अनुभूति की अपनी शक्तियों से परिचित हो सकें।

यह पुस्तक आपको बताएगी कि आप कैसे दैनिक जीवन की अपनी समस्याओं को सुलझाएँ और मार्गदर्शन व आशीष प्राप्त करें, जो सच्ची जागरूकता के साथ आता है। आज ही, अभी से ही अपने जीवन में चमत्कार करना शुरू कर दें! इस पुस्तक पर अमल करते रहें, जब तक कि आपका दिन अतीन्द्रिय अनुभूति की रोशनी के साथ न उगने लगे - तब आप अपने जीवन पर निर्विवाद प्रभुत्व प्राप्त कर लेंगे और वैसा ही जीवन जिएँगे, जैसा कि आप जीना चाहते हैं।

लेखक की ओर से

विषय-सूची

1

अपने मन की अतीन्द्रिय शक्ति के बारे में जागरूक कैसे बनें

मैं इस पुस्तक का पहला अध्याय ख़ूबसूरत *कोना* इन में बैठकर लिख रहा हूँ। यहाँ से *हवाई* टापू का महासागर दिख रहा है। इस महासागर में सैकड़ों नौकाएँ दिख रही हैं। कल ही मैंने एक मछुआरी नौका में सैर की थी। नाव में लगभग 12 साल का एक लड़का भी था, जो नाव चलाना सीख रहा था। मैंने उसे बताया कि मैं टापू पर क्या करने वाला हूँ, यानी अतीन्द्रिय सिद्धांतों पर एक पुस्तक लिखने वाला हूँ। इस पर वह बोला कि एक महीने पहले *ओआहो* टापू पर उसके पिता की मृत्यु हुई थी, जो सैकड़ों मील दूर है। उसे यह बात तुरंत मालूम चल गई और उसने दौड़कर अपनी माँ को बताया, "मम्मी, पापा मर गए हैं। मैंने उन्हें देखा और उनसे बात भी की।" बाद में फ़ोन पर उसके पिता की मृत्यु की पुष्टि की गई।

मन के सिद्धांत में कोई समय या दूरी नहीं होती। जब पिता जीवन के अगले आयाम में जा रहे थे, तो वे अपने परिवार वालों को यह बात बताना चाहते थे। उनका बेटा बहुत अतीन्द्रिय और ग्रहणशील था, इसलिए उसने पिता के टेलीपेथी के संदेश को ग्रहण कर लिया। अतीन्द्रिय-दर्शन की बदौलत उस लड़के को पिता की छवि भी दिखी, जो उसके सामने प्रकट होकर बोली, "अलविदा।"

जान लीजिए कि हर व्यक्ति में ये अतीन्द्रिय क्षमताएँ होती हैं। ये कमोबेश सोई रहती हैं और अक्सर इनका दमन किया जाता है, क्योंकि परिवार के दूसरे सदस्य प्रायः उनका मखौल उड़ाते हैं।

आप अतीन्द्रिय हैं

ऐसा कितनी बार हुआ है कि आपने किसी व्यक्ति के बारे में सोचा और तभी फ़ोन की घंटी बजने लगी, और लो, आपके उसी मित्र का फ़ोन आ गया। या आपको अचानक यह अहसास हुआ कि आपके किसी क़रीबी व्यक्ति को आपकी ज़रूरत है और जब आपने उसे फ़ोन किया, तो आपको पता चला कि आपके अन्तर्ज्ञान का आभास सही था।

मैंने आज सुबह यहाँ एक सुंदर जापानी रेस्टोरेन्ट में नाश्ता किया। इस दौरान मैं एक युवक से मिला, जो जापानी अभिभावकों की संतान था और उसी टापू पर जन्मा था। मैंने उसे बताया कि मैं अतीन्द्रिय लक्षणों पर पुस्तक लिख रहा था। उसने मुझसे पलटकर पूछा कि क्या मैं एक लड़की की मदद कर सकता हूँ, जो धीरे-धीरे मौत के मुँह में जा रही है, क्योंकि उसे विश्वास था कि टाहिटी में किसी ने उस पर "काला जादू" कर दिया है। हम उसके घर गए और मैंने उस लड़की से कुछ घंटे तक बातचीत की। मैंने उसके सामने स्पष्ट किया कि दूसरों के विचारों में कोई शक्ति नहीं होती, जब तक कि वह खुद उन्हें शक्ति न दे और तब यह स्व-विचार बन जाता है। मैंने उसे बताया कि दरअसल वही थी, जो खुद को नष्ट कर रही थी। उसे यह बात समझ आने लगी कि वह स्व-विचार का शिकार थी और उसका एकमात्र शत्रु उसके दिमाग़ में बैठा डर था।

इस लड़की की परवरिश एक महिला मठ में हुई थी और उसकी धार्मिक पृष्ठभूमि अच्छी थी।

हमने इन सभी सत्य का पाठ ज़ोर-ज़ोर से मिलकर किया। फिर मैंने उसे सुझाव दिया कि जब भी डर के विचार उसके मन में आएँ, तो उसे तुरंत दृढ़ता से कहना चाहिए, "मैं ईश्वर के जीवन से सजीव हूँ।" यह स्पष्टीकरण ही उसका इलाज था और मेरे जापानी मित्र को काफ़ी हैरानी हुई, जब उस लड़की ने कृतज्ञता में हमारे साथ लंच लिया और हँसी-मज़ाक़ किया। विदा होते समय उसने मुझसे कहा, "मैं अब कभी दोबारा शक नहीं करूँगी कि केवल एक ही शक्ति है और यह सबका भला करना चाहती है।" अब वह जीवन की खुशी से ओत-प्रोत थी। परेशानी के दौर में अतीन्द्रिय अनुभूति से उसे एक नया जीवन मिला था।

थैंक्सगिविंग (धन्यवाद देने) की उस सुबह मैं *कोना इन* में ही नाश्ता करने वाला था, जहाँ मैं ठहरा हुआ था। मगर न जाने क्यों मेरे अंदर एक तीव्र इच्छा हुई, जिस वजह से मैं सड़क पर आगे गया, जब तक कि मैं एक जापानी रेस्टोरेन्ट के सामने नहीं पहुँच गया, जहाँ एक बड़ा साइनबोर्ड लगा था, "अभी नाश्ता परोसा

जा रहा है।" और यहीं मैं उस युवक से मिला, जो उस लड़की की मदद करना चाहता था। उसने डॉक्टरों और पादरियों से मदद लेने का पूरा जतन किया था, लेकिन कोई फ़ायदा नहीं हुआ। लड़की पादरियों, परामर्शदाताओं और चिकित्सकों की बात सुनने को ही तैयार नहीं थी। वह तो बस इसी एक बात पर ज़ोर देती थी कि वह मरने के लिए अभिशप्त थी। वह युवक बहुत निराश था, क्योंकि वह उससे शादी करने की योजना बना रहा था।

मेरे विषय में यह अतीन्द्रिय अनुभूति का मामला था। मेरे अवचेतन मन की असीम प्रज्ञा ने मुझे मजबूर किया कि मैं उस ख़ास रेस्टोरेन्ट में जाऊँ, उस व्यथित तथा अशांत आदमी से मिलूँ और उसकी समस्या का समाधान करूँ। यह सृजनात्मक प्रज्ञा हम दोनों को दैवी योजना में एक साथ ले आई। सचमुच, "इंसान को अपने कार्यों के कारण मालूम नहीं होते।"

धन्यवाद भरा फ़ोन कॉल

इस दोपहर जब मैं यह अध्याय आगे लिख रहा था, तो मुझे *माउई* टापू से एक फ़ोन आया। यह एक पुरानी मित्र का था, जिससे मैं कुछ दिन पहले *माउई* में मिला था। उसने कहा कि उसके पास एक रोमांचक ख़बर थी : हमने बिस्तर पर बेबस पड़े जिस डॉक्टर के लिए प्रार्थना की थी, उसने उसे फ़ोन करके बताया, "मंगलवार को कुछ हुआ था। मुझमें एक अजीब भाव आया; अपने अंदर एक उपचारक शक्ति प्रवाहित होती महसूस हुई।" मेरी मित्र कहती है कि अब वह डॉक्टर बिलकुल ठीक हो चुका है और आज वह थैंक्सगिविंग लंच तथा डिनर के लिए बाहर जा रहा है।

यह अतीन्द्रिय अनुभूति का परिणाम था। *माउई* के जिस सुंदर घर में मैं अतिथि था, वहाँ मेरी मेज़बान ने कहा था, "आइए हम मेरे एक डॉक्टर मित्र के लिए प्रार्थना करते हैं, जिसकी पीठ में इतनी गंभीर तकलीफ़ है कि वह कुछ नहीं कर सकता, चल नहीं सकता और बिस्तर पर बेबस पड़ा है।" हमने मिलकर इस तरह प्रार्थना की : उस दैवी मन को यह डॉक्टर ज्ञात है, जो सभी चीज़ें जानता है। उसे बनाने वाली असीम उपचारक उपस्थिति जानती है कि उसके स्वास्थ्य को पूरी तरह कैसे लौटाना है। असीम जीवनदायी, उपचारक, ऊर्जादायी शक्ति अब इस डॉक्टर में प्रवाहित हो रही है तथा उसे पूर्ण स्वस्थ बना रही है। शांति और प्रेम की धारा उसके पूरे अस्तित्व को सराबोर करती है। असीम जीवन की चमत्कारी शक्ति उसे जीवंत रखती है और ताक़त देती है, ताकि इस पल उसके अस्तित्व

का कण-कण उसके भीतर की शाश्वत ईश्वर उपस्थिति की लय पर नाचने लगे।"

हमने चार-पाँच मिनट तक इन सत्य विचारों पर मनन किया और अहसास किया कि उसमें उपचारक शक्ति का पुनरुत्थान हो रहा है। और फ़ोन कॉल असीम उपचारक उपस्थिति के हमारे अहसास पर प्रतिक्रिया में आया था। *एक शब्द कहो और मेरे सेवक का उपचार हो जाएगा* (ल्यूक 7:7)। बाइबल के इस वाक्य का यह मतलब नहीं है कि आप किसी की तरफ़ कोई उपचारक लहर या विचार-लहर भेजें। इसका मतलब तो यह है कि आपमें एक गहरी, आंतरिक भावना होनी चाहिए, एक जागरूकता या विश्वास होना चाहिए कि ईश्वर का उपचारक प्रेम अब दूसरे व्यक्ति के अवचेतन में पुनर्जीवित हो रहा है। यदि आपको अहसास हो जाता है, तो उपचार भी हो जाएगा। ज़ाहिर है, इसके लिए यह भी ज़रूरी है कि आप जिस व्यक्ति के लिए प्रार्थना कर रहे हैं, उसकी मानसिकता ग्रहणशील और खुली हो। इसका मतलब है अतीन्द्रिय अनुभूति (साइकिक परसेप्शन) को अपने लिए काम करने देना। अतीन्द्रिय का मतलब है आत्मा, मन या भावना से संबंधित; अनुभूति का मतलब है किसी व्यक्ति या स्थिति के बारे में सत्य की जागरूकता। इसका मतलब है किसी समस्या के बारे में सच्चाई को अंदर से महसूस करना, चाहे वह समस्या गणित की हो, नौका-संचालन की हो या किसी भी दूसरी चीज़ से संबंधित हो।

एक सपना, जो सच हो गया

एक टैक्सी ड्राइवर के साथ मेरी बहुत रोचक बातचीत हुई। उसके पिता चीन के थे और माँ हवाई की। उसने मुझे बताया कि लगभग पाँच साल पहले वह खुद से बार-बार कह रहा था, "मुझे ज़्यादा दौलत की ज़रूरत है; मुझे अपने परिवार के लिए घर की ज़रूरत है।" एक रात उसे एक स्पष्ट स्वप्न आया, जिसमें एक चीनी संत ने उसे *कोना* तट के क़रीब एक ख़ास प्लॉट दिखाया और उसे ख़रीदने का निर्देश दिया। उसने ऐसा कर दिया और आज इसका मूल्य 15 गुना बढ़ चुका है।

उस सपने ने उसे दौलतमंद और स्वतंत्र बना दिया। वह इतना जागरूक और सतर्क था कि जो संकेत उसके अवचेतन की गहराइयों से उसके पास आया था, उसने उसका अनुसरण किया। वह अपने अवचेतन मन की कार्यविधि के बारे में कुछ नहीं जानता था, लेकिन इस नियम से उसे लाभ इसलिए मिला, क्योंकि वह शांति से और भावना के साथ खुद से कह रहा था, "मुझे ज़्यादा पैसे की ज़रूरत है, मुझे एक नए घर की ज़रूरत है और मुझे किसी तरह जवाब मिल जाएगा।"

वह अपने गहरे मन की शक्तियों के बारे में नहीं जानता था, लेकिन फिर भी इसने सपने के रूप में प्रतिक्रिया की। उसमें अपने सपने की सटीक व्याख्या करने की मानसिक क्षमता थी और उसने उस पर अमल किया।

ऑपरेशन संबंधी सवाल का असाधारण जवाब

एक युवा सेक्रेटरी मेरे पास आई। वह बोली कि वह इस बारे में मार्गदर्शन के लिए प्रार्थना कर रही थी कि उसे अपने पैर का ऑपरेशन कराना चाहिए या नहीं। पाँच रातों तक उसे लगातार एक ही सपना आया, जिसमें हर बार एक आदमी सामने आकर बोला, "*आई चिंग* वाले आदमी से मिलो।" मैं जहाँ लिख रहा था, उस टेबल तक आकर वह बोली, "मैंने देखा कि आप *आई चिंग* पुस्तक पढ़ रहे हैं। मैंने कभी इसके बारे में नहीं सुना, लेकिन मेरा सपना महत्त्वपूर्ण है"

मैंने संक्षेप में उसे *आई चिंग* के पीछे के गणित के सिद्धांत को समझाया। उसका सवाल था : "क्या अस्थिचिकित्सा और अल्ट्रासोनिक चिकित्सा से मेरे पैर का उपचार हो जाएगा?" जवाब था, "डिलिवरेंस" (मुक्ति) - एक बहुत सकारात्मक हाँ। वह बेहद खुश हो गई और मुझे बताया, "यह बड़ा अद्‌भुत जवाब है और मुझे दिल में महसूस होता है कि यह सच है। मैं कल ही एक अस्थिचिकित्सा विशेषज्ञ के पास गई थी और उसने कहा था कि मेरा उपचार हो सकता है।"

वह एक जवाब खोज रही थी। उसके अवचेतन ने जवाब को सपने में नाटकीय बनाया और *आई चिंग* की सलाह दी। क्यों? कोई नहीं जानता।

अतीन्द्रिय अनुभूति अकेलेपन को दूर करती है

मैंने लगभग तीन साल पहले हवाई के इस टापू की यात्रा की थी। तब एक महिला वेटर ने मुझसे कहा कि वह अकेली है और उसे शादी के लिए आदर्श व्यक्ति नहीं मिल रहा है। मैंने उसे अवचेतन मन पर छाप छोड़ने की एक बहुत पुरानी लेकिन सरल तकनीक बताई। मेरे निर्देशों पर अमल करते हुए वह हर रात सोने से पहले अपनी अँगुली में शादी की अँगूठी की मूर्त वास्तविकता की कल्पना करने लगी। उसने ऐसा बार-बार किया। वह ऐसे अद्‌भुत अहसास के साथ सोने जाती थी, मानो यह घटना हो चुकी हो। अँगुली में अँगूठी का मतलब उसके लिए यह था कि उसकी शादी उस आदर्श पुरुष से हो गई थी, जो हर मायने में उसके सामंजस्य में था।

कोना इन के स्विमिंग पूल के पास आज दोपहर इस युवती ने अपने पति से मेरा परिचय कराया। उनकी जोड़ी आदर्श है। उसने मुझे बताया कि उसने

ऊपर बताई गई सरल तकनीक अपनी दो बहनों को भी बता दी थी और उन्हें भी बेहतरीन पति मिल गए हैं। किसी सरल काम को बार-बार दोहराने से, जैसा उसने किया, वह विचार अवचेतन मन तक पहुँच जाता है। इसके बाद अवचेतन की बुद्धिमत्ता अपने अनूठे तरीक़े से प्रतिक्रिया करती है और दैवी योजना में युवा महिला और उसके भावी पति को साथ ले *आई*। यह अतीन्द्रिय अनुभूति या "आकर्षण के नियम की सक्रियता" है।

एक शब्द का जादुई फ़ॉर्मूला

मेरे पास कई लोग आर्थिक अभाव और असुरक्षा संबंधी सलाह लेने आते हैं। वे सभी इस तरह की बात कहते हैं : "मुझमें ऐसी कोई गड़बड़ नहीं है, जो 50,000 डॉलरों से ठीक न हो पाए।" मैं उन्हें एक बहुत सरल फ़ॉर्मूला देता हूँ, जिसे मैं अपना "एक शब्द का फ़ॉर्मूला कहता हूँ।" इसे *दौलत* कहा जाता है। मैं हर एक से पूछता हूँ, "क्या आप दौलत में यक़ीन करते हैं?" हमेशा सभी कहते हैं "ओह हाँ, ज़ाहिर है। मुझे दौलत हर जगह दिखती है," या इससे मिलती-जुलती बात।

मैं इसी तर्ज़ पर आगे विस्तार से कहता हूँ : "सड़क पर चलते वक़्त अगर आप अपने चारों ओर देखें, तो आपको मंदिर, चर्च, बैंक, सभी प्रकार के सामानों वाले स्टोर, लाखों कारें, ट्रक और असंख्य मशीनें व सभी तरह के उपकरण दिखते हैं। ये सभी इंसान के मन से उत्पन्न हुए हैं। रेडियो, टी.वी., कार, टाइपराइटर, सिलाई मशीन, मकान और ऊँची इमारतों जैसी रचनाएँ व आविष्कार कभी अदृश्य थे, लेकिन इंसान के मन में एक विचार या विचार-चित्र आया और विचार को मानसिक तथा भावनात्मक पोषण देने से उसके अवचेतन मन ने उसे कर्म द्वारा साकार कर दिया। इतना ही नहीं, उसने हर उस चीज़ को आकर्षित कर लिया, जो उसके सपनों को साकार करने के लिए ज़रूरी थी। संसार में इतना कच्चा माल है कि हर आदमी राजा की तरह और हर औरत रानी की तरह कपड़े पहन सकती है। प्रकृति बहुत उदार, प्रचुर, फ़िजूलख़र्च और समृद्ध है। धरती पर समुद्र में और हवा में असंख्य ख़ज़ानों को देखो, जिनका अब तक दोहन नहीं हुआ है।"

दौलत पर ऐसी प्रारंभिक चर्चा के बाद मेरे श्रोताओं को अनुभूति होने लगती है कि दौलत मन में होती है - बस एक विचार या विचार-चित्र। वे जान जाते हैं कि जब इस विचार को ऊर्जावान तथा जीवंत बनाया जाता है, तो अवचेतन मन इंसान के चेतन मन को सक्रिय कर देता है। फिर आकर्षण का नियम अमीरी - आध्यात्मिक, मानसिक और भौतिक - को उसकी ओर आकर्षित करता है। कार्य

प्रणाली बहुत सरल है : पुरुषों और महिलाओं को निर्देश दिया जाता है कि वे हर रात बस एक शब्द "दौलत" को लोरी की तरह बोल-बोलकर सोएँ और इसके साधन तथा उद्देश्य को जानें।

जब वे सोने से ठीक पहले धीरे-धीरे, शांति से और भावना के साथ "दौलत" शब्द बार-बार दोहराते हैं, तो वे दौलत का विचार अपने अवचेतन मन तक पहुँचाने में सफल हो जाते हैं। अवचेतन मन अक्सर प्रतिक्रिया में छिपे हुए गुण प्रकट करता है। यह नए द्वार खोल देता है तथा उनके सामने नए विचार, आविष्कार या खोज पेश करता है। या फिर यह उन्हें पृथ्वी के तथा उनके भीतर छिपे आध्यात्मिक और मानसिक ख़ज़ानों की ओर भी मार्गदर्शन देता है।

जहाँ लोगों ने निर्देशों का निष्ठा से अनुसरण किया, उन सभी मामलों में परिणाम असाधारण रूप से, बेहद सफल रहे हैं। चंद लोग असफल भी हुए, क्योंकि उन्होंने इस तकनीक का ठीक से पालन नहीं किया था; उनकी जाग्रत अवस्था में दौलत से इंकार करने की आदत थी। दूसरे शब्दों में, वे जिसके लिए प्रार्थना कर रहे थे, उसी से इंकार कर रहे थे और इस तरह अपनी ही भलाई को बेअसर कर रहे थे। जब उन्होंने अपनी तकनीक में सुधार किया, तो उन्हें भी सकारात्मक परिणाम मिलने लगे। जब उनके मन में ऐसा कोई विचार आता था, जैसे "मैं बैंक का लोन नहीं चुका सकता," या "मैं उस नई कार का ख़र्च नहीं उठा सकता" तो वे तुरंत बार-बार दोहराते थे, "दौलत अब मेरी है।" कुछ समय बाद दौलत का विचार एक आदत बन जाता है - यहाँ यह देखा जाना चाहिए कि प्रार्थना करना एक आदत है और आपका अवचेतन सारी आदतों का स्त्रोत है। दौलत एक अच्छी आदत है और ग़रीबी एक बहुत बुरी आदत है; और दौलत तथा ग़रीबी के बीच में बस इतना ही फ़र्क़ होता है।

एक शब्द का फ़ॉर्मूला आज़माएँ; यह कारगर है

मेरे एक भूवैज्ञानिक मित्र को कुछ महीने पहले ऑस्ट्रेलिया भेजा गया, ताकि वह पश्चिमी क्षेत्र में खदान की स्थिति की जाँच करे। उसे क्षेत्र का नक़्शा तो दे दिया गया था, लेकिन उसे उन दो शीर्ष भूवैज्ञानिकों के बारे में नहीं बताया गया था, जिन्होंने सारे उपकरणों के साथ वहाँ का सर्वेक्षण किया था और इसके बाद मुख्यालय को यह रिपोर्ट भेजी थी, "कोई सफलता नहीं मिली।" मेरे मित्र ने दूसरे ही दिन उस इलाक़े में चाँदी और यूरेनियम के भंडार खोज लिए।

ऑस्ट्रेलिया जाने से पहले हर रात सोते समय वह एक ही शब्द "दौलत"

को लोरी की तरह दोहराता था। उसके अवचेतन मन ने उसके सामने उजागर कर दिया कि दौलत कहाँ थी। जब वह ऑस्ट्रेलिया में विमान से उतरा, तो उसे सीधे एक खदान की ओर जाने का मार्गदर्शन मिला (जिसे बाद में विकसित किया गया)। इसी भूवैज्ञानिक ने ज़मीन में तेल और अन्य ख़ज़ाने भी खोजे। वह जानता है कि दौलत मन के भीतर होती है। मन में दौलत मिलने के बाद उसका मार्गदर्शन ज़मीन के नीचे के स्थान या किसी दूसरी जगह की ओर किया गया। दूसरे भूवैज्ञानिकों के पास मन की दौलत नहीं थी, इसलिए ज़मीन की दौलत ने उन्हें चकमा दे दिया।

एक सेक्रेटरी ने एक शब्द के फ़ॉर्मूले का कैसे इस्तेमाल किया

मैं एक सेक्रेटरी की बात सुनकर खुश हुआ, जो लॉस एंजेलिस में विलशायर एबेल थिएटर में रविवार को मेरे व्याख्यान सुनने आती थी। उसने कहा, “अगर कोई एक साल पहले मुझे बताता कि मैं एक लिंकन गाड़ी चलाऊँगी, एक मिंक कोट, महँगे हीरे और नीलम पहनूँगी और अपने खुद के घर में रहूँगी और एक बेहतरीन व्यक्ति मेरा पति होगा, तो मैं ज़ोर-ज़ोर से हँसने लगती।” इस युवा महिला ने मेरे निर्देश गंभीरता से लिए। उसे इनमें समझदारी नज़र आई, इसलिए उसने इन पर अमल करने का निर्णय लिया। उसने अपनी बात किसी को नहीं बताई; उसे डर था कि ऑफ़िस की उसकी सहेलियाँ इस विचार का मखौल उड़ाएँगी। अपने अवचेतन मन में निष्ठापूर्वक बीज बोने के तीन महीने बाद दौलत और खुशी समृद्धि के सैलाब के रूप में उसकी ओर प्रवाहित हुईं।

अतीन्द्रिय अनुभूति कैसे विकसित करें

हर रात को आगे बताये गए तरीक़े से अपने शरीर को तनावमुक्त करें और धीमे से कहें : “मेरे पंजे तनावमुक्त हैं, मेरे पैर तनावमुक्त हैं, मेरे टखने तनावमुक्त हैं, मेरे पैरों की पिंडलियाँ तनावमुक्त हैं, मेरी जाँघें तनावमुक्त हैं, मेरे पेट की मांसपेशियाँ तनावमुक्त हैं, मेरे हृदय और फेफड़े तनावमुक्त हैं, मेरी गर्दन तनावमुक्त है, मेरे हाथ और बाँहें तनावमुक्त हैं, मेरा सिर तनावमुक्त है, मेरी आँखें तनावमुक्त हैं, मेरा मन तनावमुक्त है, मेरा पूरा अस्तित्व तनावमुक्त है और मैं शांति से हूँ।” ये दृढ़ कथन एक अद्भुत तरीक़े से आपके पूरे शरीर को तनावमुक्त रखते हैं।

जब आप सोने से पहले इस तनावमुक्त अवस्था में रहते हैं, तो आप अपने अवचेतन मन में इन विचारों के बीज बो लेते हैं : "मेरे अवचेतन मन में विराजमान असीम प्रज्ञा मेरे सामने हर वह चीज़ उजागर करती है, जो मुझे समय और स्थान के वर्तमान पल में जानने की ज़रूरत है। मेरे पास सभी मायनों में दैवी प्रेरणा और दैवी मार्गदर्शन है। अब दैवी मार्गदर्शन मेरा है। मैं अपने चेतन, तार्किक मन में आने वाले दैवी संकेतों को हमेशा पहचान लेता हूँ। मैं अन्तर्ज्ञान से हर स्थिति की सच्चाई भाँप लेता हूँ। मैं सत्य को सुनता हूँ, मैं सत्य को देखता हूँ, मैं सत्य को जानता हूँ। मैं दूसरों की प्रेरणा को स्पष्ट रूप से देख लेता हूँ। अगर यह प्रेरणा स्वार्थपूर्ण व मतभेद वाली होती है, तो वहाँ मैं ईश्वर के प्रेम, शांति और सामंजस्य की उपस्थिति का अहसास करके उसे रूपांतरित कर देता हूँ। अब दैवी सामंजस्य मेरा है। अब दैवी सफलता मेरी है। अब दैवी कार्य मेरा है। अब दैवी योजना व नियम मेरे हैं। दैवी शांति इस समय मेरी आत्मा को भर देती है। दैवी प्रेम इस समय मेरे पूरे अस्तित्व को सराबोर करता है। मैं ईश्वर की बुद्धिमत्ता से प्रकाशित हूँ और मैं आत्मिक दृष्टि से अतीन्द्रिय-दर्शक और अतीन्द्रिय-श्रोता हूँ। मैं जो एकमात्र आवाज़ सुनता हूँ, वह ईश्वर की आंतरिक आवाज़ है, जो शांति में बोलती है। मेरा अतीन्द्रिय-दर्शन यह है कि मुझमें मतभेद में शांति को देखने की क्षमता है, नफ़रत में प्रेम देखने की क्षमता है, दुख में ख़ुशी देखने की क्षमता है, दर्द में शांति देखने की क्षमता है और तथाकथित मृत्यु में जीवन देखने की क्षमता है।"

मनुष्य, तुम जो देखते हो, वही तुम्हें बनना होगा -
अगर ईश्वर को देखोगे, तो ईश्वर बनोगे; अगर मिट्टी देखते हो,
तो मिट्टी बनोगे।

याद रखने वाले बिंदु

1. लगभग 12 साल का एक लड़का दौड़कर घर गया और अपनी माँ से बोला, "मम्मी, पापा मर गए हैं। मैंने उन्हें देखा और उनसे बात भी की।" उसके पिता की मृत्यु की पुष्टि बाद में फ़ोन पर हो गई। हमें यह अहसास होना चाहिए कि ये अतीन्द्रिय क्षमताएँ हर व्यक्ति में होती हैं। इस लड़के ने अपने पिता का अतीन्द्रिय-दर्शन किया, जो उसके सामने प्रकट होकर बोले, "अलविदा।"

2. ऐसा कितनी बार हुआ है कि आपने किसी व्यक्ति के बारे में सोचा और तभी फ़ोन की घंटी बजने लगी, और लो, आपके उसी मित्र का फ़ोन आ गया। या आपको अचानक यह अहसास हुआ कि आपके किसी क़रीबी व्यक्ति को आपकी ज़रूरत है और उसे फ़ोन करने पर आपको पता चला कि आपके अन्तर्ज्ञान का आभास सही था।
3. एक लड़की अपने इस विश्वास के कारण धीरे-धीरे मर रही थी कि टाहिटी में किसी ने उस पर "काला जादू" कर दिया है। उसने अपने इस डर का इलाज कर लिया, जब उसने इस महान सत्य को अपने मन में समा लियाः "मैं ईश्वर के जीवन से सजीव हूँ।"
4. जब आप किसी दूसरे व्यक्ति के लिए प्रार्थना करें, तो किसी की ओर उपचारक लहर या विचार-लहर न भेजें। सबसे अच्छा यह रहता है कि एक गहरी आंतरिक भावना, एक जागरूकता या विश्वास रखें कि ईश्वर का उपचारक प्रेम अब सामने वाले के अवचेतन में पुनर्जीवित हो गया है। ऐसा करने पर आपको सकारात्मक परिणाम मिलेंगे।
5. एक टैक्सी ड्राइवर दौलत के लिए प्रार्थना कर रहा था। उसे एक स्पष्ट स्वप्न दिखा, जिसमें एक संत उसके सामने प्रकट हुए। संत ने उसे हवाई में *कोना तट* के पास एक ख़ास प्लॉट दिखाया और उसे ख़रीदने का निर्देश दिया। उसने ऐसा किया और आज प्लॉट का मूल्य 15 गुना बढ़ चुका है। एक सपना आपको दौलतमंद और स्वतंत्र बना सकता है।
6. मार्गदर्शन के लिए प्रार्थना कर रही एक सेक्रेटरी को बार-बार एक ही सपना दिखा, जिसमें हर बार एक आदमी प्रकट होकर कहता था, "*आई चिंग* वाले आदमी से मिलो।" वह मेरे पास आई और *आई चिंग* का यह सवाल पूछा : "क्या अस्थिचिकित्सा से मेरे पैर का उपचार होगा?" जवाब था : "डिलिवरेंस" (मुक्ति), जो सच साबित हुआ। उसके अवचेतन ने सपने में *सीक्रेट्स ऑफ़ द आई चिंग* पुस्तक की अनुशंसा करके जवाब का नाटकीयकरण कर दिया था।

7. दौलत मन में होती है, यह सिर्फ़ एक विचार या विचार-चित्र है - और जब आप एक शब्द के फ़ॉर्मूले "दौलत" को बार-बार दोहराते हैं, तो आप इसे सक्रिय कर देते हैं। फिर आपका अवचेतन मन आकर्षण के नियम को सक्रिय कर देता है तथा आध्यात्मिक, मानसिक व भौतिक दौलत को आपकी ओर आकर्षित करता है।
8. आप दृढ़तापूर्वक जो कथन बार-बार दोहराते हैं, उसकी विपरीत बात आपको कभी नहीं करनी चाहिए, क्योंकि इससे आपका भला नहीं हो पाएगा। जब कोई नकारात्मक विचार आपके मन में आए, जैसे "मैं किसी नई कार का ख़र्च नहीं उठा सकता," तो तुरंत दृढ़तापूर्वक बार-बार कहें, "दौलत अब मेरी है।" कुछ समय बाद आपके अवचेतन मन पर दौलत के विचार की छाप पड़ जाएगी।
9. एक भूवैज्ञानिक हर रात एक शब्द "दौलत" को लोरी की तरह जपकर सोता था। उसके अवचेतन ने उसके सामने यह प्रस्तुत किया कि दौलत कहाँ थी। उसे मागदर्शन देकर सही जगह ले जाया गया, जहाँ उसे धरती में गड़े ख़ज़ाने मिले।
10. एक सेक्रेटरी ने बार-बार यह कहा : "मैं एक आलीशान कार चला रही हूँ, एक मिंक कोट, महँगे हीरे तथा नीलम पहन रही हूँ, अपने खुद के घर में रह रही हूँ और सुखद रूप से विवाहित हूँ।" अपने अवचेतन मन में निष्ठापूर्वक बीज बोने की वजह से ये सारी चीज़ें तीन महीने बाद उसके जीवन में साकार हो गईं।
11. आप धीरे-धीरे यह कहकर अतीन्द्रिय अनुभूति विकसित कर सकते हैं : "मेरे पंजे तनावमुक्त हैं, मेरे पैर तनावमुक्त हैं, मेरे टखने तनावमुक्त हैं, मेरे पैरों की पिंडलियाँ तनावमुक्त हैं, मेरी जाँघें तनावमुक्त हैं, मेरे पेट की मांसपेशियाँ तनावमुक्त हैं, मेरे हृदय और फेफड़े तनावमुक्त हैं, मेरी गर्दन तनावमुक्त है, मेरे हाथ और बाँहें तनावमुक्त हैं, मेरा सिर तनावमुक्त है, मेरी आँखें तनावमुक्त हैं, मेरा मन तनावमुक्त है, मेरा पूरा अस्तित्व तनावमुक्त है और मैं शांति से हूँ।" ये कथन एक अद्भुत तरीक़े से आपके पूरे शरीर को तनावमुक्त कर देते हैं और आपकी अतीन्द्रिय शक्ति को विकसित कर देते हैं।

2

आपके भीतर की अतीन्द्रिय शक्तियाँ

हर इंसान में अतीन्द्रिय शक्तियाँ होती हैं। हर व्यक्ति पाँच इंद्रियों के पार की घटनाओं व अनुभवों के बारे में जागरूक होता है। यह अध्याय लिखते वक़्त मुझे मेरी एक बहन का पत्र मिला, जो इंग्लैंड में नन समुदाय की शिक्षिका है। पत्र में उसने लिखा कि उसने क्रिसमस की पूर्व संध्या पर मेरे घर में कुछ लोगों को मौन प्रार्थना करते देखा। सपने में उसने घड़ी भी देखी थी, जिसमें 12 बजे थे और घड़ी के ऊपर लिखा था, "बेवर्ली हिल्स।"

पिछले 21 सालों से मैं अपने मित्रों के साथ बरसों पुरानी रहस्यवादी क्रिसमस मनाता हूँ। ठीक आधी रात को हम एक लंबे मौन में दाख़िल हो जाते हैं और कुछ प्राचीन सत्यों पर मनन करते हैं। मेरी बहन इंग्लैंड में सो रही थी, लेकिन उसने यह पूरा दृश्य देखा और मौन से पहले समूह को दिए मेरे निर्देश भी सुने। पूरी सृष्टि में केवल एक ही मन है; चूँकि वह सोने से पहले मेरे बारे में सोच रही थी, इसलिए वह हमारी आधी रात की बैठक में जुड़ गई और उसने हमारे धार्मिक कार्य को देखा तथा सुना।

ये शक्तियाँ सभी लोगों में होती हैं, लेकिन प्रायः उन्हें नज़रअंदाज़ किया जाता है, उनका तिरस्कार किया जाता है और मखौल उड़ाया जाता है। एक सरल सत्य याद रखें : जब आप प्रार्थना, अध्ययन, ध्यान और अतीन्द्रिय दृष्टि के ज़रिये आध्यात्मिक विकास करते हैं, तो आपकी अतीन्द्रिय शक्तियाँ अपने आप विकसित हो जाती हैं।

अपनी अतीन्द्रिय शक्तियों का विकास करना

सावधान रहें और सुनिश्चित करें कि आपके पास जो भी अतीन्द्रिय शक्तियाँ हैं, उनका इस्तेमाल मानव जाति को लाभ पहुँचाने, मदद करने, उपचार करने और प्रेरित करने के लिए हो। कभी भी इन शक्तियों का इस्तेमाल किसी व्यक्ति से फ़ायदा उठाने के लिए नहीं करना चाहिए। जीवन, स्वतंत्रता व ख़ुशी से जुड़े व्यक्ति के अधिकारों के साथ किसी तरह से हस्तक्षेप नहीं किया जाना चाहिए। अपने मन की शक्तियों का दुरुपयोग करने से आपमें एक विनाशकारी प्रतिक्रिया उत्पन्न होगी, सिर्फ़ इस वजह से क्योंकि आप अपनी सृष्टि के एकमात्र चिंतक हैं और आपके विचार चूँकि सृजनात्मक हैं, इसलिए जो आप किसी दूसरे के बारे में विश्वास करते या बोलते हैं, वही आपके जीवन में भी आएगा।

नकारात्मक साँचे को कैसे बदलें

एक युवा महिला से मेरी बातचीत हुई। वह एक विचाराधीन तलाक़ प्रकरण को लेकर भावनात्मक रूप से अशांत थी। परामर्श के बाद साधना के दौर में मैं एक बहुत निष्क्रिय, अतीन्द्रिय और ग्रहणशील मानसिक अवस्था में दाख़िल हुआ। मेरे सामने अचानक एक दृश्य खुल गया। मैंने देखा कि वह युवती अपनी एक सहेली के साथ कार में यात्रा कर रही थी। एक चौराहे पर एक ट्रक ने उस कार को टक्कर मार दी, जिससे कार तबाह हो गई और युवती तथा उसकी सहेली की मृत्यु हो गई। मैंने अपने मन में उस तस्वीर को उलट दिया। मैंने उसमें, उसके ज़रिये और उसके आस-पास ईश्वर की उपस्थिति का अहसास किया। मैंने यह महसूस किया कि उसे दैवी मार्गदर्शन मिल रहा है और ईश्वरीय प्रेम हर समय उसकी रक्षा कर रहा है।

मैंने उससे पूछा, "क्या आप क्रिसमस मनाने के लिए कार से घर जाने की योजना बना रही हैं?" उसने कहा, "कोई चीज़ मुझसे कहती है, 'नहीं,' लेकिन मेरी सहेली ज़ोर देती है कि मैं उसके साथ कार से जाऊँ। वह मुझे मेरे घर छोड़ देगी और उसका घर कुछ मील आगे ही है।" मैंने उसे सुझाव दिया कि किसी भी परिस्थिति में उसे कार से यात्रा नहीं करनी चाहिए और उसे अपने आंतरिक मार्गदर्शन के हिसाब से काम करना चाहिए, जो हमेशा उसकी रक्षा करना चाहता है। फलस्वरूप वह अपनी सहेली के साथ कार से नहीं गई, बल्कि हवाई जहाज़ से गई। उसकी सहेली अकेली गई। चौराहे पर ट्रक ने उसे टक्कर मार दी और वह बुरी तरह घायल हो गई।

जब कोई नकारात्मक अतीन्द्रिय तस्वीर प्रकट हो, तो चेतना में पर्याप्त ऊँचाई तक उठकर उसे उलट दें। साथ ही, यदि संभव हो, तो उस व्यक्ति को चेतावनी दे दें और संकेत करें कि मार्गदर्शन सबको मिलता है, बशर्ते उसे सुना जाए।

अतीन्द्रिय शोध

ड्यूक युनिवर्सिटी के प्रोफ़ेसर जे. बी. राइन, द सोसायटी फ़ॉर द साइकिकल रिसर्च ऑफ़ ग्रेट ब्रिटेन और संसार भर की कई शैक्षणिक प्रयोगशालाओं ने अतीन्द्रिय शोध के हज़ारों प्रकरणों के सत्यापित आँकड़े संगृहीत किए हैं। ये सभी प्रकरण कई तरह की अतीन्द्रिय शक्तियों से संबंधित हैं, जैसे अतीन्द्रिय-दर्शन, जहाँ कोई व्यक्ति दूर से चीज़ों और घटनाओं को देख लेता है; पूर्वाभास, जो भावी घटनाओं को इसी समय अपने मन में घटते हुए देखने की क्षमता है; टेलीपेथी, जिसके द्वारा व्यक्ति मानसिक रूप से दूसरों के साथ संपर्क करता है तथा समय व स्थान की दूरी को ख़त्म कर देता है; और पश्च-दृष्टि, जो अतीत में हुई घटनाओं को देखने की क्षमता है। ये सारी अतीन्द्रिय शक्तियाँ हम सभी के भीतर सोई हुई हैं।

वह मृत्यु से पहले ही शोक संदेश पढ़ लेती थी

हवाई के बड़े टापू के पश्चिमी तट पर *कोना* की हालिया यात्रा के दौरान मैंने एक महिला वेटर से बातचीत की। उसने मुझे बताया कि समय-समय पर वह अपने परिवार को जानकारी देती थी कि उसने कुछ बहुत बुज़ुर्ग रिश्तेदारों की मृत्यु की ख़बर स्थानीय अख़बार में पढ़ी थी। हर बार उसके बताए अख़बारों की पूरी तलाश की जाती थी, लेकिन ऐसी कोई ख़बर नहीं मिलती थी। आम तौर पर एक सप्ताह से लेकर दस दिन बाद उसके बताए शोक संदेश अख़बारों में छप जाते थे। इसे पूर्वाभास कहा जाता है।

बहुत छोटी उम्र में ही हवाई में रहने वाली उसकी माँ ने बच्ची को बताया था कि वह भावी घटनाओं को देख लेती थी तथा आगे भी उसी तरह देखती रहेगी। बेशक माँ की इस बात ने उसके अवचेतन मन पर एक अमिट छाप छोड़ दी, जिसने इसी अनुरूप प्रतिक्रिया की। अपने रिश्तेदारों के साथ टेलीपैथिक घनिष्ठता में रहने के कारण वह रिसीविंग स्टेशन की तरह अपने रिश्तेदारों की आसन्न मृत्यु को पकड़ लेती थी, जिसकी उनके अवचेतन मन को जानकारी होती थी।

अतीन्द्रिय अनुभूति ने उसके पिता की जान बचाई

लगभग छह महीने पहले एक दिन मेरे एक रेडियो श्रोता ने मुझे पत्र लिखकर बताया कि वह राजमार्ग पर अपनी कार से सैन फ्रांसिस्को जा रहा था। तभी अचानक उसे कानों में अपने पिता की आवाज़ सुनाई दी, जो कह रही थी, "बेटे, मेरे लिए प्रार्थना करो। मुझे बहुत बुरा हार्ट अटैक हुआ है।" इस आदमी ने सड़क के एक तरफ़ कार खड़ी की और अपने पिता के लिए प्रार्थना करने लगा, "ईश्वर की शांति मेरे पिता के हृदय पर शासन करती है। ईश्वर इस समय उनका उपचार कर रहा है और उनकी रक्षा कर रहा है।" उसने कहा कि उसने मन ही मन लगभग आधा घंटे तक इस तरह प्रार्थना की, जिसके बाद उसे अचानक बेहद शांति का अहसास हुआ।

बग़ल वाले कस्बे में पहुँचकर उसने अपने पिता के घर फ़ोन किया। उसकी माँ ने उसे बताया कि कार से ऑफ़िस जाते समय उसके पिता को भयंकर हार्ट अटैक आया था, इसलिए वे अस्पताल में हैं। सौभाग्य से वे अपनी कार रोकने में कामयाब हो गए थे, हालाँकि उन्होंने कार सड़क के बीच में रोकी थी। यह भी अच्छा रहा कि सड़क पर उनके पीछे वाली कार एक डॉक्टर की थी, जिसने उतरकर उन्हें आपातकालीन इंजेक्शन दिया और नज़दीकी अस्पताल ले गए। माँ ने कहा कि अब उसके पिता संकट से उबर चुके थे और उन्होंने माँ को बताया था, "मैंने अपने बेटे को संदेश भेज दिया था और मैं जानता हूँ कि उसकी प्रार्थना ने ही मेरी जान बचाई।"

यह अतीन्द्रिय-श्रवण है, जहाँ आप स्पष्ट रूप से अन्तर्ज्ञान या किसी प्रियजन की आवाज़ सुनते हैं, जो शायद हज़ारों मील दूर है, क्योंकि आपके मन की उच्चतर शक्तियों के लिए समय और दूरी का कोई बंधन नहीं रहता। पिता के मन में अपने बहुत आध्यात्मिक बेटे तक संदेश पहुँचाने की प्रबल इच्छा थी और उनके अवचेतन ने यह संदेश उसके कानों में पिता की आवाज़ के रूप में पहुँचा दिया, हालाँकि उस वक़्त वह लगभग 600 मील दूर था। अटैक का समय और बेटे द्वारा पिता की आवाज़ सुनने का समय लगभग समान था। बेटे की त्वरित प्रार्थना ने निस्संदेह पिता की जान बचा ली।

ये शक्तियाँ आपके भीतर हैं और समय व दूरी की बाधा के बिना पूरे संसार में सक्रिय हो सकती हैं।

आप भाषण देने वाले को टेलीपेथी से संदेश भेज सकते हैं

जब मैं रविवार सुबह किसी ख़ास विषय पर भाषण देता हूँ, तो वहाँ कई स्त्री-पुरुष मौजूद होते हैं, जो ख़ास सवालों या समस्याओं के जवाब खोज रहे होते हैं। अक्सर, जब मैं मंच पर खड़ा होता हूँ, तो वे मुझे एक मानसिक संदेश भेजते हैं। नतीजा यह होता है कि उनकी बात का जवाब देने के लिए मुझे विषय से अलग हटना पड़ता है, हालाँकि मैं हमेशा मुख्य विषय पर लौट आता हूँ। सुबह के भाषण के बाद उनमें से कई इस तरह की बात कहते हैं : "मैं उम्मीद कर रहा था कि आप उस सवाल का जवाब देंगे, जो मेरे मन में सबसे ऊपर था और आपने वाक़ई ऐसा ही किया।" उन्होंने दरअसल यह किया कि उस विचार को मन ही मन मुझ तक पहुँचा दिया और मैंने उस पर मंच से प्रतिक्रिया की। इसे टेलीपेथी कहा जाता है।

उसने कहा, "मैं यह संसार छोड़कर जा रही हूँ"

हाल ही में 92 साल की एक महिला ने मुझे फ़ोन करके आग्रह किया कि मैं एक रिटायरमेंट होम में उनसे मिलूँ। मेरे वहाँ पहुँचने पर वे बोलीं कि वे एक सप्ताह में अस्तित्व के अगले आयाम में जा रही हैं। उन्होंने अपने देहत्याग का दिन और समय भी बता दिया। सचमुच सब कुछ उनके कहे मुताबिक़ हुआ। अन्तर्ज्ञान से वे अपने अगले आयाम में पहुँचने के पल को जानती थीं। उन्होंने मुझे बताया कि अगले आयाम में पहुँच चुके कई प्रियजन उनसे मिलने आए थे और यह बताया था कि वे उनका इंतज़ार कर रहे हैं। जीवन का अगला आयाम इस धरातल को भेदता है। वास्तव में, हमारे प्रियजन हमेशा हमारे आस-पास रहते हैं और केवल फ्रीक्वेन्सी (तरंगों) द्वारा ही हमसे अलग हैं। इस महिला ने मुझसे कहा था कि वे चारों ओर गवाहों से घिरी हुई हैं और अगले आयाम को इस तरह देख रही हैं, मानो परम पिता के कई महलों वाले घर में एक दरवाज़े से जा रही हो। मुझसे विदा होते वक़्त वे बोली, "मैं ख़ुशी-ख़ुशी जा रही हूँ। मेरे तीन बेटे ऊपर मेरा इंतज़ार कर रहे होंगे।"

अमेरिकन सोसायटी ऑफ़ मैथमैटिक्स

इस प्रतिष्ठित वैज्ञानिक संस्था ने टेलीपेथी, अतीन्द्रिय-दर्शन और पूर्वाभास पर ड्यूक युनिवर्सिटी के डॉ. राइन के हज़ारों प्रयोगों की वृहद जाँच की और उनके

निष्कर्षों को वैध क़रार दिया। आज मस्तिष्क की इन असाधारण शक्तियों को परा-मनोविज्ञान (पैरा-साइकोलॉजी) कहा जाता है।

उसने अचानक एक आवाज़ सुनी और वसीयत खोज ली

एक विधवा महिला पिछले साल मुझसे मिलने आई। उसने बताया कि उसके पति ने अपनी मृत्यु से ठीक पहले उसे बताया था कि उसने एक नई वसीयत की थी, जिसमें सारी जायदाद उसके नाम छोड़ी थी। उसके वकील को नई वसीयत के बारे में कोई जानकारी नहीं थी; उसके पास जो वसीयत थी, वह दस साल पुरानी थी। मैंने उसे सुझाव दिया कि वह यह विचार करे, "असीम प्रज्ञा जानती है कि वसीयत कहाँ है और वह इसे मेरे सामने प्रकट कर रही है।" उसने मकान में हर जगह ढूँढ़ लिया था, लेकिन कोई फ़ायदा नहीं हुआ। प्रार्थना करने के तीन-चार दिन बाद जब वह किचन में कपड़ों पर प्रेस कर रही थी, तो उसने अपने पति की आवाज़ स्पष्टता से सुनी : "इसाइया के 45वें अध्याय को देखो।" उस महिला ने ऐसा ही किया और वहाँ उसे नई वसीयत मिल गई। इस वसीयत पर दो गवाहों के हस्ताक्षर थे, भाषा क़ानूनी थी, तारीख़ और दस्तखत थे। कुल मिलाकर, वह वसीयत वैध थी।

अन्तर्ज्ञान से वह जानती थी कि उसका पति अब भी जीवित है और उसकी भलाई चाहता है। वह घर में उसकी उपस्थिति अक्सर महसूस करती है। उस महिला के अवचेतन मन ने उसकी प्रार्थना पर प्रतिक्रिया की और उसके पति की आवाज़ में जानकारी दी, जिसका उसने तुरंत पालन किया। अगले आयाम में बातचीत सिर्फ़ विचार द्वारा होती है, लेकिन अवचेतन मन ने उसके पति की इच्छा या विचार को उसकी आवाज़ में ढाल दिया। उसे प्रार्थना सफल होने की ख़ुशी का अनुभव हुआ। इससे दरअसल कोई फ़र्क़ नहीं पड़ता कि उसके ख़ुद के अवचेतन मन ने उसके पति की आवाज़ का नाटकीयकरण कर दिया था या फिर पति का विचार उसके अवचेतन को सुनाई दे गया था, क्योंकि सभी लोगों में एक ही मन साझा होता है और हम सभी उसी एक मन में समाये हुए हैं।

तथाकथित मृत लोगों से बातचीत एक आम अनुभव है

मैं हाल ही में एक व्यक्ति से मिलने स्थानीय अस्पताल गया। उसने बताया कि वह अगले आयाम में जाने वाला है। डॉक्टरों ने कहा था कि वह सिर्फ़ कुछ घंटे ही ज़िंदा रह पाएगा। हमने मिलकर प्रार्थना की, जिसके बाद वह बोला, "जिमी,

मैरी और जीन यहाँ हैं।" उसने उनसे बातचीत की। ये तीनों उसके बच्चे थे, जो अगले आयाम में पहुँच गए थे। फिर उसने मुझसे कहा, "थैडियस भी यहीं है। मुझे पता नहीं था कि वह भी गुज़र गया है।"

उसकी पत्नी वहाँ मौजूद थी और वह मुझसे बोली कि वह शायद बदहवासी में अनाप-शनाप बोल रहा है। वह बदहवासी में नहीं बोल रहा था। वह तो पूरी तरह तार्किक था और मेरे साथ अच्छी तरह बात कर रहा था। एक सप्ताह बाद पत्नी को पता चला कि उसका बेटा थैडियस ऑस्ट्रेलिया में मारा गया था। इस आदमी ने दरअसल अपने परिवार के सभी दिवंगत सदस्यों को देखा था। उसके परिजन उसके चारों ओर थे, उसे तसल्ली दे रहे थे, समय और स्थान की अवधारणाओं से आज़ाद थे और चार आयाम वाले शरीरों में रह रहे थे।

जब अंधविश्वास और हज़ारों साल की धार्मिक शिक्षा की पट्टियाँ हमारी आँखों से उतर जाती हैं, तो हम अपने चारों तरफ़ मौजूद परिजनों को देखेंगे और सुनेंगे। कुछ वैसे ही, जैसे टेलीविज़न में संगीत और आवाज़ों को लाने वाली रेडियो तरंगें होती हैं, जो हमारे घरों को अंदर-बाहर सभी तरफ़ सराबोर कर लेती हैं, लेकिन हम यह साबित करने के लिए बटन दबाते हैं कि संगीत, लोग और आवाज़ें दरअसल हमारे कमरे में हैं।

सेना के एक अफ़सर को अपने भाई की बात सुनाई दी : "तुम्हें बचा लिया जाएगा"

कुछ महीनों पहले मैंने एक क्लब में डिनर के दौरान भाषण दिया। सेना का एक अफ़सर मेरे बग़ल में बैठा था। वह उसी समय वियतनाम से लौटा था। उसने कहा कि गश्त में उसे और उसके भाई को काफ़ी चोट आई थी। मदद आने से पहले ही उसका भाई घावों की वजह से मर गया था। फिर एक बहुत अजीब वाकया हुआ। उसका भाई उसके सामने प्रकट होकर बोला, "डॉक्टर ज़्यादा दूर नहीं हैं, मैं उन्हें बता दूँगा कि तुम कहाँ हो और तुम्हारी जान बच जाएगी।" लगभग आधे घंटे में दो डॉक्टर आए और उन्होंने उसका इलाज किया। उन्होंने कहा, "एक अफ़सर हवा से प्रकट हुआ था और उसने हमें सही रास्ता बता दिया।" उन्होंने अफ़सर का वर्णन किया। पूरा विवरण उसके दिवंगत भाई का ही था। कुछ घंटों बाद हेलिकॉप्टर उसे सेना के एक अस्पताल में ले गया, जहाँ उसके घाव तेज़ी से ठीक हो गए।

अगर आप ठहरकर सोचें, तो इसमें दरअसल कुछ भी अजीब नहीं है। आप एक मानसिक और आध्यात्मिक जीव हैं। जब आप शरीर को छोड़ते हैं, तो आप तुरंत चार-आयामों वाला दूसरा शरीर धारण कर लेते हैं। आप देख सकते हैं और देखे जा सकते हैं, समझ सकते हैं और समझे जा सकते हैं और आपकी याददाश्त भी अच्छी होती है। दूसरे शब्दों में, आपका व्यक्तित्व कभी नहीं मरता। इस भाई में अपने भाई की जान बचाने की प्रबल इच्छा थी। उसका अवचेतन मन डॉक्टरों का ठिकाना जानता था और तुरंत वहाँ पहुँच गया। उसने चिकित्सकों के सामने ख़ुद को प्रकट किया। इसके अलावा, उसके अवचेतन ने उसे बोलने और आदेश जारी करने की शक्ति प्रदान की।

आज वैज्ञानिक और शैक्षणिक प्रयोगशालाओं में यह सुपरिचित है कि आप अपने भौतिक शरीर से परे भी सोच सकते हैं, महसूस कर सकते हैं, देख सकते हैं, सुन सकते हैं और यात्रा कर सकते हैं। दूसरे शब्दों में, आपकी इंद्रियों की शक्तियों की प्रतिलिपि आपके मन में बनाई जा सकती है। असीम प्रज्ञा कभी कोई ग़लती नहीं करती, इसलिए यह अपेक्षित है कि आप अपनी सारी शक्तियों का इस्तेमाल अपने भौतिक शरीर और परिवेश के पार जाकर करें। सूक्ष्म शरीर, जिसे कई बार चौथे आयाम का शरीर भी कहा जाता है, इच्छानुसार प्रकट और ग़ायब हो सकता है, बंद दरवाज़ों में से प्रवेश कर सकता है, संदेश दे सकता है और भौतिक वस्तुओं को हिला सकता है। याद रखें, आपका शरीर अनंत है। ये शरीर असाधारण और सूक्ष्म है। ये ज़्यादा ऊँची आणविक फ्रीक्वेंसी पर स्पंदित होते हैं।

आपमें वह है, जो कभी पैदा नहीं हुआ और कभी मरेगा भी नहीं। पानी इसे गीला नहीं कर सकता, आग इसे जला नहीं सकती, हवा इसे उड़ा नहीं सकती। यह आपका आत्मिक स्वरूप है। आप बस एक जगह से दूसरी जगह तक जाते हैं, क्योंकि इंसान के गौरव का कोई अंत नहीं है।

याद रखने वाले बिंदु

1. हर व्यक्ति में अतीन्द्रिय शक्तियाँ और योग्यताएँ होती हैं, जो इंद्रियों के ज्ञान से परे होती हैं। कई मौक़ों पर जब फ़ोन बजता है, तो आप जान जाते हैं कि फ़ोन किसका है। इसे टेलीपेथी कहा जाता है। आप उस व्यक्ति के विचार ग्रहण कर रहे हैं, जो आपको फ़ोन कर रहा है।

2. अपनी अतीन्द्रिय शक्तियों को विकसित करते समय आपको बहुत सावधान रहना चाहिए कि आप अपनी अतीन्द्रिय योग्यता का इस्तेमाल दूसरों को लाभ पहुँचाने, उपचार करने और प्रेरित करने के लिए करें। आपको अपने अतीन्द्रिय ज्ञान या शक्ति का इस्तेमाल कभी भी दूसरों पर अपनी इच्छा थोपने या किसी से लाभ उठाने के लिए नहीं करना चाहिए। ऐसा करने से आपका ही नुक़सान होगा।
3. जब आप किसी प्रिय व्यक्ति, मित्र या ग्राहक में कोई नकारात्मक व्यवहार देखें, तो आप सामने वाले के मन और हृदय में ईश्वर की उपस्थिति का अहसास करके स्थिति को उलट सकते हैं। इसका मतलब है, दैवी प्रेम, सामंजस्य और दैवी नियम की उपस्थिति के स्पष्ट अहसास में दाख़िल होना, जहाँ वह व्यक्ति है। जान लें कि ईश्वर का मार्गदर्शन विजयी होता है; तब आप सामने वाले के अवचेतन के नकारात्मक साँचे को उलट देंगे।
4. यदि आप मानसिक और आत्मिक नियमों पर कोई भाषण सुन रहे हैं और आपको अपनी व्यक्तिगत समस्या के संदर्भ में कोई ख़ास जानकारी चाहिए हो, तो अपने विचार वक्ता तक प्रेषित करें। आप पाएँगे कि आम तौर पर वह प्रतिक्रिया करेगा।
5. कई लोग सटीकता से अपने परलोकगमन का समय जान जाते हैं। वे अपने अवचेतन मन के तादात्म्य में रहते हैं, जो सब कुछ जानता और देखता है।
6. बेहद प्रतिष्ठित वैज्ञानिक संस्था द अमेरिकन सोसायटी ऑफ़ मैथमैटिक्स ने अतीन्द्रिय अनुभूति पर डॉ. राइन के प्रयोगों के निष्कर्षों को वैध घोषित किया है।
7. अगले आयाम में पहुँच चुके परिजनों की आवाज़ें सुनना संभव है। खोई वसीयत जैसी जो जानकारी आप खोज रहे हैं, उसे आप तक पहुँचाने की उनकी इच्छा की बदौलत आप उनकी इच्छाएँ या विचार स्पष्टता से सुन सकते हैं। इन निर्देशों पर अमल करें और आपको मनचाहा जवाब मिल जाएगा। ये आपके ज़्यादा गहरे मन के चमत्कार हैं।

8. अगले आयाम में पहुँचने से पहले कई लोग दिवंगत परिजनों के साथ प्रफुल्लित और स्नेहपूर्ण बातचीत करते हैं, जो काफ़ी समय पहले गुज़र गए हैं। कुछ समय बाद जिसकी मृत्यु होने वाली हो, वह एक साथ दोनों आयामों में रहता है। वह अपने दिवंगत परिजनों को देखता और सुनता है, जो उसके चारों ओर होते हैं और उसे ढाँढस बँधाते हैं। वास्तव में, वे वहाँ पर उसे आशीष देने आए हैं, जीवन के चौथे आयाम तक जाने में उसकी मदद करने आए हैं, जो इसी धरातल में व्याप्त है।
9. जो गुज़र चुका है और जिसमें आपकी मदद करने की गहन इच्छा है, वह उन लोगों के सामने प्रकट हो सकता है, जो आपकी मदद कर सकते हैं। यही नहीं, वह उन्हें उचित संदेश भी दे सकता है।

3

रोज़मर्रा की ज़िंदगी में अतीन्द्रिय अनुभूति का इस्तेमाल कैसे करें

आपने अक्सर "साइकिक फ़ेनोमेना" (अतीन्द्रिय अद्भुत घटना) शब्दावली सुनी होगी, जो पहले प्रयुक्त होती थी। आधुनिक शब्दावली है 'अतीन्द्रिय अनुभूति।' जहाँ तक मैं याद कर सकता हूँ, मैंने रिश्तेदारों, मित्रों, परिचितों और अपने श्रोताओं के पूर्वाभासों को सुना है, जिनके हिसाब से कुछ घटनाएँ होने वाली थीं और वे हुईं भी। असंख्य लोगों ने मुझे अपने सपनों के बारे में बताया है, जो बाद में हूबहू वैसे ही घटित हुए, जैसा उन्होंने देखा था। इसी तरह कई अन्य लोगों ने मुझे अपने परिजनों का सूक्ष्म शरीर उसी समय देखने के बारे में बताया है, जिस पल वे गुज़र गए थे और उन्होंने प्रियजनों से बात भी की थी। कई अन्य लोगों ने एक आंतरिक आवाज़ सुनी, जो उनसे कोई ख़ास यात्रा न करने या किसी ख़ास व्यक्ति से शादी न करने की चेतावनी दे रही थी।

विश्वविद्यालय के कई विद्यार्थी मुझसे भावनात्मक या शिक्षा संबंधी परामर्श लेने आते हैं। वे मुझे बताते हैं कि असंख्य अवसरों पर उन्हें परीक्षा से पहले ही सपने में सारे सवाल दिख जाते हैं। इसके बाद वे फ़ौरन जाग जाते हैं और पाठ्यपुस्तक से जवाब पढ़ लेते हैं। ये सभी बातें अतीन्द्रिय अनुभूति पर निर्भर हैं, क्योंकि वे पाँचों इंद्रियों से परे होती हैं।

शरीर त्यागने के दौरान वह मुझे नज़र आई

कुछ साल पहले जब मैं एक पुराने मित्र से फ़ोन पर बात कर रहा था, तो मेरी बहन दरवाज़े से अंदर आई। मैंने हैरान होकर उससे कहा, "तुमने मुझे

बताया क्यों नहीं कि तुम आ रही हो? क्या तुम हवाई जहाज़ से आई हो?" वह लोवेस्टॉफ़्ट, सफ़ोक, इंग्लैंड में सेंट मैरीज़ कॉनवेंट में पढ़ा रही थी और साठ सालों से भी ज़्यादा समय से नन थी। उसने मुझे बताया कि वह कुछ समय पहले ही अपना शरीर छोड़ चुकी थी और मुझसे अलविदा कहने आई थी। हमने लगभग पाँच मिनट तक बात की। वह कुर्सी पर बैठी। वह मूर्त और असली थी, उसका शरीर था और वह अपनी स्वाभाविक पोशाक तथा माला पहने थी। लेकिन अचानक वह पिघल गई और ग़ायब हो गई।

बाद में मुझे पता चला कि उसने अपना अवस्थांतर उसी पल सेंट मैरीज़ कॉनवेंट, लोवेस्टॉफ़्ट, इंग्लैंड में किया था। हमने एक गोपनीय अनुबंध कर रखा था कि हममें से जो भी चौथे आयाम में पहले पहुँचेगा, वह प्रकट होकर और संदेश देकर दूसरे को बताएगा।

यह मेरी बहन का विचार-रूप नहीं था, बल्कि समूचा व्यक्तित्व था। उसने मेरे साथ अच्छी तरह बातचीत की, मेरे सवालों के जवाब दिए और अवस्थांतर (देहांत) से पहले की अपनी शारीरिक स्थिति तथा डॉक्टरों के उपचार का वर्णन किया। मुझसे मिलने की उसकी प्रबल इच्छा के कारण उसके अवचेतन मन ने उसके व्यक्तित्व को एक नए सूक्ष्म शरीर में प्रक्षेपित कर दिया, जो समय और स्थान की दूरी को ख़त्म करने में सक्षम था, जो बंद दरवाज़ों से गुज़र सकता था, भौतिक वस्तुओं को हटा सकता था और तार्किक तथा विवेकपूर्ण बातचीत कर सकता था। उसके पास एक शरीर था, जो असली, ठोस और मूर्त था। अंतर बस इतना था कि यह एक ज़्यादा ऊँची आणविक फ्रीक्वेन्सी पर स्पंदित होता था और इच्छा से ग़ायब या प्रकट हो सकता था।

अतीन्द्रिय यात्रा

मैं यह अध्याय नववर्ष के दिन लिख रहा हूँ। पिछली रात मैंने लगभग 30 मित्रों को नए साल का जश्न मनाने के लिए अपने घर बुलाया। हमने एक वैज्ञानिक प्रार्थना की, जिसके बाद मौन का लंबा अंतराल था। वहाँ उपस्थित एक युवा महिला ने मौन के बाद मुझसे कहा, "डॉ. मर्फ़ी, जब आप अपनी प्रार्थना बोल रहे थे, तब मैंने एक आदमी को आपकी पीठ के पीछे सारे समय देखा। जब मैं अंदर आई थी, तब वह समूह में नहीं था। वह कौन है? अब वह नज़र नहीं आ रहा है।"

उसने विस्तार से उसका हुलिया बताया। उसे सुनकर मैंने उसे बताया कि वह इक्वाडोर का मेरा पुराना मित्र था। वह हर नए साल का जश्न हमारे साथ

मनाता था, लेकिन पिछले पाँच सालों से वह स्पेन में था। मैंने युवा महिला को बताया कि उसने मुझे पत्र लिखकर बताया था कि वह नववर्ष की संध्या पर हमारे साथ रहेगा और हमारी प्रार्थनाओं में शामिल होगा। उसने बताया था कि वह न सिर्फ़ हमें देख पाएगा, बल्कि वह दूसरों को भी नज़र आएगा। यह बिल्कुल असामान्य नहीं है। उसने यहाँ रात के 12 बजे के हिसाब से हमारे मौन में जाने के स्थानीय समय का हिसाब लगा लिया था। उसी समय उसने मैड्रिड, स्पेन में ध्यान की अवस्था में अपने अवचेतन मन को निर्देश दिया कि वह उसे मेरे घर में ले जाए, जहाँ वह हमारी प्रार्थना चिकित्सा में शामिल हुआ।

जब मैं यह लिख रहा था, तभी मैड्रिड से मेरे मित्र का फ़ोन आया और उसने मुझसे पूछा, "क्या कल तुमने मुझे पिछली रात अपने पीछे देखा?" मैंने कहा, "नहीं, जब हम प्रार्थना और मनन कर रहे थे, तब पूरे समय मेरी आँखें बंद थीं।" फिर मैंने उसे यह बताया कि हमारी एक अतिथि ने उसे स्पष्टता से देखा था और उसका विस्तार से वर्णन किया था, जैसे यह कि उसने कौन से कपड़े पहने थे आदि। उस युवा महिला का वर्णन उसकी कही हर बात से मेल खा रहा था। उस मित्र ने मुझे बताया कि प्रार्थना कैसी थी; वहाँ कितने लोग उपस्थित थे, यह भी बताया कि वह वहाँ मौजूद लोगों में से सिर्फ़ दस को जानता था और उसने उनके नाम बताए, तथा बाक़ी उसके लिए अजनबी थे। यह सच है, क्योंकि जब वह लॉस एंजेलिस में रहता था, तब सिर्फ़ उन्हीं दस लोगों ने हमारे नए साल के जश्न में हिस्सा लिया था, जिनके उसने नाम लिए थे।

वह अतीन्द्रिय यात्रा के प्रयोग कर रहा है और उसने मुझे बताया कि शरीर-के-बाहर के अनुभवों में वह धीरे-धीरे स्पर्श, सुनने और देखने की क्षमताओं के बारे में जागरूक बन रहा है। मनुष्य एक मानसिक और आत्मिक जीव है तथा सर्वत्र उपस्थित है। मिसाल के तौर पर, जब आप अपनी माँ के बारे में सोचते हैं, तो हो सकता है कि वे हाँगकाँग में हों, लेकिन आत्मिक दृष्टि से आप उनके साथ होते हैं।

अतीन्द्रिय संप्रेषण ने एक क़ानूनी समस्या को सुलझाया

एक क़ानूनी मुकदमा पाँच साल से ज़्यादा समय से खिंच रहा था। मेरा एक वकील मित्र उसे सुलझाने की कोशिश कर रहा था। उसने बताया कि उसे लोगों की ओर से कितनी मुश्किलें आ रही हैं। उसने कहा कि वे दुराग्रही, उद्दंड व हठी हैं और आख़िरकार वह एक अंधी गली में पहुँच गया है, जिससे बाहर निकलने का कोई रास्ता नज़र नहीं आ रहा है।

मैंने उसे सुझाव दिया कि हर रात सोने से पहले वह कल्पना करे कि मैं उसके ठीक सामने हूँ और क़ानूनी मुकदमे के सुखद अंत पर उसे बधाई दे रहा हूँ। उसे मुझे यह कहते हुए कल्पना करनी थी, "सुखद अंत के लिए बधाई। देखो तो सही, ईश्वर ने क्या चमत्कार किया है।" उसके बाद हर रात उसने अपनी आँखें बंद कीं और अपना सिर तकिए पर रखा। फिर उसने लगभग दस मिनट तक अपना ध्यान मुझ पर केंद्रित किया और मेरे बधाई के शब्द सुनता रहा। उसने इसे स्पष्ट और वास्तविक बनाया। उसने अपने मन की आँखों में मेरी छवि क़ायम रखी और अपने मन के कानों से मेरे शब्द बार-बार सुने।

सप्ताह के अंत में विरोधी वकील अचानक मित्रतापूर्ण और सामंजस्यपूर्ण तरीक़े से प्रकरण सुलझाने के लिए सहमत हो गया। इस दौरान, विरोधी दल का सबसे आक्रामक सदस्य परलोक सिधार गया। यह वकील, सृजनात्मक सोच और मानसिक चित्रण द्वारा, एक दैवी समाधान के विचार से अपने अवचेतन मन में बीज बोने में सफल हुआ और उसके गहरे मन ने अपने तरीक़े से समाधान कर दिया।

याद रखें, अवचेतन मन के पास ऐसे तरीक़े हैं, जिनके बारे में आप नहीं जानते हैं। आध्यात्मिक और मानसिक रूप से मैं उपस्थित था और वकील ने अपने गहरे मन में विश्वास लाने के लिए मेरी आवाज़ का इस्तेमाल किया। मन के सिद्धांत में कोई समय या स्थान नहीं है; इसलिए जब भी आप मानसिक रूप से किसी जगह पर वास करते हैं, तो आप वहाँ सचमुच होते हैं, क्योंकि आप एक मानसिक और आध्यात्मिक जीव हैं, जो अपने वर्तमान त्रिआयामी शरीर का वाहन के रूप में इस्तेमाल कर रहे हैं। लेकिन आपका एक और सूक्ष्म, चार-आयामी शरीर है, जो समय या स्थान से स्वतंत्र होकर संसार में विचरण कर सकता है।

अतीन्द्रिय संप्रेषण ने दो प्रेमियों को मिलाया

कॉलेज की एक युवा लड़की एक रविवार की सुबह लॉस एंजेलिस में विलशायर एबेल थिएटर में मेरे व्याख्यान से पहले मुझसे मिलने आई, जहाँ मैं हर रविवार की सुबह बोलता हूँ। आँसुओं के बीच उसने इस तरह की दास्तान सुनाई : उसका अपने बॉय फ्रेंड से गंभीर झगड़ा हो गया था, जो अब वियतनाम में कहीं पर है, और वह उसके साथ सुलह करना चाहती है और उसे बताना चाहती है कि वह कितनी ग़लत थी और वह उससे बात करना पसंद करेगी।

मैंने उस लड़की को समझाया कि उसे कभी अपनी इच्छा किसी दूसरे पर नहीं थोपनी चाहिए या उसके जीवन में किसी तरह से हस्तक्षेप की कोशिश नहीं करनी चाहिए। इसके बजाय उसे खुद को माफ़ करना चाहिए और फिर इस तरह प्रार्थना करनी चाहिए : "दैवी मस्तिष्क टॉम को जानता है, और सारी चीज़ों को जानता है। ईश्वर का प्रेम टॉम के मन और हृदय में भरा हुआ है। मैं उसे ईश्वर के प्रति समर्पित करती हूँ। मैं चाहती हूँ कि उसे जीवन की सारी खुशियाँ मिलें। हमारे बीच सामंजस्य, शांति, दैवी प्रेम और समझ है। ईश्वर सदा उसके साथ रहे।"

मैंने उसे बताया कि जब भी वह यह प्रार्थना करेगी, वह उस युवक को दुआएँ देगी। चूँकि असीम प्रज्ञा सर्वज्ञानी है, इसलिए जो भी होगा अच्छा ही होगा। हो सकता है कि उसकी प्रार्थना के फलस्वरूप वे ज़्यादा क़रीब आ जाएँ। यह भी हो सकता है कि अलग होकर ही उन्हें अपनी सबसे बड़ी खुशी मिले। वह समझ गई कि उसे अपने मँगेतर को सम्मोहित करने का कोई हक़ नहीं है या अपनी बात मनवाने के लिए उस पर मानसिक दबाव डालना उचित नहीं है। इसके बजाय उसे यह मसला अपने भीतर की असीम प्रज्ञा के हवाले कर देना चाहिए, जो सब कुछ जानती है और सब कुछ देखती है। यह इस तरह की समस्याओं से निबटने का आदर्श तरीक़ा था।

जब युवती ने कुछ दिनों तक ऊपर बताई गई प्रार्थना की प्रक्रिया का अनुसरण किया, तो टॉम ने सेगोन से उसे फ़ोन किया। रोचक बात यह थी कि उसने पुराने झगड़े का ज़िक्र तक नहीं किया। इसके बजाय उसने युवती को बताया कि वह कुछ रातों पहले मुस्कुराती हुई उसके टेंट में प्रकट हुई थी और बोली, "टॉम, मैं तुमसे प्यार करती हूँ।" फिर वह ग़ायब हो गई थी।

इस सबका स्पष्टीकरण दरअसल बहुत सरल है। आत्मा सर्वत्र उपस्थित है, समय से परे और स्थानमुक्त है। अपनी प्रार्थना में युवती ने यह आग्रह किया था कि ईश्वर का प्रेम और सद्भाव टॉम के भीतर पुनर्जीवित हो जाए। जब युवती ने उसकी ख़ातिर प्रार्थना की, तो वह मानसिक और आत्मिक रूप से उपस्थित थी। निस्संदेह संवेदनशील और अतीन्द्रिय होने के नाते टॉम ने उसे देख लिया, जब वह एक असाधारण और सूक्ष्म शरीर में थी। वह मानसिक तथा आत्मिक रूप से सचमुच वहाँ पर थी और शारीरिक तौर पर ज़्यादा ऊँची फ्रीक्वेन्सी पर स्पंदन कर रही थी।

काले जादू के ख़िलाफ़ अतीन्द्रिय सुरक्षा

हाल ही में मुझे हॉनोलुलू के एक वेटर का पत्र मिला, जिससे मैं वहाँ की यात्रा के दौरान मिला था। उसने कहा कि कोई उसके ख़िलाफ़ काला जादू कर रहा था। किसी ने उसे शाप दे दिया था, जिससे उसके जीवन में हर चीज़ गड़बड़ हो गई थी। उसने उस आदमी का नाम बताया, जिसके बारे में उसे विश्वास था कि वही उसके ख़िलाफ़ काला जादू या टोना-टोटका कर रहा था।

मैंने उसे एक लंबा स्पष्टीकरण लिखा। इसमें मैंने बताया कि समुद्र का सारा पानी भी किसी जहाज़ को तब तक नहीं डुबो सकता, जब तक कि यह अंदर न आ जाए। इसी तरह दूसरों के नकारात्मक विचार उसके मन में तब तक दाख़िल नहीं हो सकते, जब तक कि वह ख़ुद अपने मन के द्वार खोलकर उन्हें प्रवेश न करने दे। मैंने उसे बताया कि ईश्वर और मनुष्य एक ही हैं।

यह निर्विवाद और शाश्वत सत्य है। जो भी है, ईश्वर ही है और ईश्वर परम सत्य, असीम प्रेम, असीम जीवन, पूर्ण सद्भाव तथा चरम आनंद है। मैंने उसे बताया कि जब उसका विचार ईश्वर का विचार है, तो ईश्वर की शक्ति उसके नेक विचारों के साथ है। मैंने यह भी कहा कि उसका विचार सृजनात्मक है; और जब वह ईश्वर के प्रेम, शांति, सद्भाव और ख़ुशी के बारे में सोचेगा, तो उसकी सुरक्षा अपने आप सुनिश्चित हो जाएगी। ईश्वरीय प्रेम सामूहिक मन के सारे ज़हरीले प्रभावों से उसकी रक्षा करेगा। दरअसल, जब वह शाश्वत सत्य के बारे में सोचेगा, तो दरअसल ईश्वर उसके ज़रिये सोच रहा है और जो भी ईश्वर सोचता है, उसका परिणाम सिर्फ़ दैवी योजना और व्यवस्था तथा आदर्श सामंजस्य ही हो सकता है।

मैंने उसे एक युगों पुराना आध्यात्मिक नुस्ख़ा दिया, जिसका स्त्रोत पुरातन काल में खो चुका है : "हर दिन दो-तीन बार शांति से बैठ जाओ और कल्पना करो कि प्रकाश का एक पवित्र घेरा तुम्हें घेरे हुए है। जब तुम यह करते रहोगे, तो कुछ दिनों बाद तुम्हें सचमुच अपने चारों ओर उपचारक प्रकाश का सुनहरा घेरा दिखाई देने लगेगा। यह तुम्हारे भीतर ईश्वर की उपस्थिति का संचारित पदार्थ है और हर हानि से तुम्हारी रक्षा करेगा। अब तुम अजेय हो और डर के विचारों या दूसरों के नकारात्मक सुझावों से पूरी तरह सुरक्षित हो। इसकी आदत डाल लो और जब भी तुम काला जादू करने वाले आदमी के बारे में सोचो, तो बस दृढ़तापूर्वक कहो, "ईश्वर का प्रेम मेरी आत्मा में भरा हुआ है। मैं उसे मुक्त करता हूँ।"

इसका अंत बहुत रोचक रहा। वेटर ने ऊपर बताई गई प्रार्थना की प्रक्रिया पर अमल किया। एक सप्ताह बाद उसने अख़बार में पढ़ा कि काला जादू करने वाला आदमी सड़क पर ढेर हो गया था, संभवतः हार्ट अटैक से। इस प्रकरण का स्पष्टीकरण भी बहुत सरल है। काले जादू का अभ्यास करने वाले ने उसके ख़िलाफ़ जो नकारात्मक विचार और शाप भेजे थे, उनके पास जाने की कोई जगह ही नहीं बची थी, क्योंकि वह वेटर अब उन्हें ग्रहण नहीं कर रहा था। इसके विपरीत, वह तो अपना बुरा चाहने वाले को दुआएँ और आशीष दे रहा था। इसलिए पलटवार हुआ। काले जादू का अभ्यास करने वाले के नकारात्मक भाव पलटकर दोगुनी शक्ति से उसकी ओर लौटे और दरअसल उन्होंने ही उसकी जान ले ली।

याद रखें, आप अपनी सृष्टि के एकमात्र विचारक हैं। चूँकि आपका विचार सृजनात्मक होता है, इसलिए आप दूसरे के बारे में जो सोचते हैं, उसे आप अपने भीतर भी बना रहे हैं। जब आप किसी दूसरे की ओर हत्या के या बुरे विचार भेजते हैं, तो वे दोगुनी शक्ति के साथ आपकी ओर लौटते हैं। इसे आम तौर पर बूमरैंग कहा जाता है। यही नहीं, किसी दूसरे का बुरा चाहना या सोचना अपने भीतर प्रेम, सद्भाव, शांति, सौंदर्य और आनंद का गला दबाना है। इन विचारों से भावनाएँ उत्पन्न होती हैं और भावनाएँ प्राण लेती हैं या उपचार करती हैं। बुरे विचारों द्वारा उत्पन्न भावनाएँ आपके अवचेतन में इकट्ठी हो जाती हैं, जिससे आत्म-विनाश होता है। इसकी वजह से आपको कोई बुरा रोग हो सकता है या किसी दूसरे तरीक़े से आपकी जान जा सकती है, क्योंकि हर हत्या दरअसल आत्म-हत्या है।

इस संसार में स्त्री-पुरुष और बच्चे दरअसल हमारी चेतना की अवस्थाओं की ही पुष्टि करते हैं - वे हमारे आंतरिक नज़रियों, विश्वासों और मान्यताओं को पूरा करने के साधन हैं। आपके विश्वास के अनुरूप ही आपके साथ किया जाता है।

याद रखने वाले बिंदु

1. "साइकिक फ़ेनोमेना" अतीन्द्रिय अनुभूति की पुरानी शब्दावली है। अक्सर आपके मन में एक आंतरिक भावना और जागरूकता होती है कि आने वाला फ़ोन किसी ख़ास व्यक्ति का है। आपको पूर्वाभास, पूर्वाभास के सपने, अन्तर्ज्ञान की प्रेरणाएँ मिली होंगी,

जो बाद में सही साबित हुईं। ये सभी वाकये अतीन्द्रिय घटनाओं की श्रेणी में आते हैं, जिसका मतलब है कि वे पाँच इंद्रियों के आगे तक जाते हैं।

2. अगले आयाम में पहुँच गए व्यक्ति के लिए यह मुमकिन है कि वह किसी प्रिय व्यक्ति के सामने प्रकट हो जाए। इस रूप को आम तौर पर सूक्ष्म शरीर कहा जाता है।

3. जो व्यक्ति हज़ारों मील दूर जाकर किसी मित्र से सचमुच मिलना चाहता है, उसके लिए यह पूरी तरह संभव है कि वह महसूस करते हुए और जानते हुए सोने से पहले अपने अवचेतन मन को सुझाव दे, "मैं जॉन जोन्स से मिलना चाहता हूँ। मेरा ज़्यादा गहरा मन बागडोर थाम लेता है और दैवी योजना द्वारा इसे साकार करता है।" जब आप दिल से ऐसा करते हैं और अपने मन में एक निश्चित निर्णय पर पहुँच जाते हैं, तो आपका अवचेतन मनचाही जगह पर एक चार-आयामी शरीर के साथ आपके व्यक्तित्व को पहुँचा सकता है।

4. मन के सिद्धांत में समय या जगह का कोई बंधन नहीं है। इसलिए आप यह कल्पना कर सकते हैं कि कोई प्रिय व्यक्ति या मित्र आपके सामने खड़े होकर कोई ऐसी अच्छी ख़बर सुना रहा है, जिसे आप सबसे ज़्यादा सुनना चाहते हैं। इसे स्पष्टता और भावना के साथ सुनें। आप व्यक्तिपरक तौर पर जो महसूस करते हैं और विश्वास करते हैं, वह घटित हो जाएगा।

5. कभी भी मानसिक रूप से किसी पर वह करने का दबाव न डालें, जो आप उससे कराना चाहते हैं। यदि आपका किसी से झगड़ा हो गया है और आप चाहते हैं कि वह आपको फ़ोन करे, तो अहसास करें कि ईश्वर सामने वाले व्यक्ति को मार्गदर्शन और दिशा दे रहा है; और यह कि आपके बीच सामंजस्य, प्रेम, शांति और समझ है। परिणाम चाहे जो हो, इस प्रार्थना से सिर्फ़ भला ही हो सकता है।

6. आप बाहरी नकारात्मक हमलों से ख़ुद की रक्षा करने के लिए यह अहसास कर सकते हैं और कह सकते हैं, "ईश्वर और मनुष्य एक हैं, और यदि ईश्वर मेरे साथ है, तो कोई भी मेरे ख़िलाफ़ खड़ा नहीं हो सकता।" जब आपके विचार सृजनात्मक और सामंजस्यपूर्ण होते हैं, तब ईश्वर आपके साथ होता है। ईश्वर की शक्ति आपकी भलाई के विचारों के साथ होती है। आप ख़ुद पर ईश्वर का कवच धारण कर सकते हैं और किसी भी तरह के नुक़सान से अपनी रक्षा कर सकते हैं। साहस के साथ महसूस करें : "मैं हमेशा ईश्वर के अमर प्रेम के पवित्र घेरे में हूँ।" अपने मन को इस महान सत्य में व्यस्त रखेंगे, तो आपका जीवन जादुई बन जाएगा।

4

आप अपने भीतर की अतीन्द्रिय शक्तियों का प्रयोग कैसे कर सकते हैं

एक बार क्रिसमस के सप्ताह में मुझे उत्तरी कैलिफ़ोर्निया की एक महिला का अद्‌भुत पत्र मिला। उसने मुझे बताया कि तीन महीने पहले उसका बेटा घर से ग़ायब हो गया था और उसका कोई सुराग़ नहीं मिल रहा था। पुलिस में रिपोर्ट कर दी गई थी, लेकिन वह उन हज़ारों किशोरों में से एक था, जो अनजान जगहों पर भाग गए थे; परिणाम नहीं मिल रहे थे।

पत्र में महिला ने बताया कि उसने किस मानसिक तकनीक का इस्तेमाल किया : "मैं अपने बेटे के कमरे में गई, लगभग दस मिनट तक शांत बैठी रही और खुद से बोली, 'असीम प्रज्ञा जानती है कि मेरा लड़का कहाँ है और मेरे भीतर की सर्वोच्च प्रज्ञा यह भी जानती है कि वह घर छोड़कर क्यों गया। वह मेरे सामने जवाब उजागर करती है। वह मेरा मार्गदर्शन करती है और मुझे बताती है कि क्या करना है।' मेरे मन में उसकी गर्लफ़्रेंड से मिलने का विचार आया। मिलने पर उसने मुझे बताया कि उनमें झगड़ा हो गया था और उसने लड़के की दी हुई अँगूठी वापस कर दी थी। फिर गर्लफ़्रेंड बोली कि वह अक्सर कैनेडा में अपने कज़िन के घर जाने की बात करता था। मैंने वहाँ तुरंत फ़ोन किया और मेरे बेटे ने फ़ोन का जवाब दिया। थोड़ी बातचीत के बाद वह खुशी-खुशी घर लौट आया। हम सभी के भीतर एक प्रज्ञा है, बस इसे थोड़ा प्रेरित करने की ज़रूरत होती है।"

यह महिला अपने अवचेतन मन की शक्तियों की सीमा को समझती थी। वह जानती थी कि जब उसका चेतन मन शांत हो जाएगा, तभी उसके अवचेतन की बुद्धिमानी सतह पर आएगी और उसकी समस्या का जवाब उजागर करेगी।

हर सवाल का एक जवाब होता है और हर समस्या का एक समाधान होता है। याद रखें, आपका अवचेतन सिर्फ़ जवाब जानता है। आप माँगिये और आपको मिल जाएगा।

अतीन्द्रिय नाटक एक डॉक्टर द्वारा दोबारा देखा गया

मेरी एक डॉक्टर मित्र कैनेडा में एक सम्मेलन में शिरकत कर रही थीं। ठहरने के लिए उन्हें एक सुंदर होटल का कमरा दिया गया, जहाँ से उत्कृष्ट नज़ारा दिख रहा था। चूँकि लंबी हवाई यात्रा के बाद वे बहुत थक चुकी थीं, इसलिए वे लगभग तुरंत ही सोने चली गईं। अचानक रात लगभग 2 बजे वे पूरी तरह जाग गईं। उनके मन में यह डर की भावना थी कि कमरे में कोई आदमी था, हालाँकि वे जानती थीं कि उन्होंने कमरा अंदर से बंद किया था। उन्होंने अपने सामने एक लंबे आदमी को देखा, जिसने अच्छे कपड़े पहन रखे थे और उसके हाथ में एक रिवॉल्वर था। उसने खुद को गोली मार ली और फ़र्श पर गिर पड़ा।

मेरी मित्र डर के मारे जड़ हो गई और सदमे में थी। बहरहाल, उसमें इतनी बुद्धि थी कि उसने होटल के क्लर्क को फ़ोन कर दिया, जो दौड़ता हुआ वहाँ पहुँच गया। मेरी मित्र ने बदहवास अंदाज़ में उसे पूरी घटना बताई। तब क्लर्क ने उससे कहा कि एक सप्ताह पहले उस कमरे में एक आदमी ने आत्महत्या की थी। यह जानकारी देने के बाद उसने तुरंत मेरी मित्र का कमरा बदल दिया।

मेरी मित्र ने मुझसे पूछा कि इसे कैसे स्पष्ट किया जा सकता है। मैंने उसे बताया कि जज ट्रोवर्ड, जिन्होंने मानसिक विज्ञान पर कई पाठ्यपुस्तकें लिखी थीं और कई सालों तक पंजाब में जज रहे थे, ने एक ऐसी ही घटना के बारे में बताया था, जो उनकी पत्नी ने भारत में उनके नए मकान में अनुभव की। वह एक गोली की आवाज़ सुनकर जागी और उसने एक आदमी को देखा, जिसने स्पष्ट रूप से उसके सामने गिरने से पहले खुद को गोली मार ली थी। उसने उसकी आवाज़ भी साफ़ सुनी थी। हालाँकि पत्नी इस डरावनी घटना को देखकर भावनात्मक सदमे में थी, लेकिन उसके पति जज ट्रोवर्ड ने इस तरह इसे स्पष्ट किया : आत्महत्या ने एक छाप छोड़ी थी, अतीन्द्रिय माहौल में एक तरह का फ़ोटा वाला नमूना छोड़ा था, जो लगातार हमारे चारों ओर मौजूद रहता है, और कोई संवेदनशील व्यक्ति इसे दोबारा होते देख सकता था। मिसेज़ ट्रोवर्ड की व्यक्तिपरक शक्तियाँ उस कमरे के कंपनों से सक्रिय हो गई थीं, जहाँ वह घटना हुई थी।

मैंने अपनी डॉक्टर मित्र को समझाया कि यह एक विचार-चित्र था, जो

भावना से बहुत ज़्यादा प्रभावित था। इसका संबंध कमरे के उस ख़ास हिस्से से था, जहाँ वह दुखद घटना हुई थी। यह विचार-चित्र धीरे-धीरे धुँधला होता जाएगा और शून्य में घुल जाएगा। इस अनुभव के बाद से यह डॉक्टर अपने अवचेतन मन की बुद्धि से आग्रह करती है कि वह उसे होटल के ऐसे कमरों का मार्गदर्शन दे, जो सद्भावपूर्ण, शांत और सभी मायनों में आनंदपूर्ण हों। ज़ाहिर है, उसका अवचेतन निष्ठापूर्वक प्रतिक्रिया करता है। अब होटल में सदमे भरे अनुभव के आस-पास का भावनात्मक माहौल पूरी तरह बेअसर हो गया था और नाटक का स्पष्टीकरण ही उसका इलाज बना था।

अपने अवचेतन मन से अन्तर्ज्ञान की अनुभूतिपूर्ण झलक सुनें

एक बैंकर ने मुझे हाल ही में बताया कि वह बैंक और इसके कर्मचारियों के कल्याण संबंधी जो भी महत्त्वपूर्ण निर्णय लेता है या निर्देश देता है, वे उसके अवचेतन मन से चेतन मन तक आने वाली अनुभूतिपूर्ण झलकों पर निर्भर हैं। उसकी तकनीक है बिना रुके प्रार्थना करना। यानी उसकी सोच हमेशा जीवन के शाश्वत सत्य-सिद्धांतों पर आधारित है, जो कभी नहीं बदलते। वह सर्वश्रेष्ठ की सुखद अपेक्षा में जीता है, उसकी सोच सृजनात्मक है और उसके दिल में सभी के लिए प्रेम व सद्भावना है।

"बिना रुके" का मतलब है एक मानसिक नज़रिया, एक गहरा विश्वास कि ईश्वर हमेशा उसका मार्गदर्शन कर रहे हैं, उसे दिशा दे रहे हैं। उसका यह विश्वास उसके अवचेतन को अन्तर्ज्ञान की वह झलक देता है, जिसके बारे में वह बोलता है। वह अपने मन को सभी तरह की नकारात्मक बातों, डर और मतभेद से दूर रखता है। इसलिए जब उसका सामना किसी समस्या या मुश्किल निर्णय से होता है, तो उसके गहरे मन की बुद्धिमत्ता उसे जवाब देती है, जो उसकी पाँच इंद्रियों के पार जाती है और हमेशा सही होती है।

आपने जितनी कल्पना की है, आप उससे कहीं ज़्यादा अद्भुत हैं

आपकी अवचेतन गहराइयों में असीम बुद्धिमत्ता, असीम शक्ति और सभी आवश्यक चीज़ों की असीम आपूर्ति निहित है, जो विकास और अभिव्यक्ति के लिए इंतज़ार कर रही हैं। आप अपने गहरे मन की इन संभावनाओं को अभी पहचानना शुरू करेंगे, तो जल्द ही वे बाहर के संसार में साकार हो जाएँगी। आपके अवचेतन मन की असीम प्रज्ञा आपके सामने हर चीज़ प्रकट कर सकती

है, जो आपको समय के हर पल या स्थान पर जानने की ज़रूरत है, बशर्ते आपका दिमाग़ खुला और ग्रहणशील हो। इससे आपको नए विचार मिल सकते हैं, जो आपको नए आविष्कार करने, नई खोज़ करने या पुस्तकें व नाटक लिखने में सक्षम बनाएँ। आपके अवचेतन की असीम प्रज्ञा में आपके शरीर का उपचार करने की शक्ति होती है। इसे आपका हर अनुभव पूरी तरह याद रहता है और यह आपको मौलिक क़िस्म का विस्तृत ज्ञान दे सकती है।

आपके अवचेतन की अन्तर्ज्ञानी शक्तियों के ज़रिये आप आदर्श जीवनसाथी, सही कारोबारी साझेदार या कर्मचारी को आकर्षित कर सकते हैं। आपके अवचेतन की बुद्धिमत्ता आपकी ज़मीन, मकान या जो भी चीज़ आपको बेचनी हो, उसके लिए सही ख़रीदार खोज सकती है। यह आपको दौलत के विचार प्रदान कर सकती है, ताकि आपको वह बनने, करने और यात्रा करने की आर्थिक स्वतंत्रता मिल जाए, जो आपका दिल चाहता हो अपनी सबसे उलझन भरी समस्याओं का जवाब आपको अपने अवचेतन के भीतर मिल जाएगा। वहीं आपको हर परिणाम का कारण मिल जाएगा। आपके अवचेतन में एक असीम उपचारक शक्ति है, जो परेशान मन और टूटे दिल का उपचार कर सकती है। सोने की खान और असीमित का ख़ज़ाना आपके भीतर है। यह डर से आपको मुक्त कर सकता है, और सभी तरह की भौतिक तथा शारीरिक क़ैद व दुख से भी।

उसने अपने भीतर उपचारक उपस्थिति खोज ली

हाल में क्रिसमस के दौरान मुझे ज़्यूरिख़, स्विट्ज़रलैंड से एक पत्र मिला। उसे लिखने वाली एक युवा महिला थी, जो मेरी पुस्तक द *पॉवर ऑफ़ युअर सबकॉन्शस माइंड* पढ़ रही थी, जिसे जर्मन भाषा में रैमन आर. केलर पब्लिशर्स, जेनेवा, स्विट्ज़रलैंड ने प्रकाशित किया था। पत्र में उसने कहा कि एक सर्जन ने उसे बताया था कि उसके पास सिर्फ़ चार महीने की ज़िंदगी बची है। बहरहाल, उसने आगे कहा कि ईश्वर की मदद से वह अपने कैंसर से उबर सकती है। उसके सर्जन ने सुझाव दिया कि वह बाइबल के उपचारक चमत्कारों को पढ़े और द *पॉवर ऑफ़ युअर सबकॉन्शस माइंड* में दी हुई तकनीकों का अभ्यास करे।

युवा महिला ने बताया कि दिन में तीन बार पंद्रह मिनट तक वह गहरी भावना और विश्वास से कहती थी कि उसके अवचेतन मन की असीम प्रज्ञा, जिसने उसके सभी अंग और पूरा शरीर बनाया था, उसका उपचार कर सकती है और करेगी। उसने अपने मन की आँखों से विश्वासपूर्वक और नियमित रूप

से यह तस्वीर देखी कि उसका सर्जन उससे कह रहा है, "एक चमत्कार हो गया है। सारे रोग-संबंधी परीक्षण नकारात्मक हैं।" छह महीने गुज़र गए और जब वह दोबारा जाँच के लिए गई, तो सर्जन ने ठीक यही कहा। छह महीने और गुज़र गए। वही बात सर्जन ने दोबारा दोहराई। इस घटना को दो साल गुज़र गए हैं और वह कहती है कि उसका पूरी तरह इलाज हो गया है तथा वह दोबारा काम पर लौट आई है। उसका सर्जन इस तथाकथित "चमत्कारी" मामले पर हैरान नहीं था, क्योंकि वह यह महान सच्चाई जानता था कि सर्वोच्च शक्ति ही सारा उपचार करती है।

मैंने उसके पत्र को संक्षेप में बताया है। मगर यहाँ दिया गया सार यह दिखाता है कि असीम उपचारक उपस्थिति में गहरे, पूर्ण विश्वास वाला व्यक्ति परिणाम हासिल कर सकता है।

अपने अवचेतन मन की अन्तर्ज्ञानी भावना को पहचानना

जब आपकी प्रेरणा सही होती है और सभी इंसानों के प्रति प्रेम तथा सद्भाव पर आधारित होती है, तथा जब आपका मन आत्म-निंदा व आत्म-आलोचना से मुक्त होता है और आपके मन में किसी तरह से किसी व्यक्ति से फ़ायदा उठाने की ज़रा भी इच्छा नहीं होती, तो धीरे-धीरे आप उस अन्तर्ज्ञानी भावना को पहचानने में सक्षम होंगे, जो आपके सवाल का सही जवाब देती है। जवाब कई तरीक़ों से मिल सकता है, लेकिन आम तौर पर जवाब एक आंतरिक अनुभूति के रूप में मिलता है, जो आपको आगे बढ़ने या पीछे रुके रहने को कहती है। आपका चेतन, तार्किक मस्तिष्क राह में आने की कोशिश कर सकता है, लेकिन जब आप मामले के सकारात्मक और नकारात्मक बिंदुओं पर सोच-विचार कर लें और फिर मामले को बुद्धिमानी तथा ज्ञान से भरे अपने गहरे मन की ओर मोड़ लें, तो आपको अन्तर्ज्ञान की कौंध के प्रति चौकन्ना रहना होगा, जो अक्सर आपके गहरे मन से स्वतः ही ऊपर उठती है। याद रखें, आपके अवचेतन के आवेग, आकांक्षाएँ और चेतावनियाँ हमेशा जीवन की ओर होती हैं। कारण यह है कि आपका अवचेतन मन आपको आर्थिक नुक़सान, दुर्घटनाओं और ऊर्जा व गुणों के मूर्खतापूर्ण अपव्यय से बचाना चाहता है, आपका उपचार करना चाहता है और आपकी रक्षा करना चाहता है। आत्म-रक्षा जीवन का पहला नियम है और यह आपके व्यक्तिपरक मन का नियम है।

उसकी आंतरिक आवाज़ ने उसकी जान बचाई

एक व्यक्ति जो लॉस एंजेलिस के उपनगरीय इलाक़े में रहता है, उसने हाल ही में मुझे बताया कि उसके नियोक्ता ने उसे अपने निजी हवाई जहाज़ में बैठकर कैलिफ़ोर्निया के उत्तरी हिस्से में शिकार के लिए चलने का आमंत्रण दिया था। वह वीकएंड के इस प्रस्ताव को स्वीकार करने वाला था, लेकिन तभी उसकी आंतरिक आवाज़ ने स्पष्टता से कहा, "मना कर दो," और उसने मना कर दिया। बाद में जहाज़ कोहरे में दुर्घटनाग्रस्त हो गया और दोनों सवार लोग मारे गए।

यह आदमी लगातार दोहराता है, "ईश्वर सभी तरीक़ों से मेरा मार्गदर्शन करता है।" निस्संदेह उसने अंदरूनी मार्गदर्शन का यह विचार अपने अवचेतन मन तक पहुँचा दिया है, जो इस पर छोड़ी गई छाप के अनुरूप प्रतिक्रिया करता है। इस व्यक्ति का पूर्वाभास इतना प्रबल और असंदिग्ध था कि उसने बाद में कहा, "मैं इससे लड़ नहीं पाया।"

आप अन्तर्ज्ञान विकसित कर सकते हैं

जिस तरह आप बिना कोशिश के साँस लेते हैं, उसी तरह आपको अपने अवचेतन मन के भीतर की प्रज्ञा को बिना किसी तनाव के अपनी बुद्धि के ज़रिये प्रवाहित होने देना सीखना चाहिए। आपका व्यक्तिपरक मन अन्तर्ज्ञान द्वारा अनुभूति करता है। इसे तर्क या जाँच नहीं करनी होती है, क्योंकि यह पूर्ण-ज्ञानी और असीम प्रज्ञा है। यदि आप अपने अवचेतन से कहते हैं, जिसे कई बार व्यक्तिपरक मन भी कहा जाता है (यह चेतन मन के अधीन होता है), "मुझे सुबह 6 बजे जगा देना," तो आप जानते हैं कि आप बिलकुल ठीक समय पर जागेंगे। यह कभी नहीं चूकता है। हमें अहसास करना चाहिए कि यहाँ पर शक्ति का एक स्त्रोत है, जो सर्वशक्तिमान है। कई अच्छे लोगों के मन में अन्तर्ज्ञान की शक्ति के बारे में ग़लत विचार होते हैं। कई मानते हैं कि यह एक ऐसी असाधारण घटना है, जिसका अनुभव केवल बेहद आध्यात्मिक लोग ही कर सकते हैं। यह सच नहीं है। कोई भी व्यवसायी या गृहिणी जवाब पा सकती है, यदि वह अवचेतन मन की असीम प्रज्ञा की ओर मुड़े। इस तरह किसी भी समस्या के लिए मार्गदर्शन हासिल किया जा सकता है।

अपने सेल्स प्रोग्राम या कारोबार के लिए नया विचार कैसे पाएँ

यदि आप पेशेवर या किसी कंपनी के एक्ज़ीक्यूटिव हैं और अपने नए प्रोग्राम के लिए कोई नया विचार चाहते हैं, तो नीचे दी हुई तकनीक आज़माएँ : अपनी आँखें बंद करें, स्थिर रहें और अपने भीतर की असीम शक्ति तथा बुद्धिमत्ता के बारे में सोचें। इससे शांति, शक्ति और आत्मविश्वास की मनोदशा उत्पन्न हो जाएगी। फिर अपने भीतर की सृजनात्मक प्रज्ञा से नीचे बताए सरल अंदाज़ में कहें, जो जवाब जानती है : "मेरे भीतर की सृजनात्मक प्रज्ञा सारी चीज़ें जानती है और यह इस प्रोग्राम के लिए आवश्यक नया विचार मुझे प्रदान करती है।" कल्पना करें कि सृजनात्मक विचार आपकी अवचेतन गहराइयों से उमड़कर आपके चेतन मन में प्रवाहित हो रहा है। आपको इसका सिर्फ़ नाटक नहीं करना चाहिए, बल्कि सचमुच भरोसा करना चाहिए। इसे स्वीकार करें और फिर इसे जाने दें। बाद वाला हिस्सा सबसे महत्त्वपूर्ण है और पूरी प्रक्रिया का रहस्य है।

शांत के दौर के बाद व्यस्त हो जाएँ। कुछ करें; दिनचर्या के कामों में व्यस्त हो जाएँ। सबसे बढ़कर, जवाब के इंतज़ार में बैठे न रहें। यह उस वक़्त आता है, जब आप इसके बारे में नहीं सोचते हैं और उस पल आता है, जब आपको इसकी क़तई उम्मीद नहीं होती। अन्तर्ज्ञान की आंतरिक आवाज़ एक कौंध में बोलती है; यह तुरंत आती है और बिना बताए आती है।

अन्तर्ज्ञान, जिसका मतलब है *अंदर का ज्ञान*, जवाब जानता है। आपको अहसास होना चाहिए कि जिस सृजनात्मक या असीम प्रज्ञा ने कायनात और उसके भीतर की सारी चीज़ें बनाईं, उसे कोई समस्या नहीं आती है; अगर आएगी, तो उसे सुलझाएगा कौन? इसलिए जब आप जवाब खोजें, तो जागरूक बनें कि आपकी व्यक्तिपरक गहराइयों की असीम प्रज्ञा सारे जवाब जानती है। समाधान जिस आश्चर्यजनक तेज़ी से आता है, वह चौंकाने वाली हो सकती है। आप अपने वस्तुपरक तर्क से ऊपर सिर्फ़ इसलिए उठ रहे हैं, ताकि एक ज़्यादा ऊँचे मार्गदर्शक का सहारा लें। जब आपको अंतर्दृष्टि मिल जाए, तो इस पर अमल करने के लिए आप अपने तर्क का इस्तेमाल करते हैं।

हो सकता है कि दो कारणों से आप अपनी अतीन्द्रिय अनुभूतियों को स्वीकार न करें

ये कारण हैं *तनाव* और अपनी *अतीन्द्रिय अनुभूति या संकेत को पहचानने की असफलता*। अगर आप नकारात्मक, निराश, शत्रुतापूर्ण मनोदशा में हैं, तो अन्तर्ज्ञान असंभव है। ऐसी स्थिति में सिर्फ़ नकारात्मक दिशा ही हावी रहेगी। दूसरी ओर, यदि आप सुखद, आत्मविश्वासी, प्रसन्न मनोदशा में हैं, तो आप अपने पास आने वाली अन्तर्ज्ञान की झलक को पहचान लेंगे। यही नहीं, आप उस पर अमल करने की व्यक्तिपरक बाध्यता भी महसूस करेंगे। इसलिए यह महत्त्वपूर्ण है कि मार्गदर्शन चाहते वक़्त आप स्थिर और तनावमुक्त रहें, क्योंकि तनाव, डर या शंका से कुछ भी हासिल नहीं किया जा सकता।

किसे यह अनुभव नहीं हुआ है कि उसे कोई नाम याद नहीं आया, लेकिन खोज छोड़ने के बाद शांत अवस्था में नाम अपने आप याद आ गया हो?

अपनी अन्तर्ज्ञान की शक्ति को विकसित करना सबसे महत्त्वपूर्ण है

अन्तर्ज्ञान की शक्ति का विकास हर स्त्री और पुरुष के लिए बहुत महत्त्वपूर्ण है। अन्तर्ज्ञान तुरंत वह चीज़ प्रदान कर देता है, जो बुद्धि या तार्किक मन हफ़्तों या महीनों की भारी कोशिश और ग़लतियों के बाद ही हासिल कर सकता है। जब हमारी तार्किक शक्तियाँ परेशानियों में हमारा साथ नहीं देतीं, तब अन्तर्ज्ञान की शक्ति विजय का मौन गीत गाती है।

चेतन मन तर्कपूर्ण, विश्लेषणात्मक और जिज्ञासु है; अन्तर्ज्ञान की व्यक्तिपरक शक्ति त्वरित काम करने वाली है। यह चेतन बुद्धि के लिए किसी आकाशदीप की तरह आती है। कई बार यह किसी प्रस्तावित यात्रा या कार्य-योजना के ख़िलाफ़ चेतावनी देती है। हमें बुद्धिमानी की आवाज़ सुनना और मानना सीखना चाहिए। यह आपसे हमेशा तब नहीं बोलती है, जब आप चाहते हैं। यह तो सिर्फ़ तब बोलती है, जब आपको इसकी ज़रूरत होती है।

यदि आप विश्वास का नाटक करने के बजाय सिर्फ़ भरोसा रखें, तो असीम प्रज्ञा हर तरह से - आपके विचारों, शब्दों, कामों में - आपका मार्गदर्शन करेगी और आपको सही मार्ग पर ले जाया जाएगा। चित्रकार, कवि, लेखक और आविष्कारक अपने अन्तर्ज्ञान की आवाज़ सुनते हैं। फलस्वरूप वे अपने अंदरूनी ज्ञान के ख़ज़ाने से निकाली सुंदर कृतियों से संसार को चमत्कृत करने में समर्थ होते हैं।

आंतरिक आवाज़ सुनने का मतलब

अन्तर्ज्ञान का मतलब *आंतरिक आवाज़ सुनना* भी है। आकाशवाणी की सबसे पुरानी परिभाषा का मतलब था, वह जो सुना गया है। सुनना अन्तर्ज्ञान को पोषण देने का एकमात्र तरीक़ा नहीं है। कई बार यह विचार के रूप में आता है, लेकिन सबसे आम तरीक़ा है "आवाज़ सुनना।" कई बार यह एक आवाज़ होती है, जिसका लहज़ा, रंग और खनक आप उतनी ही स्पष्टता से सुन सकते हैं, जैसे कि रेडियो की आवाज़। वैज्ञानिक नियंत्रित, निर्देशित और अनुशासित कल्पना के इस अद्भुत उपहार का इस्तेमाल करता है और मौन में पूर्णता देखता है। उसका अन्तर्ज्ञान उसके ख़ास विज्ञान के बारे में होता है।

अन्तर्ज्ञान तर्क के पार जाता है। आप अन्तर्ज्ञान के आदेशों पर अमल करने के लिए तर्क का इस्तेमाल करते हैं। जब आपको अन्तर्ज्ञान की झलक मिलती है, तो अक्सर यह तर्क द्वारा बताई बातों के विपरीत होती है। इसलिए अपने अन्तर्ज्ञान को विकसित करने का अभ्यास शुरू करें और अपने जीवन में चमत्कार होने दें।

याद रखने वाले बिंदु

1. यदि आप किसी खो गए व्यक्ति की तलाश कर रहे हैं, तो स्थिर बैठें, अपने मन को शांत कर लें और अपने अवचेतन की असीम प्रज्ञा से कहें कि वह उसका पता-ठिकाना आपके सामने उजागर कर दे। जवाब आपके पास ऐसे तरीक़ों से आएगा, जो आप नहीं जानते हैं। सतर्क रहें और अपने चेतन, तर्कपूर्ण मन में आने वाले संकेत का अनुसरण करें।
2. जिस व्यक्ति ने किसी मकान या होटल के कमरे में आत्महत्या की है, वह उस ख़ास जगह के माहौल में एक गहरी, अतीन्द्रिय छाप छोड़ जाता है। कोई अतीन्द्रिय या बेहद अन्तर्ज्ञानी व्यक्ति उस नाटक को एक मानसिक चित्र के रूप में दोबारा घटित होते देख सकता है। वह व्यक्ति अगले आयाम में पहुँच चुका है, लेकिन वह उस ख़ास जगह पर अपने काम का एक वर्णनात्मक विचार-चित्र छोड़ गया है। यह अतीन्द्रिय फ़ोटोग्राफ़िक छाप कुछ हफ़्तों या महीनों बाद अपने आप धुँधली हो जाती है, जो इसके

पीछे के भावनात्मक आवेश की गहनता पर निर्भर करता है।

3. बिना रुके प्रार्थना करने का मतलब यह है कि आप जीवन के सत्यों और शाश्वत सिद्धांतों के दृष्टिकोण से दिन भर सृजनात्मक तरीक़े से सोचते हैं। सर्वश्रेष्ठ की सुखद अपेक्षा में जिएँ। यह जान लें कि दैवी योजना और व्यवस्था आपके जीवन को शासित करती है और आपको अपने आप सही काम करने का मार्गदर्शन मिलेगा। आप अपने भीतर उठने वाली अन्तर्ज्ञान की आवाज़ों को तुरंत पहचान लेंगे, जो आपके सामने सही जवाब प्रकट करेंगी।

4. आपका अवचेतन मन स्मृति का भंडार है। यह आपकी भावनाओं और अन्तर्ज्ञान की शक्तियों का स्थान है। आपका अवचेतन मन असीम प्रज्ञा तथा असीम बुद्धिमत्ता के साथ एकरूप है। असीम उपचारक उपस्थिति आपके अवचेतन के भीतर है और यह जानती है कि आपका उपचार कैसे करना है तथा आपको सामंजस्य और शांति में दोबारा कैसे लौटाना है। यह आपको सही विचार दे सकती है और सभी तरह की सीमाओं से स्वतंत्र कर सकती है।

5. आपके अवचेतन मन की असीम उपचारक उपस्थिति ने आपका शरीर बनाया है, इसलिए यह जानती है कि इसका उपचार कैसे करना है। इस पर विश्वास करें, यक़ीन करें और इसका आह्वान करें। आपको प्रतिक्रिया अवश्य मिलेगी। यक़ीन करने का सिर्फ़ नाटक न करें, बल्कि अपने दिल में सचमुच जान लें कि जिस सृजनात्मक बुद्धि ने आपके सारे अंग बनाए थे, वह जानती है कि उपचार कैसे करना है और स्वास्थ्य को बहाल कैसे करना है। आपके विश्वास के अनुरूप ही आपके साथ किया जाएगा।

6. जब आपकी प्रेरणा सही है और आपमें किसी व्यक्ति से लाभ उठाने की कोई इच्छा नहीं है और जब आप अपने जीवन में दैवी योजना के लिए प्रार्थना कर रहे हैं, तो आपको ईश्वर का मार्गदर्शन मिलेगा, जिससे आप अपनी अचेतन गहराइयों से मिलने वाली अन्तर्ज्ञान की आवाज़ों के प्रति चौकस व सजीव हो जाएँगे।

7. जब आप यह कहने और साथ ही गहन विश्वास करने की आदत डाल लेते हैं कि "ईश्वर (असीम बुद्धिमत्ता) सभी क्षेत्रों में मेरा मार्गदर्शन कर रहा है," तो अक्सर आप एक आंतरिक आवाज़ सुनेंगे कि आपको ठीक-ठीक करना क्या है।
8. यदि आप अपने पेशे या कारोबार के लिए कोई नया विचार खोज रहे हैं, तो अपने मन को शांत कर लें और कहें : "सृजनात्मक प्रज्ञा सब कुछ जानती है और नए विचार को मेरे सामने प्रकट करती है।" फिर इसे जाने दें और जिस पल आपको इसकी उम्मीद नहीं होगी, जवाब आपके दिमाग़ में उसी तरह उछल पड़ेगा, जिस तरह टोस्टर से टोस्ट उछलता है।
9. डर और तनाव दो कारण हैं, जिनकी वजह से आप अपने गहरे मन के जवाब को नहीं पहचान पाते हैं। अपने मन को शांत कर लें और अपनी आंतरिक शक्तियों के चमत्कारों पर मनन करें। जब आपका चेतन मन शांत और ग्रहणशील होता है, तो जवाब गहरे मन से निकलता है।
10. अन्तर्ज्ञान तुरंत वह दे देता है, जो बुद्धि या तर्कपूर्ण मन हफ़्तों या महीनों की भारी कोशिश और ग़लतियों के बाद ही हासिल कर सकता है।
11. कई बार अन्तर्ज्ञान का जवाब किसी विचार के रूप में आता है, लेकिन सबसे आम तरीक़ा "आवाज़ सुनना" है, जिसे आप उतनी ही स्पष्टता से सुन सकते हैं, जिस तरह कि रेडियो की आवाज़। अपने अन्तर्ज्ञान को विकसित करने का अभ्यास शुरू करें और अपने जीवन में चमत्कार होने दें।

5

अतीन्द्रिय यात्रा और शरीर-के-बाहर के अनुभव

कुछ महीनों पहले मैंने लॉस एंजेलिस के विलशायर एबेल थिएटर में अतीन्द्रिय अनुभूति पर व्याख्यानों की श्रृंखला दी थी। बाद में मुझे श्रोताओं के कई पत्र मिले, जिन्हें इस तरह के विचित्र अनुभव हुए थे, लेकिन वे उनका ज़िक्र करने में इसलिए हिचक रहे थे कि कहीं उन्हें "खिसके दिमाग़ वाला" या "सिरफिरा" न मान लिया जाए। मैं इस अध्याय में इन अनुभवों का सार या निचोड़ पेश करूँगा।

शरीर-के-बाहर के अनुभव

एक महिला ने बताया कि 1968 में क्रिसमस की पूर्व-संध्या पर उसे न्यू यॉर्क सिटी में अपनी माँ के पास जाने की गहरी इच्छा महसूस हुई। जब वह सोई, तो उसके सारे विचार न्यू यॉर्क सिटी में उसके पुराने घर पर केंद्रित थे। उसने तुरंत खुद को अपनी माँ के घर का सामने वाला दरवाज़ा खोलने की कोशिश करते पाया। लेकिन वह पिछले दरवाज़े से दाख़िल होने में कामयाब हो गई और ऊपर की मंज़िल पर अपनी माँ के कमरे में गई, जहाँ माँ बिस्तर में लेटकर अख़बार पढ़ रही थीं। उसकी माँ ने स्तब्ध होकर पूछा, "तुमने मुझे बताया क्यों नहीं कि तुम आ रही हो? मैंने सीढ़ियों पर तुम्हारे आने की आहट सुनी थी; मैं जानती थी कि यह तुम ही हो।" इस महिला ने अपनी माँ को चूमा और कहा, "शुभ क्रिसमस, माँ। अब मुझे जाना होगा," और उसने खुद को दोबारा लॉस एंजेलिस में अपने शरीर में पाया। वह कमरे में हर चीज़ का वर्णन कर सकती थी और उसने रेडियो पर क्रिसमस के गीत स्पष्ट रूप से सुने थे।

यह कोई असामान्य अनुभव नहीं है। सोने से पहले उसका पूरा ध्यान अपनी माँ पर केंद्रित था और उसके मन में क्रिसमस की पूर्व संध्या पर माँ के साथ रहने की गहन इच्छा थी। इस इच्छा ने उसके अवचेतन मन को एक लक्ष्य से आवेशित कर दिया और इसने उसके व्यक्तित्व को एक नए शरीर में 3,000 मील दूर प्रक्षेपित कर दिया। उसकी माँ ने उसके होंठों और हाथों के स्पर्श को अनुभव किया तथा उसकी आवाज़ साफ़-साफ़ सुनी। वह पिछले दरवाज़े से दाख़िल हुई थी, हालाँकि उसमें ताला लगा था और वह अपनी माँ के बिस्तर के पास रखी कुर्सी पर बैठी थी। वह अपने शरीर से बाहर रहने के बारे में सचेत थी और एक ज़्यादा सूक्ष्म शरीर के बारे में जागरूक थी, जो तालाबंद दरवाज़ों या अन्य भौतिक वस्तुओं के पार जा सकता था।

ऑस्ट्रेलिया में सिडनी की अतीन्द्रिय यात्रा

ऑस्ट्रेलिया के एक मित्र ने मुझे एक रोचक अनुभव बताया, जो उसे नववर्ष की संध्या पर हुआ था। सोने से पहले वह अपने पिता की सेहत के बारे में सोच रहा था और उनके लिए प्रार्थना करने लगा। वह अहसास करने लगा कि असीम उपचारक उपस्थिति उनके पूरे अस्तित्व को स्फूर्ति और ऊर्जा से भर रही थी। उसने कल्पना की कि उसके पिता उससे कह रहे हैं, "बेटा, मैंने अपने जीवन में इससे बेहतर कभी महसूस नहीं किया। मेरा तो चमत्कारी उपचार हुआ है।" वह इसे बार-बार सुनता रहा, अपने पिता के काल्पनिक शब्दों के साथ सोने गया और उसने अचानक खुद को अपने पिता के सिरहाने पाया। पिता उसे देखकर दंग रह गए और आश्चर्य से बोले, "तुमने मुझे बताया क्यों नहीं कि तुम आ रहे हो? कितनी हैरानी की बात है!"

उसने मुझसे कहा कि वह पिता के कमरे में रखी हर चीज़ को स्पष्टता से देख सकता था और चेतन रूप से जागरूक था, हालाँकि उसे अहसास था कि उसका दूसरा शरीर लॉस एंजेलिस में बिस्तर पर लेटा हुआ था। वह उसके पिता को पूरे कपड़ों में नज़र आया और शरीर के बाहर रहने के बावजूद सुनने, देखने और स्पर्श करने की क्षमताएँ उसमें मौजूद थीं। वह जागरूक था कि उसके पास एक सूक्ष्म शरीर है, जो बंद दरवाज़ों के पार जाने में सक्षम है और समय तथा स्थान की दूरी को ख़त्म कर सकता है। इस सबमें सिर्फ़ कुछ मिनट ही लगे और उसके पिता के बाद के पत्रों ने उसकी यात्रा के हर विवरण की पुष्टि की।

कुछ लोग इसे भूत, प्रेत या देहमुक्त आत्मा आदि कहेंगे, लेकिन सरल

सच्चाई यह है कि इस आदमी ने अपने घर से हज़ारों मील दूर एक नया शरीर प्रक्षेपित किया था और वह अपने पिता के साथ बातचीत करने तथा उन्हें छूने में कामयाब रहा था। मनुष्य एक मानसिक व आत्मिक जीव है और उसके पास हमेशा एक शरीर रहेगा। आज से एक अरब साल बाद भी आप कहीं न कहीं जीवित होंगे और ज़्यादा ऊँचे स्तर की जागरूकता से काम कर रहे होंगे, क्योंकि जीवन एक अंतहीन प्रकटीकरण है और आपकी यात्रा हमेशा आगे, ऊपर और ईश्वर की तरफ़ है।

बेटी को माँ की चेतन आकृति दिखी

मैं जीवन के सभी क्षेत्रों के स्त्री-पुरुषों से बातचीत करता हूँ और पत्राचार करता हूँ। इस दौरान मैं अक्सर उनके जीवन के कई असाधारण और रोचक प्रसंग सुनता हूँ, जिसे वे इस डर से रिश्तेदारों या सामाजिक परिचितों को नहीं बताते हैं कि कहीं उन्हें विचित्र, अजीब या मानसिक रूप से अस्थिर न मान लिया जाए।

बेवर्ली हिल्स में रहने वाली एक माँ बेटी के बारे में बहुत चिंतित थी, जो न्यू यॉर्क सिटी में बीमार थी। उसने मुझे बताया कि एक रात उसने अपना सारा ध्यान अपनी बेटी पर केंद्रित कर लिया। उसने उसके कल्याण, स्वास्थ्य और मानसिक शांति के लिए प्रार्थना की। उसने यह अहसास किया कि ईश्वरीय उपस्थिति उसकी बेटी के शरीर में कल्याण, सौंदर्य, प्रेम और शांति के रूप में प्रवाहित हो रही है। नीचे दिया प्रसंग उसके चार-आयामी शरीर के अतीन्द्रिय प्रक्षेपण का वर्णन करता है :

उसने ख़ुद को अस्पताल के एक निजी कक्ष में पाया, जहाँ उसकी बेटी बिस्तर पर लेटी हुई थी और जाग रही थी। बेटी ने कहा, "ओह माँ! मुझे बहुत ख़ुशी है कि आप आ गईं।" उसने अपनी बेटी को गले लगाया और उसे चूमा। बेटी ने अपनी माँ के तसल्ली भरे शब्द सुने और उसके आलिंगन को स्पष्टता से महसूस किया। माँ ने मुस्कराकर नर्स को इशारा किया। अचानक उसने बेवर्ली हिल्स में अपने शरीर में लौटने का फ़ैसला किया। वह उस शरीर को बिस्तर पर जिस तरह लेटा हुआ छोड़ गई थीं, वह वैसा ही मिला, लेकिन वह यह बात अच्छी तरह जान गई थी कि उसके पास एक और शरीर था, जो दीवार या दरवाज़ों जैसी किसी भी चीज़ के पार जा सकता था। फिर वह अपने शरीर में दोबारा दाख़िल हो गई।

इस तरह का अनुभव कई लोगों को होता है, जिन्हें भारी भावनात्मक तनाव हो और किसी प्रियजन के पास पहुँचने की गहरी चिंता हो। यह ख़ास तौर पर संकट के समय होता है, जब सोने जाते समय प्रबल विचार प्रियजन के पास पहुँचने का होता है। तब अवचेतन मन में इसका बीज बो दिया जाता है और वे अतीन्द्रिय यात्रा द्वारा खुद को मनचाही जगहों पर पाते हैं। अपने शरीर को छोड़कर जाते समय और उसमें लौटते समय वे उसके बारे में पूरी तरह जागरूक होते हैं।

न्यू यॉर्क का जासूस अतीन्द्रिय यात्रा से प्रकरण सुलझाता है

जुलाई 1969 में इंटरनेशनल न्यू थॉट कन्वेंशन में शिरकत करते समय मैं एक पुराने मित्र से मिला, जो कई सालों से न्यू यॉर्क की शासकीय गुप्तचर शाखा में रहा है। मैंने उस मीटिंग में अतीन्द्रिय अनुभूति पर भाषण दिया। बाद में उसने मुझसे कहा, "मुझे आपको कुछ बताना है, जिसमें आपकी रुचि होगी।" एक बार उसे एक बड़ी डकैती का प्रकरण सुलझाने हेतु सौंपा गया था। तीन महीने बाद भी उसे कोई सुराग़ नहीं मिल पाया था। एक रात बिस्तर पर वह *द पॉवर ऑफ़ युअर सबकॉन्शस माइंड* पढ़ रहा था और अपने प्रकरण के समाधान के बारे में सोचते-सोचते सो गया। तुरंत उसने खुद को न्यू यॉर्क स्टेट के एक दूरस्थ कस्बे में एक खिड़की से होकर गुज़रते पाया, जिससे वह पूरी तरह अपरिचित था। उसने तीन लोगों को बातें करते देखा। उसने टेबलों पर आभूषण, घड़ियाँ, कैमरे और फ़र कोट के ढेर भी देखे। उसने अख़बार और उनके नाम भी पढ़े, आदमियों की बातें सुनीं और स्वयं को यह बताया, "वे मुझे नहीं देख पाएँगे।" उसने खिड़की के बाहर सड़क और ठीक सामने बने थिएटर का नाम देखा।

अचानक उसे अहसास हुआ कि यही वे लोग थे, जिनकी उसे तलाश थी। अपार्टमेंट में तीन कमरे थे। वह जानता था कि वह एक प्रक्षेपित शरीर में काम कर रहा है, जो उसके लिए ठोस था और वह जिस दिशा में चाहे, आगे बढ़ सकता था। वह उन पत्रिकाओं के बारे में जागरूक था, जिसे वे लोग पढ़ रहे थे और उस कस्बे को जान गया, जहाँ वे छिपे हुए थे। उसने कहा कि उसने चेतन रूप से आदेश दिया, "अब मैं वापस न्यू यॉर्क लौटना चाहता हूँ," और उसने खुद को न्यू यॉर्क के अपने अपार्टमेंट में अपने शरीर में वापस पाया।

जागकर उसने मुख्यालय फ़ोन किया, जहाँ से उस कस्बे की स्थानीय पुलिस को चेतावनी दे दी गई। सारा चोरी का सामान मिल गया और तीन आदमियों को गिरफ़्तार कर लिया गया, जो सुबह 3 बजे अपने अपार्टमेंट में छह हथियारबंद

पुलिस वालों को देखकर हतप्रभ थे। इस जासूस ने कहा कि उसने अपने विभाग को बताया था कि उसे इन डकैतों के बारे में एक जानकारी मिली थी। उसने कहा कि अगर वह अपने वरिष्ठ अधिकारियों को अपनी अतीन्द्रिय यात्रा के बारे में बताता, तो वे उसे इलाज के लिए विभाग के मनोविश्लेषक के पास जाने की सलाह देते।

जासूस के इस समाधान के बारे में मुझे विश्वास है कि उसकी भावनात्मक ऊर्जा नींद से पहले एक समाधान की ओर निर्देशित थी। इससे उसके अवचेतन मन की बुद्धि सक्रिय हो गई, जिसने उसके व्यक्तित्व को एक सूक्ष्म शरीर में प्रक्षेपित कर दिया, जिसमें वह आस-पास हो रही हर चीज़ देख, सुन और समझ सकता था। वह यात्रा कर सकता था और अपनी गति को इच्छानुसार नियंत्रित कर सकता था। इसके अलावा, उसमें यह आदेश देने की बुद्धि और तार्किक क्षमता थी कि वे चोर उसे न देख पाएँ, जिनकी उसे तलाश थी। मनुष्य के ज़्यादा गहरे मन में ये सभी और इससे अधिक शक्तियाँ सोई पड़ी हैं।

अतीन्द्रिय अनुभूति के द्वारा वह जान गई कि उसका पुत्र जीवित है

यह पुस्तक लिखने के दौरान मुझे ऐरिज़ोना की एक महिला का बहुत रोचक पत्र मिला, जिसमें उसने बताया कि उसका बेटा वियतनाम में लापता बताया जा रहा था। वह चकराई हुई थी और परेशान हो रही थी कि वह ज़िंदा भी है या मर गया है। उसने बताया कि वह बहुत तनावग्रस्त और चिंतित थी। वह एक तरफ़ आशा और दूसरी तरफ़ डर तथा बढ़ती निराशा के बीच झूल रही थी। बहरहाल, एक रात वह *द पॉवर ऑफ़ युअर सबकॉन्शस माइंड* पढ़ने लगी और उसने सोने से पहले अपने गहरे मन से पूछा, “मुझे बताओ कि मेरा बेटा ज़िंदा है या मुर्दा।” तुरंत नींद की अवस्था में उसे अपने बेटे की छवि अतीन्द्रिय-दर्शन में दिखी, जो बहुत उल्लेखनीय थी। उसने उसके खुले पैर और लंबी दाढ़ी देखी। उसने जेल की दीवारें देखीं, जिनमें वह बंद था। उसने वह खटिया देखी, जिस पर वह सो रहा था। उसने उसके आस-पास के विवरण देखे और अन्तर्ज्ञान से जान गई कि वह जीवित तथा अच्छा था।

बाद में उसे जो जानकारी मिली, उससे पता चला कि उसके बेटे को बंदी बना लिया गया था। बाद में उसे बेटे का एक पत्र भी मिला, जो उसने चोरी-छुपे जेल से पहुँचाया था। उसके अवचेतन ने अपने ही तरीक़े से जवाब उसके सामने प्रकट कर दिया था और उसके लिए यह असंदिग्ध प्रमाण था।

अतीन्द्रिय अनुभूति ने खोए हुए पुखराज को प्रकट किया

एक डॉक्टर मित्र ने मुझसे पूछा कि क्या मैं प्रार्थना की सहायता से उसकी खोई अँगूठी खोज सकता हूँ। यह क़ीमती पारिवारिक निशानी पीढ़ी दर पीढ़ी चली आ रही थी और बहुत मूल्यवान थी। अक्सर सोने जाते समय मैं किसी आग्रह पर ध्यान केंद्रित करता हूँ, जो दिन में कोई मेरे पास लाया हो। इसके लिए मेरे मन में उस व्यक्ति का, हमारी बातचीत का और समस्या की प्रकृति का स्पष्ट विचार होना चाहिए। फिर मैं यह कहता हूँ : "असीम प्रज्ञा जानती है कि वह पुखराज कहाँ है, और यह दैवी योजना के तहत डॉक्टर और मेरे सामने जवाब उजागर करती है। मैं जवाब को स्वीकार करता हूँ।" फिर मैं गहरी नींद में सो जाता हूँ और जानता हूँ कि जवाब अब मेरा है।

इस मामले में जब मैं सोया हुआ था, तो एक दृश्य मेरी आँखों के सामने उसी तरह आया, जैसे पर्दे पर कोई फ़िल्म चल रही हो। उसमें मैंने देखा कि कोई विदेशी मूल की महिला अँगूठी पहने थी और एक ज़्यादा उम्र की औरत से, शायद उसकी माँ से, उसकी क़ीमत पूछ रही थी। मैंने उसकी पोशाक का रंग देखा, उसके बालों का भी, जो बहुत भूरे थे और उसके कंधों पर झूल रहे थे। उसके मुँह के सामने वाले कुछ दाँत ग़ायब थे और उसके चेहरे पर एक तिल था।

मैंने सुबह अपनी डॉक्टर मित्र को फ़ोन करके अपना अनुभव बताया। उसने रोमांच से कहा, "आपने जो हुलिया बताया है, वह मेरी नौकरानी का है। वह 20 साल से मेरे साथ है। वह ऐसा नहीं कर सकती। यह हो ही नहीं सकता।" मैंने सुझाव दिया कि वह जाकर नौकरानी को बताए कि उसके पादरी ने उससे क्या कहा था और उसने उसे अपनी माँ से क्या कहते सुना था। उसने ऐसा ही किया। नौकरानी फूट-फूटकर रोने लगी और बोली कि उसने तो बस अपनी माँ को दिखाने भर के लिए अँगूठी ली थी और उसका इसे रखने का कोई इरादा नहीं था। बहरहाल, डॉक्टर दो महीनों से हर जगह इसकी तलाश कर रही थी और इस तथाकथित खोज में नौकरानी ने भी उसकी मदद की थी, जबकि पूरे समय वह अच्छी तरह जानती थी कि उसी ने खुद इसे चुराया है।

मेरे अवचेतन ने स्थिति के बारे में सच्चाई उजागर कर दी। इसके तरीक़े और प्रतिक्रियाएँ समझ से परे हैं।

मेन के डॉ. फ़िनीज़ पार्कहर्स्ट क्विम्बी के मई 1862 में अतीन्द्रिय-दर्शन और अतीन्द्रिय-यात्रा पर प्रयोग

मैं एक प्रयोग के बारे में बताऊँगा, जिसे मैंने सम्मोहन के दौरान लूसियस नामक लड़के पर किया। मैंने कमरे में बैठे किसी व्यक्ति से एक क़ागज़ के टुकड़े पर किसी व्यक्ति का नाम लिखकर देने को कहा। मैं लड़के को उस मुर्दा या जीवित व्यक्ति की खोज में भेज दूँगा, जिसे वह कमरे में लाएगा और लोगों के सामने उसका वर्णन करेगा। एक मौक़े पर मुझे एक नाम दिया गया, जिसे मैंने हमेशा की तरह लड़के को थमा दिया।

उसने बताया कि इस आदमी की एक पत्नी और तीन बच्चे थे। वह दो दिन पहले शहर छोड़कर गया था। वह पेशे से बढ़ई था और अपने यंत्रों की पेटी एक खलिहान में छोड़कर सीधे बॉस्टन गया था। मैंने उससे कहा कि वह उस आदमी का पीछा करे, इसलिए वह गया और उसने बताया कि उसे वह आदमी ओहायो में पीपे बनाने वाली दुकान में मिला, जहाँ वह मर गया था। इसके बावजूद मैंने उससे उसे खोजने को कहा।

आख़िरकार उसने कहा कि उसने उसे खोज लिया था। मैंने उससे कहा कि वह उसे लोगों के सामने लाए और उसका वर्णन करे। उसने कहा, "क्या आप उसे नहीं देख सकते, वह यहीं खड़ा है।" मैंने लड़के को जवाब दिया कि वह सम्मोहन की अवस्था में है (वह इसे कभी नहीं समझ सकता था, लेकिन उसने इसे स्वीकार कर लिया, क्योंकि मैंने ऐसा कहा था।) उसके लिए कोई परिवर्तन नहीं आया था, उसके पास उसकी सारी शक्तियाँ और पहचान ठीक वैसी ही थीं, जितनी कि जाग्रत अवस्था में। उसने जो देखा, उस पर उतना ही डर या ख़ुशी व्यक्त की, जितनी कि वह जाग्रत अवस्था में करता। मैंने कहा, उसका वर्णन करो। वह सामान्य वर्णन करने लगा, लेकिन मैंने यह कहकर उसे रोक दिया कि क्या उसके बारे में कोई उल्लेखनीय ख़ास गुण या विशेषता है। वह बोला, "मैं सोचता हूँ कि कोई भी उसके कटे हुए होंठ से उसे पहचान सकता है।" जिस व्यक्ति ने मुझे नाम दिया था, मैंने उस व्यक्ति से पूछा कि क्या यह वर्णन सही है। उसने कहा कि यह सोलह आने सही है। यह आत्मिकता का स्पष्ट

मामला था। सम्मोहन के तहत आदमी बंद पत्र पढ़ सकता है, किसी दूरगामी जगह पर जा सकता है और किसी व्यक्ति से सवाल पूछकर जवाब पा सकता है। लेकिन इसके बावजूद वह व्यक्ति किसी सवाल का जवाब देने के बारे में जागरूक नहीं होगा।

ऊपर दी गई रिपोर्ट डॉ. फ़िनीज़ पार्कहर्स्ट क्विम्बी की लेखनी से ली गई है, जिसे मई 1862 में लिखा गया था। डॉ. क्विम्बी जानते थे कि दर्शकों में कोई उस व्यक्ति से परिचित था और लूसियस, जो सम्मोहन की तंद्रा में था, अतीन्द्रिय-दर्शन में माहिर था तथा उस व्यक्ति के अवचेतन को पढ़ सकता था, जो ग़ायब व्यक्ति को जानता था और जिसकी छवि उसके अवचेतन मन में थी। और क्विम्बी यह भी जानते थे कि वह उसके वर्णन को विस्तार में प्रकट कर देगा, कटे हुए होंठ सहित। यही नहीं, उसका पेशा, परिवार और वह कहाँ रहता था, यह सारी जानकारी दर्शक समूह के एक या अधिक सदस्यों को मालूम थी और लूसियस ने अपनी तंद्रा की अवस्था में मौजूद लोगों के अवचेतन का दोहन भर किया। क्विम्बी ने इसका वर्णन करने के लिए "आत्मिकता" शब्दावली का इस्तेमाल किया। आज हम इसे सम्मोहित व्यक्ति का "व्यक्तिपरक अतीन्द्रिय-दर्शन" कहेंगे। अवचेतन की एक क्षमता यह है कि यह अतीन्द्रिय-दर्शन द्वारा आसानी से जानकारी हासिल कर सकता है।

डॉ. फ़िनीज़ पार्कहर्स्ट क्विम्बी का अतीन्द्रिय-यात्रा का प्रयोग

जब मैं ईस्टपोर्ट में था, तो मैंने एक महिला को सम्मोहित नींद में सुलाया, जो अपने मित्रों से मिलने न्यू हैम्पशायर जाना चाहती थी। मैं भी उसके साथ गया। वह मुस्कुराकर सिर झुकाती थी और जब मैंने उससे कहा कि उसने किसके सामने सिर झुकाया, तो उसने कहा कि यह हमारा पोस्टमास्टर है। फिर उसने कहा कि अब हम घर पहुँच गए हैं। उसने कहा कि हमारे रिश्तेदार दिख रहे हैं। मैंने उससे पूछा कि क्या उसके पिता घर पर हैं और क्या वह मेरा परिचय करा सकती है, तो उसने यह रस्म निभाई। मैंने कहा अपने पिता से पूछो कि क्या तुम्हारे घर छोड़कर जाने के बाद कुछ हुआ है। इस पर वह चौंक गई और उसका चेहरा पीला पड़ गया तथा वह अशांत लगने लगी। क्या मुश्किल थी, यह पूछने पर उसने कहा कि उसके अंकल मर गए थे। वे अमुक-अमुक दिन बीमार पड़े थे और अमुक-अमुक

दिन मरे थे और अब उसकी आंटी, जो अंकल की देखभाल करने आई थी, बीमार पड़ गई थीं, लेकिन वे ठीक हो गईं और उनका भाई उन्हें उनके घर ले गया। इस सबकी पुष्टि पत्र द्वारा कुछ दिनों में की गई। उसके अंकल डॉ. रिचर्डसन ने मुझे एक पत्र भेजा था, जो मेरे पास मौजूद है, जिसमें यह बताया गया था कि उसकी कही बातें शब्दशः सच थीं।

मैं इस तरह के कई प्रयोग बता सकता हूँ। जब मैं बीमारों के पास बैठता हूँ, तो वे मुझे अपनी भावनाएँ बताते हैं, लेकिन वे इसे अपनी प्राकृतिक इंद्रियों के ज़रिये नहीं जानते हैं, न ही मैं शारीरिक अंगों से उनकी उपस्थिति या भावनाओं के बारे में जागरूक होता हूँ। लेकिन हर व्यक्ति की दो पहचान होती हैं, एक वास्तविक और दूसरी छाया। मेरे लिए प्राकृतिक आदमी छाया है, लेकिन उसके लिए वह वास्तविकता है और वह सिर्फ़ छाया को नहीं समझ सकता।

जो व्यक्ति सम्मोहन की अवस्था में होता है, वह जाग्रत अवस्था वाले व्यक्ति के सामने यह साबित करता है कि दो अवस्थाएँ होती हैं और उनमें से प्रत्येक दूसरी के लिए एक रहस्य है। जाग्रत अवस्था वाला व्यक्ति यह नहीं समझ सकता कि कोई व्यक्ति जाग्रत अवस्था के लिए मृत जैसा होने के बावजूद अपनी पहचान क़ायम रख सकता है और खुद के लिए पहले जैसा वही व्यक्ति हो सकता है और प्राकृतिक अवस्था में आने पर सम्मोहन की अवस्था खो जाती है। सम्मोहित व्यक्ति यह नहीं समझ पाता कि स्वाभाविक अवस्था में इंसान वह क्यों नहीं जान पाता, जो वह सम्मोहित अवस्था में जानता है। तो दोनों ही एक-दूसरे के लिए रहस्य हैं।

तथ्य यह है। बुद्धिमत्ता की कोई छाया नहीं होती; विश्वास की होती है। तथ्य ठोस नहीं होता : मिसाल के तौर पर एक पत्थर को लें - यह एक तथ्य है और यह छाया भी है। मनुष्य का आविष्कार होने के नाते पत्थर हमारे विश्वास के अनुरूप पदार्थ है और यही विश्वास इसे छाया देता है। मनुष्य या तो अपने विश्वास द्वारा काम करता है या अपनी बुद्धिमत्ता द्वारा। जब वह अपनी बुद्धिमत्ता में होता है, तो वह एक आत्मा है, लेकिन उसके लिए वह अपने सारे विश्वासों के साथ अपने असल स्वरूप में होता है। तो चूँकि उसका

विश्वास काम कराता है, इसलिए हर काम उसके विश्वास में है और पदार्थ को स्वीकार करना उसके विश्वास पर निर्भर करता है।

मई 1862 में लिखा गया उपर्युक्त वर्णन क्विम्बी की लेखनी से है। इसमें डॉ. क्विम्बी ज़िक्र करते हैं कि हममें से हर एक की दो पहचान होती हैं, जिसे हम आधुनिक शब्दावली में हमारी आत्मिक प्रकृति और हमारी पाँच इंद्रियों का अनुकूलन कह सकते हैं, जो हमारे प्रशिक्षण, सिद्धांत, परिवेशगत प्रभाव और पारंपरिक विश्वासों पर आधारित है। लेकिन इस सबके नीचे जीवंत आत्मा - ईश्वर की उपस्थिति - सर्वशक्तिमान है और जैसा डॉ. क्विम्बी संकेत करते हैं, सम्मोहित अवस्था में हमारे मन की असाधारण शक्तियाँ उजागर होती हैं, जो हमारे चेतन या तार्किक मन की बुद्धि से परे होती हैं। वे प्रकट करते हैं कि किस तरह उन्होंने एक युवा महिला को सम्मोहक निद्रा में एक अतीन्द्रिय-दर्शन यात्रा पर उसके घर भेजा, जहाँ उसने उस पल होने वाली हर चीज़ देखी, साथ ही उसके अंकल की मृत्यु जैसी घटनाएँ भी, जो कुछ दिन पहले हुई थीं। डॉ. क्विम्बी, जो निष्क्रिय अवस्था में अतीन्द्रिय-दर्शक थे, उसके साथ मानसिक रूप से गए और उन्होंने उसकी देखी हुई हर चीज़ देखी। क्विम्बी जानते थे कि व्यक्तिपरक मन में समय या स्थान का कोई बंधन नहीं होता है, इसलिए युवा महिला तुरंत ही न्यू हैम्पशायर के अपने घर पर पहुँच गई थी।

ये मन के कुछ चमत्कार हैं, जिन्हें क्विम्बी मई 1862 में रोशनी में लाए।

याद रखने वाले बिंदु

1. कई लोगों को विचित्र, शरीर-से-बाहर के अनुभव होते हैं, लेकिन वे उनके बारे में बात करने में हिचकते हैं, क्योंकि उन्हें डर होता है कि कहीं उन्हें पागल न माना जाए या मानसिक विक्षिप्तता का आरोप न लगाया जाए।
2. एक माँ अपनी बेटी की बीमारी के बारे में बहुत चिंतित थी, जो दूर शहर में थी। सोने से पहले अपनी बेटी के बारे में चिंतित होने पर अवचेतन मन उसे सूक्ष्म शरीर में उसकी बेटी के सिरहाने प्रक्षेपित कर सकता है। वह अपनी बेटी के साथ बातचीत कर सकती है, उसे चूम सकती है, गले लगा सकती है और अपने चार-आयामी शरीर में अन्य देखने, सुनने और

स्पर्श की क्षमताओं का अनुभव कर सकती है।

3. लॉस एंजेलिस में रहने वाला एक बेटा खुद को सिडनी, ऑस्ट्रेलिया में अपने पिता के सिरहाने पाता है। वह अपने पिता के मकान की हर चीज़ के बारे में चेतन रूप से जागरूक है। वह बंद दरवाज़ों के पार जाकर दाख़िल होता है और पिता को नज़र आता है, जो उसके अचानक, बिना बताए आने पर दंग रह जाते हैं। उसके पिता के बाद के पत्र उसकी सूक्ष्म-शरीर यात्रा के हर विवरण की पुष्टि करते हैं।

4. अक्सर, सोने से पहले जब आप किसी परिजन या क़रीबी मित्र के लिए प्रार्थना करते हैं, जिसमें आपकी गहरी रुचि है, तो वह व्यक्ति आपको स्पष्टता से देख सकता है। आप भी परिजन या मित्र को देख सकते हैं और उसके साथ बातचीत कर सकते हैं तथा अस्पताल के कमरे की हर चीज़ का वर्णन कर सकते हैं, साथ ही नर्स को पहचान सकते हैं तथा सिर हिला सकते हैं, जो आपको स्पष्टता से देख सकती है और मान सकती है कि आप रोगी से मिलने आए कोई रिश्तेदार हैं। आप अपनी सारी शक्तियों के साथ पूरी तरह वस्त्र पहने नज़र आते हैं, जैसे आप कोई मानसिक और आत्मिक जीव हों, जो अपने त्रिआयामी शरीर से स्वतंत्र होकर सोचने, देखने, महसूस करने और यात्रा करने में समर्थ हो।

5. एक जासूस ने अपने अवचेतन मन से आग्रह किया कि वह उसके सामने उन चोरों का पता-ठिकाना उजागर करे, जिन्होंने कई घरों में डकैती डाली थी। वह ख़ुद को उनके ठिकाने पर पाता है और मानसिक रूप से आदेश देता है कि वे लोग उसे न देख पाएँ। इसके बाद वह उनकी गिरफ़्तारी के लिए आवश्यक सारी जानकारी इकट्ठी करता है। वह भौतिक वस्तुओं को हटा सकता है और अपने सूक्ष्म शरीर को किसी भी दिशा में ले जा सकता है। उसके पास इच्छा, चुनाव और पहल करने की शक्ति होती है। दूसरे शब्दों में, वह एक चेतन, तार्किक जीव है, जो अपने त्रिआयामी शरीर से पूरी तरह स्वतंत्र होकर काम करता है।

6. बेटे के लापता होने पर एक माँ बहुत निराश थी। वह जानना चाहती थी कि उसका बेटा जीवित है या मृत। उसने अपने अवचेतन मन से विश्वास और स्पष्टता से पूछने का निर्णय लिया कि उसका बेटा कहाँ है। फलस्वरूप, नींद की अवस्था में वह अतीन्द्रिय-दर्शक बन गई और उसने अपने बेटे को वियतनाम में क़ैदी के रूप में देखा। उसने उसकी कालकोठरी की चीज़ों को भी देखा और वह तुरंत जान गई कि वह जीवित और अच्छा था। बाद की घटनाओं ने उसके अतीन्द्रिय अनुभव की पुष्टि की।

7. एक डॉक्टर का एक बहुत मूल्यवान पुखराज रत्न खो गया था। उसने लेखक से आग्रह किया कि वह प्रार्थना के ज़रिये उसे खोज ले। सपने की अवस्था में मैंने एक विदेशी दिखने वाली महिला को पुखराज पहने देखा, उसके मूल्य के बारे में उसकी बातचीत सुनी, उसके चेहरे का तिल देखा और उसके आगे के तीन दाँत ग़ायब देखे। जब मैंने अपनी डॉक्टर मित्र को उस महिला का हुलिया बताया, तो उसे तुरंत अहसास हो गया कि यह उसकी नौकरानी थी, जिसने अँगूठी चुराई थी और उसने अँगूठी को आसानी से प्राप्त कर लिया।

8. 1862 में डॉ. फ़िनीज़ पार्कहर्स्ट क्विम्बी ने अतीन्द्रिय-यात्रा के प्रयोग आयोजित किए। एक उदाहरण में उन्होंने एक महिला को सम्मोहित किया, जो अतीन्द्रिय-दर्शक बन गई और उन्होंने उसे उसके पहले वाले घर भेज दिया, जहाँ उसने सटीकता से हर होने वाली घटना बताई, उनका परिचय पोस्टमास्टर से कराया, साथ ही एक अंकल की मृत्यु तथा अन्य अंतरंग विवरण उजागर किए, जिनकी बाद में विस्तार से पुष्टि की गई। क्विम्बी उसकी मानसिक यात्रा पर उसके साथ गए, क्योंकि वे सम्मोहन की अवस्था में जाए बिना ही अतीन्द्रिय-दर्शक थे। उन्होंने मन की असाधारण शक्तियों को प्रदर्शित किया।

9. दूसरे प्रकरण में, डॉ. क्विम्बी ने प्रदर्शित किया कि लूसियस, जो सम्मोहन की अवस्था में अतीन्द्रिय-दर्शक बन गया, विस्तार से किसी व्यक्ति को चित्रित कर सकता है, जो लापता था। लूसियस ने लापता व्यक्ति का वर्णन किया, उसका पेशा बताया, उसके परिवार के सदस्यों की जानकारी दी, उसकी गतिविधियाँ और ठिकाने बताए। डॉ. क्विम्बी जानते थे कि दर्शकों का कोई सदस्य संबंधित व्यक्ति से परिचित था और लूसियस ने अपनी सम्मोहित अवस्था में प्रश्नकर्ता के अवचेतन मन का दोहन किया, जिसके मन में खोए व्यक्ति का पूर्ण स्मृति चित्र था और जो उसके बारे में सब कुछ जानता था। ये आपके अवचेतन मन के चमत्कार हैं।

6

अतीन्द्रिय अनुभूति और उपचार

मानव मन की सबसे रोचक और आकर्षक शक्तियों में से एक है पूर्व-ज्ञान, यानी संसार के पर्दे पर घटित होने से पहले किसी भावी घटना को देखने की क्षमता। परामर्श कार्य और कई क्षेत्रों के लोगों से बातचीत करने के दौरान मुझे अतीन्द्रिय अनुभूति से उल्लेखनीय उपचारों तथा कई परिजनों की जान बचाने की जानकारी भी मिली है।

किस तरह एक माँ की प्रार्थना ने उसके बेटे का पैर बचा लिया

कुछ सप्ताह पहले एक घरेलू समस्या के संबंध में एक महिला से मेरी बातचीत हुई। इस दौरान उसने अपने प्रार्थना-जीवन के एक रोचक और उल्लेखनीय प्रकरण के बारे में बताया। उसके बेटे ने उसे वियतनाम के एक अस्पताल से फ़ोन करके कहा कि वे उसके लिए प्रार्थना करें। बेटे ने बताया कि उसके पैर में गैंग्रीन फैल गया था और सर्जन उसे काटने की सोच रहा था। लेकिन बेटे ने सर्जन से कहा, "मेरी माँ लोगों के लिए प्रार्थना करती हैं और उन्हें ठीक कर देती हैं।" इस पर डॉक्टर उसे प्रोत्साहित करते हुए बोला, "तो ठीक है। उन्हें फ़ोन कर दो।"

उस महिला ने मुझसे कहा कि फ़ोन कॉल के बाद वह स्थिर बैठ गई और अपने बेटे का नाम लेकर उसने कहा : "दैवी मन मेरे बेटे को जानता है। उसके अंदर बैठा ईश्वर अब उसका उपचार कर रहा है और मैं ईश्वर को उस कार्य के लिए धन्यवाद देती हूँ, जो इसी समय घटित हो रहा है।" उस महिला ने यह सरल प्रार्थना एक शांत, निष्क्रिय, तनावमुक्त अंदाज़ में बार-बार की और लगभग एक घंटे बाद सो गई। सपने में उसने अपने बेटे को देखा, जो बोल रहा था, "माँ,

मेरा पैर बच गया। यह अद्भुत है!" वह महिला सुबह शांति के भारी अहसास के साथ जागी। बाद में उसके बेटे ने ईश्वर की उपचारक शक्ति में उसके गहरे विश्वास की पुष्टि की।

यह माँ जानती थी कि मन के सिद्धांत में समय या स्थान का कोई बंधन नहीं है। वह जानती थी कि असीम उपचारक उपस्थिति का उसका गहरा अहसास हज़ारों मील दूर उसके बेटे के अवचेतन में पुनर्जीवित हो जाएगा।

पत्नी को दिखे सपने ने किस तरह पति को आने वाले हृदय-घात की त्रासदी को टाला

मैं यह अध्याय लोगों से बातों के बीच मिले समय के दौरान लिख रहा हूँ। मुझे इसकी बहुत सारी समृद्ध सामग्री उन लोगों की बातें सुनने से मिली है, जिन्हें अतीन्द्रिय अनुभूति के असाधारण अनुभव हुए हैं, लेकिन जो अपने अनुभव अपने सबसे क़रीबी मित्रों और रिश्तेदारों को इस डर से नहीं बताते हैं कि कहीं उनकी खिल्ली न उड़ाई जाए या उन्हें "विक्षिप्त" न मान लिया जाए।

एक प्रतिभाशाली युवा पत्नी मुझसे यह जानकारी लेने आई थी कि उसे अपने छोटे बेटे के लिए वैज्ञानिक प्रार्थना कैसे करनी चाहिए। उसने मुझे बताया कि कुछ सप्ताह पहले वह लंच के बाद दीवान पर सो गई थी और उसने एक बहुत विचलित करने वाला सपना देखा। उसे महसूस हुआ कि उसका पति कार से लास वेगस जा रहा था और वह अपने दिल पर हाथ रखे हुए था, जबकि कार बेक़ाबू हो रही थी।

अचानक वह डर, घबराहट और विनाश की आशंका के साथ जाग गई। उसने बाइबल खोलकर 91वाँ स्तोत्र ज़ोर से पढ़ा, जो सुरक्षा प्रदान करने वाला बेहतरीन स्तोत्र है, उसने काल को बदलकर वर्तमान कर लिया और लगभग आधा घंटे तक अपने पति के लिए प्रार्थना की, जो इस तरह शुरू हुई : "वे परमपिता के हृदय में रहते हैं... वे सर्वशक्तिमान की छाया में रहते हैं... उनके देवदूत मेरे पति की देखभाल करते हैं, सारे तरीक़ों से उनकी हिफ़ाज़त करते हैं," और अन्य अंश, जैसे "ईश्वर इस वक़्त उनका उपचार कर रहा है" और "ईश्वर का प्रेम उनमें प्रवाहित हो रहा है, उन्हें पूर्ण और आदर्श बना रहा है।" धीरे-धीरे उन्हें अपने भीतर शांति का अहसास हुआ।

दिन में बाद में उसे पता चला कि उसके पति को एक गंभीर हार्ट अटैक हुआ था और वे अचेत हो गए थे। एक गुज़रने वाला कार चालक सड़क के बीच

रुकी कार के पास पहुँचा, जहाँ उसने स्टियरिंग व्हील पर एक आदमी को लुढ़का हुआ देखा। उसने जब जाँच की, तो उसे ड्राइवर के हाथ में कुछ हृदय-रोग की गोलियाँ मिलीं, जिन्हें लेने से पहले ही अटैक ने उसे अचानक बेहोश कर दिया था। कार चालक ने एक गोली अचेत यात्री के मुँह में रख दी और उसे अस्पताल तक ले गया, जहाँ बहुत कम समय में उसका उल्लेखनीय उपचार हो गया। कार यात्री ने उसे बताया कि यह किसी चमत्कार से कम नहीं था कि कार कैसे रुक गई, क्योंकि उसके पति का पैर ब्रेक पर नहीं था और वह पूरी तरह अचेत था।

इस महिला की प्रार्थना "देवदूत मेरे पति की हिफ़ाज़त करते हैं" गुज़रने वाले भले कार चालक के मन में काम कर गई और वह दया व करुणा का देवदूत साबित हुआ। इस पत्नी की प्रार्थना और असीम उपचारक उपस्थिति में गहरे विश्वास ने, जो हम सभी के भीतर वास करता है, 100 मील दूर उसके पति के अवचेतन पर कार्य किया। इसने उचित बचाव तथा उसके क्षतिग्रस्त हृदय के उल्लेखनीय उपचार को संभव बनाया। उस महिला ने आगे बताया कि हृदय परीक्षणों के बाद डॉक्टरों ने इसे एक उल्लेखनीय सुधार बताया।

किस तरह अतीन्द्रिय-श्रवण ने सैनिकों की एक पलटन को बचाया

पिछले साल न्यू यॉर्क की एक विमान यात्रा में मैं एक अफ़सर के बग़ल में बैठा, जो कुछ समय पहले ही वियतनाम से लौटा था। बातचीत के दौरान उसने अतीन्द्रिय अनुभव की अपनी दास्तान सुनाई और उस आवाज़ के बारे में बताया, जो उसने "अज्ञात" से सुनी थी। उसे और उसके सैनिकों को आदेश दिया गया था कि वे जंगल के एक ख़ास इलाक़े की टोह लें। जब वे धीरे-धीरे चल रहे थे, तो उसने अपनी बहन की आवाज़ सुनी, जो स्पष्टता से कह रही थी, "तुम्हारे सामने एक बारूदी सुरंग है। रुक जाओ! रुक जाओ! रुक जाओ!" उसने तुरंत सबको रुकने का आदेश जारी कर दिया। वाक़ई उन्हें कुछ गज़ दूर एक ज़मीनी बारूदी सुरंग मिली। बेशक, अगर वे आगे गए होते, तो क्षत-विक्षत हो जाते, शायद मर भी जाते।

उसकी बहन आयरलैंड में एक महिला मठ में शिक्षिका थी। भाई ने कहा कि बहन नियमित रूप से हर रात, हर सुबह और दैनिक प्रार्थना में उसके लिए प्रार्थना करते हुए कहती थी, "ईश्वर मेरे भाई का प्रकाश और उसकी मुक्ति है।"

यह अफ़सर जानता था कि भौगोलिक दृष्टि से उसकी बहन हज़ारों मील दूर थी। मनोविज्ञान का विद्यार्थी होने के नाते उसे अहसास था कि जो आवाज़ उसने

सुनी थी, वह उसके खुद के अवचेतन मन की चेतावनी थी, जो उसकी रक्षा करना चाहता था और जिसने बेशक उसकी बहन की प्रार्थना पर इतनी सशक्त प्रतिक्रिया की। आपके अवचेतन मन की आकांक्षाएँ, फुसफुसाहटें, चेतावनियाँ और अन्तर्ज्ञान हमेशा जीवन की ओर होता है। यह सारे समय आपकी रक्षा करना चाहता है, क्योंकि आत्म-रक्षा प्रकृति का पहला नियम है। उस आंतरिक प्रेरणा, उस मौन, अपनी खुद की आत्मा के अंदरूनी ज्ञान की आवाज़ को सुनना सुनिश्चित करें।

भारी आपातकालीन स्थिति या अत्यधिक ख़तरे के समय में आप अक्सर पाएँगे कि आपका अवचेतन मन उस व्यक्ति की आवाज़ में बोलता है, जिसका आदेश आप तुरंत मानेंगे और जिसे आप सच के रूप में स्वीकार करेंगे। आंतरिक आवाज़ आपकी रक्षा करना चाहती है, इसलिए यह उस व्यक्ति की आवाज़ नहीं होगी, जिसे आप पसंद न करते हों या जिस पर विश्वास न करते हों।

बाइबल में अतीन्द्रिय अनुभूति और उपचार

यह अनुपस्थिति उपचार या अतीन्द्रिय उपचार की तकनीक है। आपको बताया जाता है कि किसी दूसरे के लिए प्रार्थना कैसे करें या अपना शब्द भेजकर उसका उपचार कैसे करें। जब आप किसी दूसरे के लिए प्रार्थना करके उसका मानसिक या आत्मिक उपचार करते हैं, तो आप बस सामने वाले की स्वतंत्रता, पूर्णता और मानसिक शांति को जानकर और महसूस करके उसे सही करते हैं, जो आप अपने मन में सुनते और देखते हैं।

बाइबल की भाषा में *आपके शब्द* का अर्थ यह है कि आपको अपने विश्वास पर, असीम उपचारक उपस्थिति की प्रतिक्रिया पर पूरी आस्था होती है।

आप दूसरे व्यक्ति की मदद या उपचार करने के लिए शब्द इस तरह भेजते हैं : पहली चीज़ जो आप करते हैं, वह ईश्वर के बारे में वह सब सोचना है जो आप जानते हैं, जैसे "ईश्वर असीम प्रेम, पूर्ण सामंजस्य, असीम जीवन, सर्वशक्तिमान, पूर्ण आनंद, मेरे भीतर की जीवित आत्मा सर्वशक्तिमान है।" अहसास करें कि आपके विचार के सिवाय बदलने के लिए कुछ है ही नहीं। किसी तरह की शक्ति या मानसिक दबाव का इस्तेमाल न करें। तनावमुक्त रहें, अहसास करें कि आप एक माध्यम हैं, जो असीम की पूर्णता और सामंजस्य को अदृश्य से दृश्य में पुनर्जीवित कर रहे हैं।

किसी दूसरे के लिए प्रार्थना करते समय शांति से कहें : "ईश्वर एकमात्र उपस्थिति और शक्ति है। मैं चाहता हूँ, महसूस करता हूँ और जानता हूँ कि

असीम उपचारक उपस्थिति की ऊपर उठाने वाली, उपचार करने वाली और बल देने वाली शक्ति उस व्यक्ति में प्रवाहित हो रही है और उसे पूर्ण, तनावमुक्त तथा आदर्श बना रही है। मैं चाहता हूँ और जानता हूँ कि ईश्वर का सामंजस्य, सौंदर्य और जीवन अब आपमें शक्ति, शांति, प्राणशक्ति, सौंदर्य, पूर्णता तथा सही कार्य के रूप में प्रकट हो रहा है।" आप जो कहते हैं, उसकी सच्चाई को महसूस करें और जब आपको इसका स्पष्ट अहसास हो जाता है, तो बीमारी ईश्वर के प्रेम की रोशनी में घुल जाएगी।

विश्राम और शांति की मानसिक अवस्था ही आपकी आस्था और आत्मविश्वास का परीक्षण है। मन को शांत बनाए रखें और उस व्यक्ति के लिए प्रार्थना करें, जब आपको ऐसा करने का मार्गदर्शन महसूस हो; तो धीरे-धीरे आप मन की एक अनुकूलित अवस्था बना लेंगे और दिन उग आता है तथा अँधेरा दूर हो जाता है।

मरता हुआ आदमी उठ बैठा और बोलने लगा

कुछ समय पहले मैंने ओकलैंड, कैलिफ़ोर्निया के सुंदर रिलीजियस साइंस चर्च में व्याख्यान दिया। वहाँ एक आदमी होटल में मुझसे यह जानने के ख़ास उद्देश्य से आया था कि उसे और उसकी पत्नी को प्रार्थना कैसे करनी चाहिए। बातचीत के दौरान उसने कहा : कि वह अवचेतन मन की शक्तियों में यक़ीन करता था और उसने मेरी पुस्तक लगभग 15 बार पढ़ी थी और यही नहीं, वह पढ़ी हुई बातों पर मेहनत से अभ्यास भी करता था।

उसका बेटा ईवेंजेलिकल चर्च का था और बाइबल को शब्दशः लेता था। वह बेटा बहुत बीमार था, दरअसल कुछ दिनों से बेहोश था। डॉक्टरों ने बहुत ज़्यादा आशा नहीं बँधाई थी, हालाँकि उन्होंने उसके लिए हर संभव चीज़ की थी और वे बहुत दयालु तथा परवाह करने वाले थे।

एक दिन जब इस आदमी ने मार्गदर्शन के लिए प्रार्थना की, तो वह अपने बेटे से मिलने गया। बेटे ने उसे पहचाना ही नहीं और एक निष्क्रिय नींद में लुढ़क गया। पिता ने बेटे के अवचेतन से ज़ोर से कहा, "बेटे, ईसा मसीह इसी वक़्त यहाँ हैं और तुम उन्हें देख रहे हो। ईसा मसीह इसी वक़्त तुम्हारा इलाज करने जा रहे हैं। वे इसी वक़्त तुम पर अपने हाथ रख रहे हैं। तुम इसी वक़्त उनका स्पर्श महसूस कर रहे हो।"

उसने ये कथन धीरे-धीरे, नर्मी से और सकारात्मक मानसिकता से कई बार दोहराए। यह बात बोलते वक़्त उसका बेटा अचेत था और स्पष्ट रूप से अपने

पिता की उपस्थिति के बारे में जागरूक नहीं था। लगभग दस मिनट बाद बेटा बिस्तर पर बैठ गया और आँखें खोलकर बोला, "हलो, डैड। ईसा मसीह आए और उन्होंने मुझे स्पर्श किया। मैं जानता हूँ कि मैं ठीक हो गया हूँ। वे मुझसे बोले, खुद से कहो, उठो।" बेटा पूरी तरह ठीक होकर दो दिन बाद अस्पताल से बाहर आ गया।

हुआ क्या था? इस लड़के के अवचेतन मन ने अपने पिता के कथन को स्वीकार कर लिया कि ईसा मसीह वहाँ थे। उसके अवचेतन मन ने विचार-चित्र को प्रक्षेपित कर दिया, यानी इस लड़के की ईसा मसीह की धार्मिक अवधारणा ने चित्र का रूप ले लिया, जैसी वह प्रार्थना पुस्तक के चित्रों, पेंटिंग्स, चर्च की मूर्तियों आदि के आधार पर उनकी कल्पना करता था। इस लड़के ने आँख मूँदकर विश्वास कर लिया कि ईसा मसीह वहाँ सशरीर मौजूद थे और उन्होंने उस पर अपने हाथ रखे थे। उसका अंधा विश्वास उसके अवचेतन में दर्ज हो गया और इसने इसी अनुरूप प्रतिक्रिया की।

जब आप सम्मोहन की तंद्रा में किसी व्यक्ति को बताते हैं कि उसकी दादी इस वक़्त यहाँ हैं और वह उन्हें स्पष्ट रूप से देखेगा, तो वह उसे देखेगा, जिसे वह अपनी दादी मानता है। उसका अवचेतन अपनी स्मृति की तस्वीर के आधार पर उसकी दादी की छवि को प्रक्षेपित कर देता है। आप उसी आदमी को सम्मोहन-उपरांत सुझाव देते हुए कह सकते हैं, "जब तुम तंद्रा से बाहर आते हो, तो तुम अपनी दादी का अभिवादन करोगे और उनसे बातचीत करोगे।" वह ठीक ऐसा ही करेगा।

इसे व्यक्तिपरक हैल्युसिनेशन या मतिभ्रम कहा जाता है। इस आदमी के बेटे के अवचेतन में जाग्रत आस्था ही उपचारक घटक थी। हमारी आस्था या मानसिक विश्वास के अनुरूप ही हमेशा हमारे साथ किया जाता है।

तथाकथित मृत लोगों का पुनर्जीवन

अवचेतन मन सुझाव का सहज अनुगामी होता है, भले ही वह व्यक्ति अचेत हो। अधिक गहरा मन सम्मोहनकर्ता के सुझाव को प्राप्त कर सकता है और उस पर काम कर सकता है। एक अर्थ में, आप इस तरह की घटना को *मृत व्यक्ति का पुनर्जीवन* कह सकते हैं। यह स्वास्थ्य, आस्था, विश्वास और प्राणशक्ति का पुनर्जीवन है।

महिला ने डॉक्टर से इलाज कराने से इंकार किया

एक महिला ने न्यू ऑरलीन्स से मुझे फ़ोन करके बताया कि वह बहुत कमज़ोरी महसूस कर रही थी। घर में हल्की सी मेहनत के बाद वह सप्ताह में तीन बार गिर गई थी। मैंने सलाह दी कि वह तुरंत जाकर डॉक्टर को दिखाए और जाँच कराए। इसके अलावा, वह उस डॉक्टर तथा खुद के लिए प्रार्थना करे, साथ ही लगातार जागरूक रहे कि ईश्वर उसका तथा उसके डॉक्टर का मार्गदर्शन कर रहा है और ईश्वर उसके भीतर है, जो उसी समय उसका उपचार कर रहा है।

वह बोली, "मुझे डॉक्टरों, नर्सों और गोली-दवाई से नफ़रत है। मेरे पति भी डॉक्टर के पास जाने पर ज़ोर देते हैं, लेकिन मुझे यक़ीन है कि ईश्वर मेरा इलाज कर सकते हैं।" मैंने उसे समझाया कि वह नफ़रत से भरी हुई थी, इसलिए वह प्रेम तथा खुशी की उपचारक धारा को अवरुद्ध कर रही थी और उसे ईश्वर के प्रेम की धूप को अपने हृदय में दाख़िल होने देना चाहिए। उसका मानसिक प्रतिरोध उपचारक उपस्थिति के लिए प्रतिरोध बना देता है और शॉर्ट सर्किट हो जाता है। वह अपने इरादे में अटल थी और कहने लगी, "चाहे जो हो जाए, मैं डॉक्टर के पास नहीं जा रही हूँ।" उसके डॉक्टर ने बताया कि उसी दिन वह अचानक गिर गई और उसे अस्पताल पहुँचाया गया, जहाँ वह कोरोनरी थ्रॉम्बोसिस से मर गई।

उसका पति उससे अनुरोध कर रहा था कि वह डॉक्टर से जाँच करा ले। यदि उसने ऐसा किया होता, तो उसे रोग का पता चल जाता और बेशक उसका इलाज हो जाता। उसका जीवन लंबा हो सकता था। सही चिकित्सकीय देखभाल और प्रार्थना-चिकित्सा अगर मिलकर काम करते, तो उसे कई मायनों में लाभ होता। ईश्वर तो डॉक्टर, दंतचिकित्सक, अस्थिचिकित्सक और काइरोप्रैक्टर के भीतर वास करता है। हर व्यक्ति जीवित ईश्वर का मंदिर होता है।

आपको चिकित्सक का सम्मान क्यों करना चाहिए

बुक ऑफ़ इक्लीज़ियास्टिकस, अध्याय 38, पैराग्राफ़ 1 और 2 में आप ये शब्द पढ़ते हैं :

> *किसी चिकित्सक का उसी तरह सम्मान करें, जिस तरह कि आपके लिए उसकी उपयोगिता को देखते हुए करना चाहिए : क्योंकि ईश्वर ने उसे बनाया है। क्योंकि उपचार सबसे ऊपर से आता है और उसे राजा जैसा सम्मान मिलेगा... ईश्वर ने धरती से दवाओं को बनाया*

है और जो समझदार है, वह उनसे नफ़रत नहीं करेगा... और उसने लोगों को योग्यता दी है, कि उनके अद्भुत कार्यों के लिए उन्हें सम्मानित किया जाए।

मेरे बेटे, अपनी बीमारी में लापरवाह मत रहना : बल्कि ईश्वर से प्रार्थना करना, और वह तुम्हें पूर्ण स्वस्थ कर देगा... फिर चिकित्सक को स्थान दो, क्योंकि ईश्वर ने उसे बनाया है : उसे अपने से दूर मत भेजो, क्योंकि तुम्हें उसकी ज़रूरत है। एक समय ऐसा होता है, जब उनके हाथों में अच्छी सफलता होती है। क्योंकि वे भी ईश्वर से प्रार्थना करेंगे, कि वह समृद्ध हो, जो जीवन को लंबा करने के लिए राहत और दवा प्रदान करता है...

ये पंक्तियाँ बहुत बुद्धिमत्तापूर्ण हैं और आपसे कह रही हैं कि आप विश्वास के अपने स्तर को प्रदर्शित करें। यदि आप प्रार्थना से स्वस्थ नहीं होते हैं, तो डॉक्टर से मिलें। जहाँ मुश्किल है, अगर वहाँ आपको ईश्वर की उपस्थिति का विश्वास है, तो यह ग़ायब हो जाएगी। अगर ग़ायब नहीं होती है, तो अगली सबसे अच्छी चीज़ करें - तुरंत। अगर आपकी प्रार्थनाएँ सफल होती हैं, तो स्वास्थ्य तेज़ी से सही हो जाएगा। याद रखें, अगर आप प्रार्थना के ज़रिये कोई दाँत नहीं उगा सकते या किसी टूटी हड्डी को तुरंत ठीक नहीं कर सकते, तो बेहतर होगा कि दाँत के लिए किसी दंतचिकित्सक से मिलें और हड्डी के लिए किसी सर्जन से मिलें। यह सहज बोध है और निश्चित रूप से जीवन भर अपाहिज रहने से कहीं ज़्यादा बेहतर है।

नास्तिक को धर्मस्थल पर उल्लेखनीय उपचार क्यों मिला

कई बार विभिन्न धार्मिक आराधनाओं से उपचार हो जाते हैं। कई लोगों ने मुझे बताया है कि उन्हें रविवार की सुबह हमारी उपचारक आराधनाओं में फ़ायदा हुआ है। वे कहते हैं कि उन्हें उपचार की उम्मीद नहीं थी, कि वे संदेहवादी थे, कि वे उन्नत अवस्था में नहीं थे और वे उपचार के बारे में सोच भी नहीं रहे थे। वे जो कहते हैं, उससे यह निष्कर्ष निकलता है कि उनमें आस्था की कमी थी; फिर सवाल उठता है : उन्हें उपचार कैसे मिल सकता था?

जवाब सरल है। वे सभी, चाहे वे नास्तिक हों या संदेहवादी या श्रद्धालु, किसी उपचार की तलाश कर रहे हैं, और उनके मन वहाँ मौजूद भीड़ की प्रार्थनाएँ प्राप्त करने के लिए ग्रहणशील हैं। शायद वे उपचार के लिए किसी डॉक्टर,

अस्थि-चिकित्सक या काइरोप्रैक्टर के पास जा रहे हैं, जिससे पता चलता है कि उनमें ठीक होने की इच्छा मौजूद है। इच्छा प्रार्थना है और ईश्वर किसी नास्तिक की प्रार्थना का भी जवाब देगा, बशर्ते वह किसी धार्मिक व्यक्ति जितना ही यक़ीन करे, क्योंकि ईश्वर या उसका क़ानून लोगों में भेदभाव नहीं करता है। उपचार की इच्छा करने मात्र से मन ग्रहणशील नज़रिये में आ जाता है, जिससे अवचेतन मन में आदर्श स्वास्थ्य का विचार पुनर्जीवित हो जाता है। चर्च या धर्मस्थल पर मौजूद लोग इसी के लिए प्रार्थना कर रहे हैं।

जब एक तथाकथित नास्तिक किसी धर्मस्थल पर प्रार्थना में एकत्रित लोगों के समूह के साथ मिला, जो दृढ़ कथन कह रहे थे कि मौजूद सभी लोगों का उपचार हो जाए, वे पूर्ण और आदर्श बन जाएँ, तो उसने सभी मौजूद लोगों के साथ एक निश्चित मनोवैज्ञानिक और आत्मिक कड़ी जोड़ ली। इससे उसका उपचार संभव हो गया, क्योंकि उन सभी समर्पित लोगों से निकलने वाले उपचारक कंपन नास्तिक के अवचेतन मन में सक्रिय हो गए, उन्होंने वहाँ मौजूद सारी नकारात्मकता को रूपांतरित कर दिया और उसके अवचेतन मन की उपचारक शक्ति के पुनर्जीवन का रास्ता खोल दिया। सामूहिक प्रार्थना ने उसके अवचेतन मन के मानसिक विष को मिटा दिया और पूर्णता तथा सौंदर्य के भाव को दाख़िल होने का रास्ता दिया।

याद रखने वाले बिंदु

1. पूर्वज्ञान किसी भावी घटना के होने से पहले उसे देखने की अवचेतन मन की क्षमता है।
2. एक माँ हज़ारों मील दूर मौजूद अपने बच्चे के लिए प्रार्थना कर सकती है और इस विचार पर ध्यान केंद्रित कर सकती है, "उसके भीतर मौजूद ईश्वर इस वक़्त उसका उपचार कर रहा है।" अगर माँ का मन शांत होता है, तो ईश्वर की उपचारक उपस्थिति पर उसका विश्वास उसके बेटे के अवचेतन में पुनर्जीवित होता जाता है; उसके पैर का इलाज हो जाता है। मन के सिद्धांत में समय या स्थान का कोई बंधन नहीं है और उसकी माँ का आंतरिक अहसास उसके बेटे के अनुभव में तुरंत प्रकट हो जाता है।
3. पति और पत्नी अवचेतन रूप से एक साथ जुड़े होते हैं। यह

संभव है कि पत्नी को सपने की अवस्था में अपने पति की गंभीर बीमारी की अनुभूति हो जाए और वह प्रार्थना करके दुखद घटना को रोक दे। इस मामले में एक पत्नी ने सपने में देखा कि कार चलाते समय उसके पति को हार्ट अटैक हो गया है। वह प्रार्थना करने लगी और उसे अपनी प्रार्थना का फल मिल गया।

4. वियतनाम में गश्ती पलटन के एक अफ़सर ने अपनी बहन की आवाज़ में सुना, "तुम्हारे सामने एक बारूदी सुरंग है। रुक जाओ!" उसने तुरंत बात मान ली और अपनी तथा अपनी पलटन के लोगों की जान बचा ली।

5. जब बाइबल कहती है, "उसने अपना शब्द भेजा और उनका उपचार कर दिया," तो इसका मतलब है कि आपको बीमार व्यक्ति के पास जाने की ज़रूरत नहीं है, जो हज़ारों मील दूर हो सकता है। लेकिन यह जानते हुए कि मन कालातीत है, स्थानमुक्त है, एक है और अविभाजित है, कोई भी व्यक्ति ईश्वर की उपचारक शक्ति के गहरे विश्वास में दाख़िल हो सकता है। आपका आंतरिक ज्ञान और विश्वास बीमार व्यक्ति द्वारा महसूस किया जाएगा तथा उपचार हो जाएगा।

6. एक पिता को अहसास हुआ कि उसके बेहोश बेटे का अवचेतन मन सुझाव को सहज ही ग्रहण करता था। उसने अपने अचेत बेटे को शक्तिशाली सुझाव देते हुए कहा, "ईसा मसीह यहाँ हैं। वे इसी वक़्त तुम्हें स्पर्श कर रहे हैं। ईसा मसीह इसी वक़्त तुम्हारा उपचार कर रहे हैं।" लड़के ने अपनी अचेत अवस्था में ईसा मसीह के विचार-चित्र को देखा। ईसा मसीह ने उसे स्पर्श किया, इस विश्वास से उसका तुरंत उपचार हो गया। उसके अंधे विश्वास ने उसका उपचार कर दिया, क्योंकि उसका अवचेतन प्रतिक्रिया करेगा, चाहे उसने जिस पर विश्वास किया है, वह सच हो या झूठ। सभी तकनीकों, प्रक्रियाओं, धार्मिक संस्कारों, रस्मों, ताबीजों, धर्मस्थलों या अन्य बाहरी चीज़ों से परे - अवचेतन की उपचारक शक्ति ही एकमात्र उपचारक शक्ति है।

7. बीमारी में प्रार्थना करने पर जब आपको तुरंत परिणाम न मिलें, तो अविलंब अपने डॉक्टर से मिलें।

8. कई धार्मिक कट्टरपंथी लोग गंभीर बीमार होने पर भी चिकित्सकों के पास जाने से इंकार कर देते हैं। उन्हें अंधविश्वास होता है कि ऐसा करना ग़लत है। यह पागलपन का हल्का रूप है। अति हमेशा ख़तरनाक होती है। प्रार्थना के बाद स्वास्थ्य को तेज़ी से उदित होना चाहिए। अगर ऐसा नहीं होता है, तो इसका मतलब है कि आपके पास उतनी आस्था नहीं है, जितनी आप सोचते हैं कि आपके पास है। किसी चिकित्सक के पास जाएँ, उसे दुआ दें और स्वास्थ्य तथा सामंजस्य के लिए प्रार्थना करते रहें। याद रखें, आस्था की आपकी चाहत असली आस्था नहीं है। असली आस्था मौक़े पर और वर्तमान में प्रकट की जाती है। असंख्य लोग आज जीवित इसीलिए हैं, क्योंकि उन्होंने समय पर डॉक्टर से परामर्श लिया। उन्होंने चिकित्सक की मदद के प्रति द्वेष पालकर अपने उपचार में बाधा नहीं डाली।

9. द बुक ऑफ़ एक्लीज़ियास्टिकस, अध्याय 38, निश्चित रूप से और स्पष्ट रूप से बताता है, कि चिकित्सक को स्थान दें, *क्योंकि ईश्वर ने उसे उत्पन्न किया है... क्योंकि आपको उसकी ज़रूरत है।*

10. नास्तिक को उसकी प्रार्थनाओं का जवाब इसलिए मिल सकता है, क्योंकि मन के नियम अवैयक्तिक हैं। यदि वह चाहता है कि उपचार हो जाए और वह उपचार के लिए डॉक्टर के पास जा रहा है तथा किसी उपचारक धर्मस्थल की यात्रा करता है, जहाँ लोग प्रार्थना कर रहे हैं, तो यह संभव है कि प्रार्थना करने वालों की सामूहिक उपचारक चेतना उसके चेतन मन को भेदकर उसके अवचेतन में पहुँच जाए, जिससे उपचार हो जाए।

7

आप हमेशा जीवित क्यों रहेंगे

हज़ारों साल पहले जॉब ने पूछा था, "अगर कोई आदमी मरता है, तो क्या वह दोबारा जीवित होगा?" ईश्वर जीवन है और जीवन नहीं मर सकता। जीवन नहीं मर सकता। जीवन की कोई शुरुआत नहीं है और कोई अंत नहीं है। पृथ्वी पर चलने वाला प्रत्येक व्यक्ति प्रकट ईश्वर या जीवन है।

आपका शरीर एक यंत्र या वाहन है, जिसके माध्यम से जीवन-सिद्धांत व्यक्त होता है। आपके पास हमेशा किसी न किसी तरह का शरीर रहेगा, चाहे आप जीवन के किसी भी आयाम में सक्रिय हों।

तथाकथित मृत्यु अंत नहीं है; यह तो सिर्फ़ शुरुआत है। दरअसल, जब आप इस त्रिआयामी अस्तित्व से चार-आयामी अस्तित्व में जाएँगे, तो आप अपनी नई मंज़िल पर पहुँचेंगे और आप उसे एक नए जन्म के रूप में देखेंगे। आपके पास एक नया, चार-आयामी शरीर होगा, जो हमारे मानदंडों से असाधारण और सूक्ष्म है, जिससे आप बंद दरवाज़ों से गुज़र सकते हैं, समय और स्थान के पार जा सकते हैं तथा अपने विचार के माध्यम से जहाँ रहना चाहें, रह सकते हैं।

मिल्टन ने कहा था, "मृत्यु वह स्वर्णिम कुंजी है, जो अमरता के महल को खोलती है।" हर मनुष्य की यात्रा इस महिमा से उस महिमा तक है, इस उत्सव से उस उत्सव तक है और हमारे पिता के मकान के कई महलों से होकर है।

जब आप जीवन के अगले आयाम में पहुँचते हैं, तो आप देखेंगे भी और दिखेंगे भी। आप अपने परिजनों को पहचानेंगे। आप व्यक्ति के रूप में अपनी सारी शक्तियों के स्वामी रहेंगे। जब आप इस संसार में आए थे, तो आपको प्रेम करने वाले लोग मिले थे, जिन्होंने आपकी देखभाल की। आपको लाड़ किया

गया था, गले से लगाया गया था और चूमा गया था। जो इस धरातल पर हुआ है, वही सभी धरातलों पर होगा। आपको प्रियजन मिलेंगे, जो आपकी देखभाल करेंगे और जो आपको जीवन के अगले आयाम की गतिविधियों का प्रशिक्षण देंगे।

जीवन विकास है

आपका जीवन एक अंतहीन प्रकटीकरण है - हमेशा आगे, ऊपर और ईश्वर की ओर। आप पीछे नहीं जा सकते, क्योंकि जीवन की प्रेरणा प्रगति, विस्तार और वृद्धि है। ईश्वर असीम जीवन है। यह जीवन अब आपका जीवन है; इसलिए आपके नएपन, स्वतंत्रता और आध्यात्मिक जागरूकता का कोई अंत नहीं है। पूरी अमरता में भी आप कभी उन आश्चर्यों और महिमाओं को ख़त्म नहीं कर सकते, जो आपके भीतर हैं।

आप हमेशा जीवित रहते हैं

ऊपर बताए गए बाइबल के कथन में पॉल कह रहे हैं कि दरअसल मृत्यु जैसी कोई चीज़ नहीं है और सभी स्त्री-पुरुष अमर हैं। आपके घर में जन्मा हर बच्चा बस उस रूप का जीवन ले रहा है। यह बाइबल की भाषा में ईश्वर (जीवन-सिद्धांत) है, जो स्वर्ग (अदृश्य अवस्था) से नीचे आ रहा है और पृथ्वी पर प्रकट हो रहा है। जब आपका वर्तमान शरीर आदर्श तरीक़े से काम करना बंद कर देता है, तो आप एक चार-आयामी शरीर हासिल कर लेंगे, जिसे प्रायः सूक्ष्म शरीर, दिव्य शरीर, व्यक्तिपरक शरीर आदि कहा जाता है। आप पृथ्वी की कोई संपत्ति अपने साथ नहीं ले जा सकते, लेकिन आप वह सब ले जाते हैं, जो आपने सीखा है और ईश्वर, जीवन तथा सृष्टि के बारे में विश्वास किया है। दूसरे शब्दों में, आप अपने विश्वासों, मान्यताओं, प्रभावों और जागरूकता का महायोग ले जाते हैं।

चार-आयामी शिक्षक व्याख्यानों में जाते हैं

प्रायः लॉस एंजेलिस के विलशायर एबेल थिएटर में रविवार की सुबह मेरे व्याख्यानों के बाद कुछ अतीन्द्रिय-दर्शक और इसी तरह के प्रतिभावान लोग मुझसे बातें करने आते थे। वे बताते थे कि मेरे बोलते समय मंच पर कुछ लोग बैठे रहते हैं। मैंने उनसे उन लोगों का वर्णन करने को कहा और हर प्रकरण में उन्होंने अगले आयाम में पहुँच गए शिक्षकों का सटीकता से वर्णन किया : डॉ. ऐमेट फ़ॉक्स, जो *सर्मन ऑन द माउंट* के लेखक हैं; मानसिक विज्ञान पर छह पुस्तकों

के लेखक जज टॉमस ट्रोवर्ड और डॉ. हैरी गेज़, जिन्होंने *ऐमेट फ़ॉक्स, द मैन एंड हिज़ वर्क* लिखी। उन्होंने मेरे पिता का भी सटीकता से वर्णन किया, जो कई साल पहले गुज़र गए थे, साथ ही मेरी बहन और अन्य रिश्तेदारों व शिक्षकों का भी। किसी भी प्रकरण में ये अति-संवेदनशील लोग (जीवित और मृत लोगों के बीच की कड़ी) मेरे किसी रिश्तेदार या इस अध्याय में बताए शिक्षकों से कभी नहीं मिले थे, न ही उन्होंने उनकी कोई पुस्तक पढ़ी थी या चित्र देखे थे।

मैं उनकी अनुभूति और अनुभव को असामान्य नहीं मानता, क्योंकि ऐसा कोई कारण नहीं है कि आध्यात्मिक रूप से उन्नत स्त्री-पुरुष अपने मनचाहे आध्यात्मिक कार्यक्रमों में शिरकत न कर सकें, या इच्छानुसार प्रकट और दोबारा प्रकट न हो सकें। मैंने मंच पर बताए स्त्री-पुरुषों को नहीं देखा है, लेकिन कई बेहद संवेदनशील और अतीन्द्रिय-दर्शक लोग इन चार-आयामी व्यक्तियों को रविवार की सुबह मंच पर अक्सर देखते हैं और कई बार आई चिंग, टैरट प्रतीकवाद तथा बाइबल के गूढ़ अर्थ पर मेरी कक्षाओं में भी।

आध्यात्मिक रूप से उन्नत लोग इच्छानुसार प्रकट होकर दोबारा भी प्रकट हो सकते हैं

जज टॉमस ट्रोवर्ड ने *द एडिनबरा लेक्चर्स ऑन मेंटल साइंस* और कई अन्य पुस्तकें लिखी हैं, जिनमें उनकी अग्रणी पुस्तक *द क्रिएटिव प्रोसेस इन द इंडिविज्युअल* शामिल है। उन्होंने अपने जीवन का एक बड़ा हिस्सा पंजाब में एक जज के रूप में गुज़ारा। मैं *द क्रिएटिव प्रोसेस इन द इंडिविज्युअल* का यह कथन यहाँ देना चाहता हूँ :

> "प्रत्यक्षीकरण तो सिद्धांत से निकलने वाली वृद्धि है, यानी कोई रूप जिसमें सिद्धांत सक्रिय बनता है। साथ ही हमें याद रखना चाहिए कि हालाँकि प्रत्यक्षीकरण के लिए एक आकार आवश्यक होता है, लेकिन आकार अनिवार्य नहीं है, क्योंकि वही सिद्धांत विभिन्न रूपों में प्रकट हो सकता है, जिस तरह विद्युत अपनी निहित प्रकृति को किसी तरह बदले बिना किसी लैम्प या ट्रैम-कार के ज़रिये काम कर सकती है। इसी तरह हमें इस निष्कर्ष पर लाया जाता है कि जीवन-सिद्धांत को हमेशा खुद को एक ऐसा शरीर देना होता है, जिसमें यह कार्य करे, हालाँकि इसका यह मतलब नहीं निकलता कि यह शरीर हमेशा ठीक उसी रासायनिक संरचना का होगा, जैसा कि अभी हमारे पास है।

हम किसी दूरस्थ ग्रह की कल्पना कर सकते हैं, जहाँ का रासायनिक परिवेश उससे भिन्न होगा, जिससे हम पृथ्वी पर परिचित हैं। अगर किसी व्यक्ति का बुनियादी जीवन-सिद्धांत वहाँ पहुँचाया जाए, तो सृजनात्मक प्रक्रिया के अनुसार यह खुद को एक भौतिक शरीर में रख लेगा, जो उस ग्रह के परिवेश और पदार्थ से बनाया गया हो; और वहाँ उत्पन्न किया गया व्यक्तित्व वहाँ काफ़ी स्वाभाविक महसूस करेगा, क्योंकि उसके आस-पास का सारा माहौल उसे पूरी तरह सामान्य लगेगा, हालाँकि प्रकृति के नियम वहाँ उन नियमों से भिन्न हो सकते हैं, जिन्हें हम यहाँ जानते हैं।

इस तरह की अवधारणा में हम दो अग्रणी सिद्धांतों के महत्त्व को पाते हैं, जिनकी ओर मैंने ध्यान आकर्षित किया है - पहली शून्य से उत्पन्न करने की आत्मा की शक्ति और दूसरी, एकता के बुनियादी सिद्धांत की व्यक्ति की पहचान, जो प्रकृति के ढाँचे को स्थायित्व और ठोसपन प्रदान करती है। पहले सिद्धांत से जीवन सिद्धांत मनचाहा शरीर उत्पन्न कर सकता है। बाद वाले सिद्धांत से यह उस ख़ास ग्रह की प्राकृतिक व्यवस्था के सामंजस्य में व्यक्ति को प्रक्षेपित करेगा, ताकि उस व्यवस्था के सारे तथ्य उस व्यक्ति को ठोस सत्य लगें और उसे उस संसार के अन्य रहवासियों जैसा स्वाभाविक जीव बना देगा। लेकिन इससे उस व्यक्ति का यह ज्ञान ख़त्म नहीं होगा कि वह वहाँ कैसे पहुँचा। और इसलिए यह मानते हुए कि वह शाश्वत जीवन सिद्धांत के साथ अपनी पर्याप्त पहचान हासिल कर लेगा, ताकि अपने खुद के शरीर के प्रक्षेपण को चेतन रूप से नियंत्रित करे, वह इच्छानुसार उस शरीर को विघटित कर सकता है, जो एक ग्रह की स्थितियों के अनुरूप था और ऐसा शरीर बना लेगा, जो दूसरे ग्रह के अनुकूल होगा। इस तरह वह बहुत से ग्रहों पर कार्य कर सकता है तथा हर ग्रह पर पूरी तरह स्वाभाविक प्राणी हो सकता है। वह सभी मायनों में दूसरे रहवासियों के समान होगा। बस एक बहुत महत्त्वपूर्ण अपवाद होगा, कि जब से उसने अपने सृजनात्मक सिद्धांत के साथ एकता हासिल की है, वह पदार्थ के नियमों से बँधा नहीं रहेगा, जिस तरह कि दूसरे रहवासी बँधे थे।

उपर्युक्त अंशों से आपको यह जानकारी मिलती है कि जो व्यक्ति आत्मिक दृष्टि से

बहुत उन्नत होता है और जो शाश्वत जीवन सिद्धांत के साथ एकत्व का अहसास कर लेता है, वह खुद को इच्छानुसार किसी देश या दूसरे ग्रहों पर भी प्रक्षेपित कर सकता है। जो जीवन सिद्धांत पूर्ण ज्ञानी और सब कुछ जानने वाला है, जो जीवन सिद्धांत एकमात्र कारण तथा पदार्थ है, वह एक ऐसे शरीर को प्रक्षेपित करेगा, जो उस ख़ास ग्रह के वायुमंडलीय दबाव के घनत्व के सामंजस्य में होगा; दूसरे शब्दों में, वह इच्छानुसार प्रकट और दोबारा प्रकट हो जाएगा।

मिसाल के तौर पर : अगर आप बर्फ़ पिघलाते हैं, तो आपको पानी मिलता है। अगर आप पानी को गर्म करना जारी रखते हैं, तो आपको भाप मिलेगी, जो अदृश्य हो सकती है। लेकिन भाप, पानी और बर्फ़ सभी एक हैं; वे तो बस अलग-अलग आणविक वेव लेंग्थ पर स्पंदन करते हैं। हर एक के कार्य और भौतिक गुण अलग होते हैं। इसी तरह आप आत्मा, मन और शरीर हैं। वे सभी एक हैं, लेकिन हर एक का कार्य अलग है। यह क़तई अतार्किक नहीं है कि न्यू यॉर्क शहर में रहने वाला आत्मिक रूप से उन्नत व्यक्ति खुद को तुरंत जोहैनसबर्ग पहुँचा दे। वह एक मानसिक और आत्मिक प्राणी है। वह जानता है कि मन और आत्मा सर्वव्यापी हैं। जब वह किसी ख़ास स्थान पर ध्यान केंद्रित करता है और आदेश देता है कि वह वहाँ है, तो अपने आप वह अपने शरीर को विघटित कर लेता है, जो अणुओं और परमाणुओं से बना है, जो अब उस भाप की तरह अदृश्य नज़र आते हैं, जिसका हमने ज़िक्र किया था। फिर वह उच्च आणविक कंपन को त्रिआयामी शरीर में घनीभूत करता है और जोहैनसबर्ग की सड़कों पर चलता नज़र आता है। इस तरह का आदमी इच्छानुसार अगले आयाम या अन्य ग्रहों पर भी पहुँच सकता है, और जब चाहे लौट भी सकता है।

एक मरणासन्न व्यक्ति ने अपने पिता, माँ और बेटे से अगले आयाम में बात की

कुछ समय पहले मैं एक व्यक्ति से मिलने गया, जो कैंसर से मर रहा था, जो उसके शरीर में फैल गया था। उसने मुझसे कई चीज़ों के बारे में बात की और हमने मिलकर प्रार्थना की। वह अपने मन में पूरी तरह तार्किक था और अपने माता-पिता के बारे में बात करने लगा, जो कई साल पहले इस संसार को छोड़कर चले गए थे। उसने कहा, "वे यहाँ हैं और मैं उनके साथ जा रहा हूँ।" फिर उसने कहा, "मुझे जॉन भी दिख रहा है। मैं नहीं जानता था कि जॉन यहाँ पहुँच चुका है!" न ही उसकी पत्नी, जो वहाँ मौजूद थी, जॉन की उपस्थिति के बारे में जानती

थी। लेकिन एक सप्ताह बाद उसे भारत से एक पत्र मिला, जहाँ जॉन (उनका बेटा) तैनात था। जॉन लगभग उसी समय गुज़रा था, जिस समय उसके पिता ने बिस्तर पर मुझसे वह बात कही थी।

आपके दिवंगत प्रिय व्यक्ति वहीं हैं, जहाँ आप हैं

आपके तथाकथित मृत रिश्तेदार आपके आस-पास हैं और आपको यह विश्वास करना छोड़ना होगा कि वे "मर गए हैं और चले गए हैं।" वे ईश्वर के जीवन के साथ सजीव हैं और हमसे सिर्फ़ फ्रीक्वेंसी से दूर हैं। आपको कॉस्मिक रे, गामा रे, बीटा रे, अल्फ़ा रे, अल्ट्रावायलेट रे या इंफ्रारेड रे नहीं दिखती हैं। आपकी शारीरिक आँखें उस महान अदृश्य वास्तविकता के प्रति अंधी होती हैं, जो आपके चारों ओर मौजूद है। अगर आप अतीन्द्रिय-दर्शन की अपनी अंदरूनी आँख के ज़रिये देखना शुरू करें, तो आपको एक बिलकुल ही अलग संसार दिखेगा। और इसी तरह अगर आप किसी एक्स-रे मशीन या इंफ्रारेड किरणों जितने संवेदनशील हों, तो आपको यही संसार कितना अलग दिखेगा!

यह अध्याय पढ़ते समय आप लेखक से कह सकते हैं कि आपके कमरे में कोई नहीं है, लेकिन अपने रेडियो या टेलीविज़न सेट का बटन घुमाएँ और देखें, आपको लोग बातें करते, हँसते और नाचते हुए दिखाई या सुनाई देंगे। आप शायद हज़ारों मील दूर के स्त्री-पुरुषों की आवाज़ें और संगीत सुनते हैं। ये सभी कार्यक्रम उस कमरे को भर देते हैं, जहाँ आप बैठे हैं। मनुष्य स्वयं एक प्रसारण और प्राप्तकर्ता स्टेशन है। इसीलिए वह रेडियो और टेलीविज़न का आविष्कार कर पाया, क्योंकि ये सारी शक्तियाँ उसके भीतर हैं। हालाँकि ये शक्तियाँ अधिकतर लोगों में दबी हुई हैं, लेकिन कुछ दूसरे लोगों में अब भी काफ़ी सक्रिय हैं, जो आपके शहर की सड़कों पर चलते हैं।

इस सम्मोहन को ख़त्म कर दें

आम आदमी मौत में विश्वास करता है। इसे लेकर वह एक तरह के सम्मोहन में होता है। लेकिन जब वह अपनी आध्यात्मिक आँखें खोलता है और सदियों के झूठे विश्वासों की संगृहीत पट्टियों को गिरने देता है, तो उसे अहसास होगा कि उसका अस्तित्व समय और स्थान के परे है, जैसा हम इसे जानते हैं और वह उन लोगों की उपस्थिति को देख या महसूस कर पाएगा, जिन्हें हम इस समय "मृत" कहते हैं।

मैं अवस्थांतर के समय कई स्त्री-पुरुषों के बिस्तर के पास रहा हूँ। उन्होंने डर का कोई चिन्ह नहीं दिखाया। सहज बोध से उन्हें महसूस होता है कि वे जीवन के एक ज़्यादा बड़े आयाम में दाख़िल हो रहे हैं। टॉमस एडिसन की मृत्यु से पहले उनके चिकित्सक ने उन्हें कहते सुना था, "वहाँ कितनी सुंदरता है।" हम सभी के मन में उन परिजनों की अवस्था के बारे में एक स्वाभाविक दुख होता है, जो जीवन के इस धरातल को छोड़कर जाते हैं। हमें अहसास होना चाहिए कि सुबह के साथ उनके चेहरे मुस्कुराते हैं, जिन्हें हमने "लंबे समय से प्यार किया है और कुछ समय के लिए खो दिया है।"

कवियों ने जीवन के अगले आयाम के बारे में क्या कहा है

टेनिसन ने कहा था :

तुम हमें धूल में नहीं छोड़ोगे;
तुमने इंसान को बनाया है, उसे नहीं पता क्यों, वह सोचता है
कि उसे मरने के लिए नहीं बनाया गया था; और तुमने उसे बनाया है;
तुम न्यायपूर्ण हो।

वड्‌र्सवर्थ ने कहा था :

हमारा जन्म बस एक निद्रा और विस्मृति है;
आत्मा का उदय हमारे साथ होता है, हमारे जन्म का तारा
कहीं और अस्त होता है
और दूर से आता है;
पूरी विस्मृति में नहीं,
और पूरी नग्नता में नहीं,
बल्कि महिमा के बादलों की तरह हम
ईश्वर से आते हैं, जो हमारा घर है।

विटियर ने कहा था :

और इसलिए मौन समुद्र के पास
मैं दबे हुए पतवार का इंतज़ार करता हूँ;
कोई हानि ईश्वर से मेरी ओर नहीं आ सकती
समुद्र में या किनारे पर।

मैं नहीं जानता कि कहाँ उसके टापू
हवा में उनकी बड़ी हथेलियाँ उठाते हैं;
मैं तो बस इतना जानता हूँ कि मैं उसके प्रेम और ध्यान
से परे भटक नहीं सकता।

रॉबर्ट ब्राउनिंग ने कहा था :

जो भी है, वह सब
हमेशा क़ायम रहता है, याद से परे;
पृथ्वी बदलती है, लेकिन आपकी आत्मा
और ईश्वर स्थायी हैं;
जो आपमें प्रविष्ट हुआ था,
वह था, है और रहेगा;
समय है जो पीछे दौड़ता या थमता है;
कुम्हार और मिट्टी स्थायी है।

ये सभी लोग एक ही बात कह रहे हैं; कि जीवन मृत्यु को उत्पन्न नहीं कर सकता, क्योंकि यह इसकी खुद की प्रकृति का विरोध होगा। जीवन है, था और रहेगा।

गुज़रे हुए पिता लौटते हैं और अपनी ग़लती सुधारते हैं

मेक्सिको में मेरे एक वकील मित्र ने मुझे बताया कि उसकी बहन ने पिता की मृत्यु से पहले उन पर सम्मोहन कर दिया था। उसने उन्हें यह सम्मोहन-पश्चात सुझाव दिया था कि वे अपनी दौलत का सबसे बड़ा हिस्सा उसके नाम कर जाएँ। पिता ने सम्मोहन के सुझाव पर काम करते हुए अपने अवचेतन मन को आदेश दे दिया, जिसके बारे में उनका चेतन मन जागरूक नहीं था।

पिता की मृत्यु के कुछ समय बाद एक शाम जब वे दोनों लिविंग रूम में बैठकर एक रेडियो कार्यक्रम सुन रहे थे, तब उनके पिता उन्हें पूरे कपड़ों में नज़र आए। वे वही हाउस जैकेट पहने थे, जो घर में उनकी पोशाक का अभिन्न हिस्सा बन गया था। वे नाराज़ थे और उन्होंने अपनी बेटी को बताया कि कैसे उसने उन्हें सम्मोहित किया था और अपने भाई को धोखा दिया था। उन्होंने बेटी को आदेश दिया कि वह तुरंत इसे सही करे, जिसे उसने तुरंत स्वीकार कर लिया।

जीवन के अगले आयाम में पिता जान गए कि उन्हें धोखा दिया गया था और उन्होंने बेटी के पास जाकर इसे सही करने का निर्णय लिया। बेशक, ग़लत को सही करने की उनकी प्रबल इच्छा और वसीयत संबंधी उनके सच्चे निर्णय पर अमल कराने की बात ने उनके अवचेतन को इतनी गहनता से आवेशित कर दिया था कि यह उनके व्यक्तित्व को लिविंग रूम में ले आई।

यह कोई भूत या मतिभ्रम या विचार-चित्र नहीं था, बल्कि उनके पिता का पूरा व्यक्तित्व था। उनके पास उनकी सारी शक्तियाँ मौजूद थीं और वे नैतिकता तथा अखंडता में अपनी बेटी से बात कर सकते थे और निर्देश दे सकते थे।

ऊपर बताए गए प्रसंग जैसी ही तर्ज़ पर यदि आप आगे पढ़ना चाहें, तो एक अद्‌भुत, ज्ञानवर्धक और वैज्ञानिक पुस्तक है *फ़ैंटेज़्म्स ऑफ़ द लिविंग*, जिसे कैम्ब्रिज के एडमंड गर्नी और फ्रेडरिक मायर्स ने लिखा है तथा सोसायटी फ़ॉर साइकिकल रिसर्च, लंदन ने प्रकाशित किया है।

शोक मनाने के स्थान पर खुशी का संचार करें

आपको कभी भी दिवंगत परिजनों के लिए दुखी नहीं होना चाहिए या शोक नहीं करना चाहिए। जो मित्र या रिश्तेदार जीवन के ज़्यादा बड़े आयाम में पहुँच गया है, उसके लिए प्रेम, शांति और खुशी के गुण संचारित करें। सामने वाले को अपने मन और हृदय में ऊँचा उठाएँ। उसके नए जन्मदिन पर आनंदित हों, यह जानते हुए कि जहाँ वह है, वहाँ दैवी प्रेम और दैवी जीवन है। अहसास करें कि जो परिजन गुज़र गए हैं, वे सौंदर्य, शांति और सद्‌भाव की अवस्था में वास कर रहे हैं। इस मानसिक नज़रिये से आपके वे परिजन खुश होते हैं। वे मर गए हैं और चले गए हैं और वे अपनी क़ब्रों में हैं, यह महसूस करने के बजाय महसूस करें कि ईश्वर की बुद्धिमत्ता, प्रज्ञा और प्रेम ज्ञानातीत सुंदरता में उनमें प्रवाहित हो रहा है। जब भी आप किसी दिवंगत रिश्तेदार या मित्र के बारे में सोचें, तो यह कहकर उसे मन ही मन आशीष दें, "ईश्वर आपसे प्रेम करता है और आपकी देखभाल करता है।" यह मानसिक नज़रिया आपके सारे दुख-दर्द का उपचार कर देता है।

उच्चतर स्पंदन में दाख़िल होना

कोई भी कहीं दफ़न नहीं है, चाहे यह मिट्टी में हो या दूर समुद्र में। दफ़न होने के बाद शरीर विघटन की प्रक्रिया से गुज़रता है तथा अपने मूल तत्वों तक लौटता है। आधुनिक, जानकार वैज्ञानिक चिंतक कभी क़ब्रों के पास नहीं जाते हैं, क्योंकि

वहाँ कोई नहीं है। क़ब्र को शरीर का पर्याय मानना और उस पर फूल चढ़ाना सीमा तथा अंतिम अवस्था के साथ रिश्ता जोड़ना है। इस परंपरा को निभाने वाले व्यक्ति के पास रोग और सभी तरह का नुक़सान आता है। आधुनिक अंत्येष्टि में प्रमाणस्वरूप कोई शरीर नहीं होता। यहाँ रिश्तेदार प्रार्थना व मनन के लिए मिलते हैं तथा ईश्वर में अपने परिजन के नए जन्मदिन का जश्न मनाते हैं, जब वह आगे, ऊपर और ईश्वर की ओर बढ़ता है।

याद रखने वाले बिंदु

1. ईश्वर जीवन है और अब यह आपका जीवन है। जीवन-सिद्धांत का कोई प्रारंभ और अंत नहीं है; इसलिए आपके विकास, विस्तार और प्रकटीकरण का भी कोई अंत नहीं है। आज से एक अरब या खरब साल बाद आप कहीं और जीवित होंगे तथा अपने भीतर के आश्चर्यों व महिमाओं को और अधिक व्यक्त कर रहे होंगे।
2. आप अगले आयाम में परिजनों और अन्य उन्नत लोगों से मिलेंगे, जो आपको वहाँ प्रशिक्षित करेंगे और आपकी यात्रा में मदद करेंगे, जिसका कोई अंत नहीं है।
3. जीवन एक सतत विकास है। जीवन न तो पीछे जाता है, न ही कल के साथ रुकता है। आपकी यात्रा आगे की ओर है। यह नयापन है और इस महिमा से उस महिमा तक अंतहीन विकास है।
4. कभी-कभार, जब मैं रविवार की सुबह बहुत बड़े जनसमूह के सामने व्याख्यान देता हूँ, तो कई अतीन्द्रिय-दर्शक चार-आयामी स्त्री-पुरुषों को मंच पर देखते हैं, जहाँ से मैं भाषण देता हूँ। उनके बारे में जो वर्णन वे बताते हैं, वह उन लोगों पर सटीक बैठता है, जिन्हें मैं जानता था। ये अतीन्द्रिय-दर्शक इनमें से किसी भी व्यक्ति से जीवित अवस्था में नहीं मिले। जिन लोगों के पास आध्यात्मिक और मानसिक नियमों का उन्नत ज्ञान होता है, वे जहाँ जाना चाहते हैं, जा सकते हैं, क्योंकि वे समय या स्थान द्वारा नहीं बँधे होते।
5. मानसिक नियमों पर कई उत्कृष्ट पुस्तकें लिखने वाले जज टॉमस ट्रोवर्ड बताते हैं कि जब कोई व्यक्ति सबको उत्पन्न करने वाली आत्मा के साथ अपने एकत्व का साक्षात्कार करने में आगे बढ़ता है, तो

वह पृथ्वी के किसी भी बिंदु के अलावा दूसरे ग्रहों पर भी जा सकता है। वह उस जगह पर अपना ध्यान केंद्रित करके ऐसा कर सकता है, जहाँ वह जाना चाहता है। वह अपने वर्तमान शरीर को विघटित करके ऐसा करता है और अपने भीतर मौजूद सबको उत्पन्न करने वाली प्रज्ञा से इसके अणुओं को दोबारा जुड़वाता है, जहाँ भी पृथ्वी या अन्य ग्रहों पर वह ख़ुद को प्रक्षेपित करता है। सबको उत्पन्न करने वाली प्रज्ञा चुने गए ग्रह के घनत्व और वायुमंडलीय दाब के अनुरूप शरीर बना देगी।

6. जो स्त्री-पुरुष इस धरातल से जाने वाले होते हैं, कभी-कभार वे अपने दिवंगत रिश्तेदारों को देख, सुन सकते हैं और उनसे बात कर सकते हैं, जो उनके अवस्थांतर में राहत देने और सहायता करने के लिए उनके सिरहाने आ जाते हैं।

7. आपके जो प्रियजन गुज़र गए हैं, वे ठीक वहीं हैं, जहाँ आप हैं। यदि आप अतीन्द्रिय-दर्शक होते, तो आप उन्हें देख सकते और उनसे बात कर सकते। वे आपसे सिर्फ़ फ्रीक्वेंसी से ही अलग हैं। अगर आप किसी पंखे को बहुत तेज़ गति से चलते देखें, तो इसकी पंखुड़ियाँ और पंखा भी अदृश्य नज़र आते हैं। लेकिन जब आप इसे धीमा कर देते हैं, तो आपको पंखा नज़र आने लगता है। त्रिआयामी और चार-आयामी जीवन के संबंध में भी यही सही है।

8. कई कवियों ने अन्तर्ज्ञान से अनुभूत कर लिया कि मनुष्य अमर है और महिमा के बादल की तरह हम ईश्वर के पास से आते हैं, जो हमारा घर है। ईश्वर में हम जीते हैं, चलते हैं और हमारा अस्तित्व उसमें है। ईश्वर जीता है, चलता है और उसका अस्तित्व हममें है। हम अभी अमरता में जी रहे हैं, क्योंकि ईश्वर (जीवन-सिद्धांत) हममें से प्रत्येक की वास्तविकता है।

9. किसी दिवंगत पिता के लिए अगले आयाम से आपके सामने दोबारा लौटाना और आपको एक महत्त्वपूर्ण संदेश देना संभव है। किसी ग़लती को ठीक करने की उनकी प्रबल इच्छा उनके अवचेतन को पर्याप्त आवेशित कर देती है, जिससे वे यह करने में समर्थ हो जाते हैं।

10. कभी भी तथाकथित मृत लोगों का शोक न करें। लंबा दुख स्वार्थपूर्ण है, क्योंकि आप *मेरे* नुक़सान, *मेरे* दुख, *मेरे शोक* के बारे में सोच रहे

होंगे। परिजन को शांति और सद्भाव में लपेटें और अहसास करें कि ईश्वर का प्रेम उसमें प्रवाहित होता है तथा ईश्वर का आनंद उसकी शक्ति है। यह नज़रिया सारे दुख और सूनेपन को ख़त्म कर देता है। मान लें कि आप पहले चले गए थे। अहसास करें कि आप अपने परिजनों को नुक़सान, दुख और अकेलेपन के सारे अहसास से दूर रख रहे हैं। अपने परिजन के ईश्वर में नए जन्मदिन पर आनंदित हों। आप परिजनों को हमेशा अपने साथ नहीं रख सकते। उन्हें ईश्वर ने आपको उधार दिया है और सभी को अगले आयाम में पहुँचना होगा। यह सृष्टि का नियम है और यह अच्छा ही होगा, वरना ऐसा होता ही नहीं। आपके बच्चे आपके नहीं हैं; वे आपके ज़रिये ईश्वर के पास से आते हैं, लेकिन आपके द्वारा नहीं। जो बच्चा एक घंटा यहाँ जिया है या जो मृत पैदा हुआ था, वह अब भी जीवित है और यह सारे सृजन की महान संगीत-रचना में एक अतिरिक्त स्वर है।

11. किसी क़ब्र या शव-कक्ष में कोई भी दफ़न नहीं है। कभी भी किसी क़ब्रिस्तान की यात्रा यह सोचकर न करें कि वहाँ कोई है। इससे अभाव, क्षति और सीमा प्रेरित होती है, क्योंकि आप सीमा के साथ तादात्म्य स्थापित कर रहे हैं। शरीर व्यक्ति नहीं है। अपने हृदय के फूल प्रिय व्यक्ति को जहाँ आप हैं, वहीं चढ़ा दें।

8

अतीन्द्रिय अनुभूति सपनों में जवाब कैसे देती है

सपनों ने सदियों से वैज्ञानिकों, बुद्धिजीवियों, रहस्यवादियों और दार्शनिकों को मोहित किया है। मनुष्य की सबसे जटिल समस्याओं के कई जवाब सपनों में दिए गए हैं। बाइबल के ज़माने से हर देश में कई व्याख्याकार और वर्णनकर्ता सपनों के विश्लेषण और व्याख्या में संलग्न रहे हैं। फ्रॉयड, युंग, ऐडलर और कई अन्य प्रतिष्ठित मनोवैज्ञानिकों तथा मनोविश्लेषकों ने सपनों में चित्रित प्रतीकों का अध्ययन किया है। रोगी के चेतन मन के सामने अर्थ की व्याख्या करके उन्होंने छिपे हुए डर, ठहराव और अन्य मानसिक जटिलताओं को मुक्त किया है।

आपके सपने आपके अवचेतन मन के पदार्थ के प्रक्षेपण हैं और कई मामलों में, वे आपकी समस्याओं का जवाब देते हैं। वे संभावित निवेशों, यात्राओं और विवाह तथा दैनिक जीवन के भटकावों संबंधी चेतावनी भी देते हैं। आपका स्वप्न आपके अवचेतन मन का नाटकीयकरण है और भाग्यवादी नहीं है। आप अपने विचार और भावना द्वारा अपना भविष्य ख़ुद बनाते हैं, ढालते हैं और आकार देते हैं। आपके अवचेतन में कोई भी चीज़ बदली जा सकती है और जब आप मन के नियम जान जाते हैं, तो अपने भविष्य की भविष्यवाणी स्वयं कर सकते हैं। याद रखें, आपका भविष्य वही है, जो आपकी वर्तमान सोच प्रकट करेगी, क्योंकि आपका अवचेतन मन निष्ठापूर्वक दिन के 24 घंटे आपकी आदतन सोच को साकार करता है।

आपके सपनों में प्रतीकों का अर्थ

जो प्रतीक आपके सपनों में नज़र आते हैं, वे व्यक्तिगत हैं और सिर्फ़ आप पर ही लागू होते हैं। किसी मित्र या आपके परिवार के किसी दूसरे सदस्य के सपने में नज़र आने पर उसी प्रतीक का बिलकुल अलग अर्थ हो सकता है।

सपने ने डॉलर के नोटों में छोटी दौलत उजागर की

एक बार न्यू यॉर्क सिटी की एक महिला ने मुझे फ़ोन किया। उसने कहा कि उसके पति ने अपनी मृत्यु से पहले उसे बताया था कि वह अपनी निजी तिजोरी से बहुत बड़ी धनराशि निकालने की योजना बना रहा है, ताकि विदेश में निवेश करके ज़्यादा मुनाफ़ा कमा सके। उसकी मृत्यु के कुछ दिन बाद जब बैंक का सेफ़ डिपॉज़िट बॉक्स खोला गया, तो वहाँ नक़द राशि नहीं थी, लेकिन बैंक के रिकॉर्ड के अनुसार उसने दो दिन पहले बॉक्स ख़ोला था। किसी निवेश का कोई चिन्ह या लेखा नहीं था और उसकी डेस्क की पूरी छानबीन से भी कोई सुराग़ नहीं मिला।

मैंने उस महिला को सुझाव दिया कि वह अपना आग्रह अपने अवचेतन मन के हवाले कर दे, जो जवाब जानता था और यह भी बताया कि वह अपने ख़ुद के तरीक़े से जवाब उसके सामने प्रकट कर देगा। उसने सोने से पहले इस तरह प्रार्थना की : "मेरा अवचेतन जानता है कि मेरे पति ने वह धन कहाँ लगाया है। मैं जवाब स्वीकार करती हूँ और विश्वास करती हूँ कि समाधान स्पष्टता से आएगा।" उसने शांतिपूर्वक इन शब्दों के अर्थ पर मनन किया। वह जानती थी कि ये शब्द उसके अवचेतन पर छाप छोड़ देंगे और इसकी प्रतिक्रिया को सक्रिय कर देंगे।

उसने एक बहुत स्पष्ट सपना देखा। इसमें उसने देखा कि उसके पति के कामकाजी कमरे में दीवार पर लिंकन की तस्वीर टँगी थी और उसके पीछे एक छोटा, काला बॉक्स छिपा हुआ था। उसे सपने में दिखाया गया कि कैसे एक गोपनीय बटन को दबाया जाए, जो नंगी आँखों से नहीं दिख सकता था। जागते ही वह उस कमरे तक दौड़कर गई, लिंकन की तस्वीर उतारी और जब उसने सपने में बताए बटन को दबाया, तो एक खुली जगह नज़र आई। वहाँ उसे एक काला बॉक्स मिला, जिसमें 50,000 डॉलर रखे हुए थे।

उसने अपने अवचेतन के ख़ज़ाने को खोज लिया, जो सब कुछ जानता है, सब कुछ देखता है और जिसे सफलता के रास्ते की जानकारी रहती है। आप भी अपनी अतीन्द्रिय अनुभूति को किसी भी प्रकार का ख़ज़ाना खोजने के काम में लगाने के लिए ऐसा ही क़दम उठा सकते हैं, जो सचमुच आपका हो।

एक सपने ने भारी मनोवैज्ञानिक सदमे से किस तरह बचाया

सैन फ्रांसिस्को की एक युवती को चार रातों तक लगातार एक ही सपना आया। उसे सपने में उसका मँगेतर, जो लॉस एंजेलिस में रहता था, नज़र आया और अचानक एक बहुत ऊँचा पहाड़, जिस पर चढ़ना असंभव लग रहा था, उन दोनों के बीच आ गया। सपने में वह बहुत हैरान, कुंठित और हक्की-बक्की थी। वह समस्या के साथ कुश्ती करती हुई जागी और उसे अहसास हुआ कि कुछ बहुत ग़लत और विचित्र था।

मैंने उससे पूछा कि उसके लिए *पहाड़* का क्या अर्थ था, क्योंकि जब उचित व्याख्या की जाती है, तो हर सपना उसे देखने वाले की आंतरिक जागरूकता और भावना के अनुरूप होना चाहिए। यही नहीं, बार-बार आने वाला सपना बहुत महत्त्वपूर्ण होता है, क्योंकि यह आपके अवचेतन की सहज बोध की आवाज़ होती है, जो आपसे कह रही है, “रुको, देखो और सुनो।” उसके लिए पहाड़ शब्द का मतलब था एक ऐसी बाधा, जिसे पार न किया जा सके। मैंने उसे सलाह दी कि वह सपने के बारे में अपने मँगेतर से बात करे और यह आश्वासन हासिल करे कि कोई चीज़ छिपाई तो नहीं गई थी और कोई चीज़ ऐसी तो नहीं थी, जिसकी जानकारी उसे नहीं दी गई थी।

सलाह मानते हुए वह अपने मँगेतर से मिलने के लिए लॉस एंजेलिस गई, जो हवाई अड्डे पर उससे मिला। दिल खोलकर हुई बातचीत में उसने आख़िर इस युवती को बताया, “मैं समलैंगिक हूँ। मैं तुमसे शादी इसलिए करना चाहता था, ताकि मेरे ग्राहकों को, जो बहुत धार्मिक हैं, किसी चीज़ का शक न हो।”

उसके सपने ने उसे उस अनुभव से बचा लिया, जो अंततः एक भारी दर्दनाक सदमा साबित होता। आप भी अपने बार-बार आने वाले सपनों का विश्लेषण करके ऐसी ही या इससे ज़्यादा दूरदर्शिता पा सकते हैं।

उसके सपनों का कारण

इस युवती को कुछ महीनों से किसी गड़बड़ी का अहसास था, लेकिन उसे पता नहीं था कि क्या। उसने प्रार्थना की और इच्छा की कि उसके अवचेतन मन की असीम प्रज्ञा उसे जवाब दे देगी और यह गड़बड़ी उसके सामने उजागर कर दी जाएगी।

कई प्रकार के सपने होते हैं

सपने बहुत प्रकार के होते हैं। कुछ यौन कुंठा और दमन की वजह से आते हैं, तो कुछ मानसिक या भावनात्मक खलबली, शरीर की गड़बड़ी, डरों और धार्मिक वर्जनाओं, पुरानी घटनाओं को दोबारा याद करने या दोहराने या दिन की गतिविधियों के कारण आते हैं।

बहरहाल, बार-बार आने वाले कई सपने होते हैं, साथ ही पूर्वाभास के महत्त्व वाले सपने होते हैं, जिनमें आप घटनाओं के होने से पहले ही उन्हें देख लेते हैं। कई बार आपको सपने की अवस्था में विस्तृत निर्देश दिए जाते हैं कि कौन-सा क़दम उठाना है।

कैसे एक सपने ने एक महिला को जीवनसाथी दिलाया

एक युवा महिला व्यवसायी को एक सपना आया, जिसमें उसने एक युवक को देखा - लंबा, गोरा, नीली आँखों और भूरे बालों वाला। सपने में युवक ने उसके सामने प्रेम-प्रस्ताव रखा, जिसे युवती ने स्वीकार कर लिया। कुछ दिनों बाद वह उस युवक से मिली, जब वह उस ऑफ़िस में दाख़िल हुआ, जहाँ वह काम करती थी। वह वहाँ एक वकील से मिलने आया था, जिसके अधीन वह काम करती थी। युवक ने उसे बाहर चलने के लिए आमंत्रित किया और जल्द ही वे पक्के दोस्त बन गए। दो महीने बाद उनकी शादी हो गई।

इससे मिलते-जुलते सपने बहुत बार देखे जाते हैं, क्योंकि किसी पुरुष या महिला द्वारा यह कल्पना करना क़तई असामान्य नहीं है कि उसकी शादी किससे होगी। अपने सपनों को काम पर लगाकर भारी अन्तर्ज्ञान की शक्तियों का दोहन करना संभव है, जैसा इस प्रकरण में हुआ।

इस महिला के पूर्वज्ञान का असल कारण यह था

यह युवा महिला आदर्श जीवन साथी पाने के लिए हर रात प्रार्थना कर रही थी और कह रही थी : "मैं जानती हूँ कि अब मैं ईश्वर के साथ एक हूँ। मैं उसमें जीती हूँ, चलती हूँ और उसी में मेरा अस्तित्व है। ईश्वर जीवन है; यह जीवन सभी पुरुषों और स्त्रियों का जीवन है। हम एक ही पिता के बेटे-बेटियाँ हैं।

"मैं जानती और विश्वास करती हूँ कि एक पुरुष मुझसे प्रेम करने का इंतज़ार कर रहा है। मैं जानती हूँ कि मैं उसकी ख़ुशी और शांति में योगदान

दे सकती हूँ। वह मेरे और मैं उसके आदर्शों से प्रेम करते हैं। वह मुझे बदलना नहीं चाहता; न ही मैं उसे बदलना चाहती हूँ। हम में आपसी प्रेम, स्वतंत्रता और सम्मान है।

"एक ही मन है; मैं अब इस मन में उसे जानती हूँ। मैं उन गुणों और विशेषताओं के साथ एक होती हूँ, जिनकी मैं प्रशंसा करती हूँ और अपने पति द्वारा अभिव्यक्त होते देखना चाहती हूँ। मैं अब उसके साथ अपने मन में एक हूँ। हम दैवी मन में एक दूसरे को पहले से जानते हैं और एक दूसरे से प्रेम करते हैं। मैं उसमें ईश्वर को देखती हूँ; वह मुझमें ईश्वर को देखता है। भीतर उससे मिलने के बाद मैं उससे बाहर अवश्य मिलूँगी; क्योंकि यह मेरे खुद के मन का नियम है।"

"ये शब्द बाहर जाते हैं और उसे हासिल करते हैं, जहाँ उन्हें भेजा गया है। मैं जानती हूँ कि ईश्वर ने इस काम को कर दिया है, पूरा किया है और हासिल किया है। आपको धन्यवाद, परम पिता।"

बार-बार दोहराया गया यह सत्य उसके अवचेतन मन में उतर गया और उसने उन गुणों को पहचान लिया था, जिन्हें वह अपने मनचाहे पुरुष में देखना चाहती थी, इसलिए उसके अवचेतन ने उसके सामने जवाब उजागर कर दिया और जो आदमी उसके आदर्श का प्रतीक था, वह उसके प्रति अपने आप आकर्षित हो गया।

अतीन्द्रिय अनुभूति नींद में सक्रिय होती है

नींद में आपका चेतन मन सृजनात्मक तरीक़े से आपके अवचेतन मन से जुड़ जाता है। कई भले लोग सोचते हैं कि नींद सिर्फ़ शारीरिक विश्राम के लिए आती है, लेकिन जब आप सोते हैं, तो कोई चीज़ दरअसल विश्राम नहीं करती है, क्योंकि आपका अवचेतन और आपके शरीर की सारी अत्यावश्यक प्रक्रियाएँ, काफ़ी धीमी ही सही, लगातार काम करती रहती हैं। नींद में एक स्वास्थ्यवर्धक प्रक्रिया होती है, जिससे स्वास्थ्य की भावना उत्पन्न होती है। इसका कारण यह तथ्य है कि शारीरिक ऊर्जा पुनः प्राप्त होती है। हम एक और कारण से सोते हैं और यह है आत्मिकता विकसित करना। इसलिए यह सबसे महत्त्वपूर्ण है कि सोने से पहले हम सारी बेमेल अवस्थाओं से बचें। जो परम सत्ता हमारे लक्ष्यों को आकार देती है, वह पूर्ण ज्ञानी है और उसने ऐसी व्यवस्था कर दी है कि इंसान शोर के उस संसार से अलग हो जाए, जो आत्मिक प्रकटीकरण के लिए अनुकूल नहीं है।

नींद में मनुष्य को दैवी मार्गदर्शन मिलता है। नींद की अवस्था में उसे कई

समस्याओं के जवाब दिए जाते हैं। उसे फ़ॉर्मूले, आविष्कार, कविताएँ, पुस्तकें आदि भी सपने की अवस्था में ही दिए जाते हैं। केमिकल पाठ्यपुस्तकों और संसार की इंजीनियरिंग प्रयोगशालाओं में कई अध्यायों की सामग्री सपने में नज़र आई थी, जब सपना देखने वाले ने जवाब का आग्रह किया था।

किसी नई चीज़ का आविष्कार या खोज कैसे करें

आपके मन में इस बात का अस्पष्ट या आम विचार हो सकता है कि आप किसी चीज़ का आविष्कार या खोज करना चाहते हैं। बस इतना ही। तकनीक सरल है।

आप वस्तुपरक रूप से इसके बारे में जितना जान सकें, जान लें। फिर एक निष्क्रिय और तनावमुक्त अवस्था में उसके मानसिक चित्र पर मनन करें, जिसका आप आविष्कार करना चाहते हैं। फिर अपना मानसिक चित्र अपने अवचेतन के हवाले कर दें। इससे सभी विवरण पूरे करने को कहें और सोने चले जाएँ। आपको जो "संकेत" या आभास मिलें, उन पर जागते ही अमल सुनिश्चित करें। यह कई बार इस आंतरिक भावना के कारण आते हैं कि समाधान किसी निश्चित दिशा या तथ्यों के निश्चित समूह में निहित है। आप पाएँगे कि कई बार तो पूरा फ़ॉर्मूला या समाधान ही सपने में प्रकट हो सकता है। ऐसे मामलों में समझदारी इसी में है कि सोते समय आप अपने क़रीब एक पेंसिल रखें, ताकि जागते ही आप उन आभासों को उतार सकें, जो सपनों में आपके पास आए थे। आप बहुत हैरान हो सकते हैं कि आपको नींद की अवस्था में कितना कुछ दिया गया था।

कुछ लोग कहते हैं, "मैं कभी सपना नहीं देखता।" ग़लत बात! हम सभी सपना देखते हैं। अगर आपको अपने देखे सपने याद नहीं रहते, तो सोने से पहले अपने अवचेतन को चार शब्दों का सुझाव दें, "मैं याद रखता हूँ।" यह जानता है कि आप क्या याद रखना चाहते हैं और यह निष्ठापूर्वक आपके निर्देशों का पालन करेगा।

जैसा आप विश्वास करते हैं, वैसा ही आपके साथ किया जाता है। आपकी सपने की अवस्था अतीन्द्रिय अनुभूति के सबसे सकारात्मक द्वारों में से एक हो सकती है।

याद रखने वाले बिंदु

1. बाइबल सपनों, मानसिक दृश्यों और आकाशवाणियों के संदर्भों से भरी है, जो मनुष्य को गहरी नींद में दिए जाते हैं।
2. सपनों का अध्ययन युगों-युगों से किया गया है। लगभग हर संस्कृति में सपनों और रात को देखे मानसिक दृश्यों के व्याख्याकारों और वर्णनकर्ताओं को नियुक्त किया गया है।
3. सपने आपके अवचेतन मन के नाटकीयकरण हैं और आपकी समस्याओं का प्रतीकात्मक जवाब दे सकते हैं या आपको आने वाले ख़तरे की चेतावनी दे सकते हैं। आपका भविष्य अभी आपके अवचेतन मन में है, जो आपके व्यक्तिपरक प्रभावों, विश्वासों और मान्यताओं पर आधारित है।
4. आप अपनी आदतन सोच और मानसिक चित्रों के आधार पर अपना भविष्य ख़ुद बनाते हैं, गढ़ते हैं या ढालते हैं। आपका अवचेतन मन, जो कभी नहीं सोता, लगातार आपके मानसिक प्रभावों और स्वीकृतियों को दोहरा रहा है।
5. प्रतीक हर एक के लिए व्यक्तिगत होते हैं और किसी दूसरे के सपनों में नज़र आने पर उनका भिन्न अर्थ हो सकता है। व्याख्या आपकी आंतरिक भावना के अनुरूप होनी चाहिए। दूसरे शब्दों में, इसमें आपको समझदारी नज़र आनी चाहिए।
6. एक महिला यह जानना चाहती थी कि पैसा कहाँ छिपाया गया था। उसने अपने अवचेतन मन से आग्रह किया कि यह उसे पैसे का पता-ठिकाना बताए और इसने सपने में प्रतिक्रिया की। इसने उसे गोपनीय जगह बताई और यह भी कि दीवार में बने बॉक्स को कैसे खोला जाए। अवचेतन मन सब कुछ जानता है और सब कुछ देखता है।
7. एक युवती को अहसास हुआ कि उसके मँगेतर में कुछ गड़बड़ है। उसने अपने अवचेतन से आग्रह किया कि यह उसके सामने स्पष्ट जवाब उजागर करे। अवचेतन ने सपने में उनके बीच एक असाधारण ऊँचा पहाड़ दिखा दिया। सहज बोध से वह समझ गई कि पहाड़ एक भारी बाधा थी, जिस पर चढ़ना

असंभव था और उसने अपने मँगेतर से इस बारे में पूछा। उसने खुलकर बता दिया कि वह उससे शादी का नाटक करने वाला था, ताकि उसके ग्राहकों की शंकाओं को ख़त्म कर सके, जो पुरातनपंथी तरीक़े से बहुत धार्मिक थे। उसके सपने ने उसे एक भारी दर्दनाक सदमे से बचा लिया। उसका मँगेतर समलैंगिक था।

8. कई प्रकार के सपने होते हैं। मिसाल के तौर पर, यदि आप बहुत प्यासे सोने जाते हैं, तो आप सपने में खुद को भारी मात्रा में पानी पीते देखेंगे। इसके अलावा, सपने सभी तरह की कुंठाओं, डरों, ठहराव और कमियों को नाटकीकृत कर सकते हैं। यही नहीं, कई बार-बार आने वाले सपने और पूर्वाभास के सपने होते हैं, जो घटनाओं के होने से पहले ही उन्हें प्रकट कर देते हैं। सबसे जटिल समस्याओं के कई जवाब रात के दृश्यों और सपनों में दिए जाते हैं।

9. सपने में अपने भावी पति या पत्नी को आमने-सामने देखना असामान्य नहीं है। यह इसलिए होता है, क्योंकि आप कुछ गुणों पर मनन कर रहे हैं, जिन्हें आप अपने भावी जीवनसाथी में देखना चाहते हैं। जैसे ही आप इन गुणों की छाप अपने अवचेतन मन पर छोड़ते हैं और रुचि से उनके बारे में सोचते हैं, तो यह उस पुरुष या महिला की झलक दिखा देता है, जो आपके विचार का मूर्त रूप है।

10. अतीन्द्रिय अनुभूति नींद में सक्रिय होती है। जब आप सोने जाते हैं, तो आपका चेतन मन सृजनात्मक तरीक़े से आपके अवचेतन मन के साथ जुड़ जाता है। सोने से पहले आप जो जाग्रत अवधारणा रखते हैं, वह आपके अवचेतन मन पर अंकित हो जाती है और अवचेतन मन यह तय करता है कि जवाब या उपचार किस तरीक़े से दिया जाएगा।

11. कई बार जब आप सोने से पहले जवाब के बारे में सोचते हैं, तो आप पाएँगे कि सपने में पूरा फ़ॉर्मूला या समाधान नज़र आ सकता है। जैसा आप विश्वास करते हैं, वैसा ही आपके साथ किया जाता है।

9

आपका अतीन्द्रिय मन सपनों के ज़रिये समस्याएँ कैसे सुलझाता है

इतने बरसों में मैंने देखा है कि जीवन के सभी क्षेत्रों के लोग सपनों के प्रति बहुत आकर्षित होते हैं। हमारे दैनिक अख़बार और पत्र-पत्रिकाएँ लगातार उस शोध कार्य को प्रकट कर रहे हैं, जो चिकित्सकों, मनोवैज्ञानिकों और मनोविश्लेषकों द्वारा स्त्री-पुरुषों के स्वप्न जीवन पर किया जा रहा है। इस सबसे बिना किसी अपवाद के प्रदर्शित हुआ है कि सभी लोग सपने देखते हैं। इस शोध कार्य ने यह भी दर्शाया है कि ज़रूरी से कम नींद होने पर मानसिक असामान्यता हो सकती है, यहाँ तक कि मनोविक्षिप्ति भी।

लगभग हर व्यक्ति ने फ़्रॉयड, युंग, ऐडलर आदि का नाम सुन रखा है। इन लोगों ने सपनों पर बहुत लिखा और व्याख्यान दिया है तथा उनकी व्याख्याएँ काफ़ी भिन्न हैं। पुराने ज़माने से लोग मन के नाटकीयकरणों से चकराए और आश्चर्यचकित हुए हैं, जिन्हें स्वप्न कहा जाता है। इनमें से कई सपने पूर्वाभासी प्रकृति के होते हैं और काल व स्थान के पार चले जाते हैं।

उसके मन के टेलीविज़न सेट ने जवाब प्रकट कर दिया

एक कॉलेज विद्यार्थी ने मुझे हाल में बताया कि वह हर रात अपने मन का "टेलीविज़न" देखता है। वह अपने सपनों का ज़िक्र मानसिक टेलीविज़न के रूप में करता है। वह दो सप्ताह से बीमार था और कई महत्त्वपूर्ण लेक्चर चूक गया था, लेकिन उसे फिर भी परीक्षा देनी थी। परीक्षा के एक रात पहले उसने अपने अवचेतन को इस तरह का निर्देश दिया : "असीम प्रज्ञा, तुम सब जानती हो।

मेरे सामने हर चीज़ उजागर करो। मुझे कल सुबह की परीक्षा के बारे में जानने की ज़रूरत है। मैं जवाब को अभी स्वीकार करता हूँ।" फिर वह शांति से गहरी नींद में सोने चला गया। उस रात उसने अपने मानसिक टी.वी. सेट पर सारे प्रश्न स्पष्टता से देखे और तुरंत उठकर पाठ्यपुस्तक से जवाब पढ़ डाले। यह इस युवक के साथ अक्सर होता है, जिसे प्रबल विश्वास है कि अवचेतन मन की बुद्धिमत्ता पढ़ाई में उसका मार्गदर्शन कर रही है।

उसके सपने ने उसका जीवन कैसे बचाया

यह अध्याय लिखते समय हमारे संगठन की एक सदस्य का फ़ोन आया, जो उस वक़्त लंदन में थी। उसने जो कहा, उसका सार यह है : "मुझे आपको फ़ोन करना ही था। कल रात आप मेरे सपने में आए और मुझे चेतावनी दी कि किसी भी परिस्थिति में मुझे कार से नॉटिंघम नहीं जाना है, जैसी मेरी योजना थी। आपने मुझे ट्रेन से जाने का निर्देश दिया। मेरी योजना यह थी कि मैं अपनी दो कज़िन्स के साथ उनकी कार से जाऊँ, लेकिन आपके सुझाव पर मैंने यात्रा रद्द कर दी। कुछ समय बाद मुझे यह जानकर सदमा लगा कि मेरी दोनों कज़िन्स की एक गंभीर सड़क दुर्घटना हो गई थी और वे बुरी तरह घायल हो गई थीं।"

उसकी विशेष प्रार्थना योजना

इस युवती के यूरोप जाने से पहले मैंने उसे नीचे दी गई प्रार्थना करने को कहा था। साथ ही यह निर्देश दिया था कि वह इसमें शामिल सरल सत्यों से अपने दिमाग़ को व्यस्त रखे : "मैं सारे समय ईश्वर के मार्गदर्शन में यात्रा करती हूँ। मैं दैवी प्रेम, शांति, सद्भाव और सही कार्य नामक अपने संदेशवाहकों को अपने से पहले भेजती हूँ, ताकि मेरा रास्ता सीधा, सुंदर, सुखद और खुशनुमा बन जाए, यह जानते हुए कि जब तक मेरी आँखें ईश्वर पर टिकी रहेंगी, तब तक मेरी राह में कोई बुराई नहीं आ सकती।"

"कार, ट्रेन, बस, हवाई जहाज़ या किसी अन्य वाहन पर चढ़ते समय ईश्वर का प्रेम मुझे घेरे रहता है। ईश्वर का अदृश्य कवच मेरे चारों ओर हमेशा लिपटा रहता है। ईश्वर की आत्मा मुझमें है और मेरे ईश्वर के लिए सभी सड़कों को राजमार्ग बना देती है। यह अद्भुत है!"

उसके सपने का कारण

आत्म-रक्षा जीवन का पहला नियम है और आपका अवचेतन हमेशा आपको हर तरह के नुक़सान से बचाना चाहता है और आपकी रक्षा करना चाहता है। वह जो प्रार्थना कर रही थी, वह उसके अवचेतन मन पर अंकित हो गई, जिसने उसकी अतीन्द्रिय-दर्शक शक्तियों को सक्रिय कर दिया। बेशक यह जानता था कि अगर वह मोटर कार से नॉटिंघम की यात्रा करेगी, तो उसकी दुर्घटना हो जाएगी; इसलिए इसने उसके पादरी की यानी मेरी तस्वीर को प्रक्षेपित किया और चेतावनी के शब्दों को नाटकीकृत कर दिया। उसका अवचेतन जानता था कि वह मेरी बात सुनेगी और मानेगी। उसके सपने में मेरा आना बस संदेश की सच्चाई का प्रतीक था, जो उसके सपने में उसे दिया गया था।

वह कार से नहीं जा सकती थी

यह याद रखना महत्त्वपूर्ण है कि सद्‌भाव और मतभेद एक साथ नहीं रहते हैं; इसलिए वह कार में नहीं जा सकती थी, जो किसी दूसरे के साथ टकराने वाली थी, क्योंकि उसने महसूस किया था कि दैवी प्रेम और सद्‌भाव उसके आगे जाते हैं और उसकी यात्रा को सीधा, सुखद और शांतिपूर्ण बनाते हैं।

उसने कहा, “मैं कभी सपने नहीं देखता”

अवचेतन मन शरीर के सबसे गहरे विश्राम के दौरान भी हमेशा जागता रहता है और हमेशा सक्रिय होता है। मेरे व्याख्यान सुनने वाले एक युवक को यह लगता था कि उसकी गहरी नींद स्वप्नरहित है, क्योंकि जागने पर उसे अपने सपने याद नहीं रहते थे। मैंने उसे सुझाव दिया कि जागने के पल वह ख़ुद को सुझाव दे, “मुझे याद रहता है।” उसे यह जानकर अचरज और ख़ुशी हुई कि सपने ने ख़ुद को पूरी तरह प्रकट कर दिया और उसे एक समस्या का जवाब भी दे दिया, जो कुछ समय से उसे परेशान कर रही थी।

उसके सपने ने उसे एक गंभीर ऑपरेशन से बचा लिया

एक लड़की, जिसे हम लुइस कहेंगे, को उसके पैरों के सर्जन ने बताया कि उसके बाएँ पैर का उपचार करने के लिए ऑपरेशन करना ज़रूरी है। इसके लिए उसके पैर पर पट्‌टा बाँधना होगा, साथ ही दो महीनों या उससे ज़्यादा समय तक

बैसाखियों का इस्तेमाल करना होगा। उसने प्रार्थना की कि उसके अवचेतन मन की असीम प्रज्ञा सही निर्णय पर पहुँचने में उसे मार्गदर्शन और दिशा दे। उसने यह आग्रह हर रात अपने अवचेतन मन के सुपुर्द किया और चौथी रात उसने एक काइरोप्रैक्टिक डॉक्टर को देखा, जो परिवार का मित्र था, जिसने स्वप्न की अवस्था में *द आई चिंग* के हेक्साग्राम 35 की ओर संकेत किया, जिसने कहा, "प्रगति।" अगले दिन वह उससे मिलने गई और पैर की जाँच करने पर उसने युवती को सलाह दी कि वह उपायकुशलता और व्यायाम द्वारा आदर्श स्थिति ला सकता है, जिसका उसे अभ्यास करना होगा। इस तरह एक आदर्श उपचार हो गया।

वह कारण, जिसकी वजह से अवचेतन ने हेक्साग्राम चुना

अवचेतन आम तौर पर प्रतीकों में बोलता है और जवाब उजागर करता है। लुइस, जिसने *द आई चिंग* पर लेखक की दो कक्षाओं में हिस्सा लिया था, जीवन के प्रति इसकी वैज्ञानिक तथा आत्मविद्या संबंधी नीति में डूबी हुई थी और बेशक उसका अवचेतन जानता था कि वह हेक्साग्राम के निर्देशों का पालन करेगी। इसने सचमुच उससे बात की, क्योंकि इसने उसे उस डॉक्टर का नाम भी बता दिया, जिससे उसे अपने पैर के उपचार के लिए मिलना चाहिए।

एक चित्रकार अपनी सफलता का श्रेय इच्छानुसार व्यक्तिपरक अवस्था में दाख़िल होने को देती है

हाल ही में एक चित्रकार के घर की यात्रा में मुझे बताया गया कि वह इच्छानुसार व्यक्तिपरक अवस्था में दाख़िल हो सकती है। इसके लिए उसे बस अपनी आँखें बंद करनी होती हैं, अपने ध्यान को गतिहीन करना होता है और अपने अवचेतन से आग्रह करना होता है कि वह उसे सुंदर मानसिक तस्वीरें विस्तार से तथा रंगों के साथ दिखाए। वह जानती है कि उसका अवचेतन मन उसके सुझावों का सहज अनुगामी है और सुंदरता के दृश्यों का आह्वान उसकी खुद की इच्छा द्वारा किया जाता है। उसे बस इतना करना था कि कैनवास पर वैसे ही रंग चित्रित कर दे। उसे अपने भीतर सोने की खदान मिल गई है और वह जानती है कि भीतर की सुंदरताओं तथा आनंद का खनन कैसे किया जाए।

उसने आंतरिक चेतावनी देने वाले की बात सुनी और अपनी जान बचाई

हॉनोलुलू की हाल की यात्रा में मैं एक दोस्त से मिला, जिसकी हवाई की रहने वाली माँ ने उसे बचपन में बताया था : "जीवन में हर दिन महसूस करना कि ईश्वर का जादू हमेशा तुम्हारे चारों ओर है और तुम एक जादुई जीवन जी रहे हो।" वह इस महान सत्य का नियमित और सुनियोजित तरीक़े से अभ्यास करता है। स्वाभाविक रूप से उसका अवचेतन मन प्रतिक्रिया करता है। यह उसी अनुरूप बनकर प्रतिक्रिया करता है।

एक रात जब वह अपने घर से एक ब्लॉक दूर था, तो उसने अपने अन्तर्ज्ञान की आंतरिक आवाज़ को बहुत स्पष्टता से कहते सुना, "अपने घर में दाख़िल मत होना। पुलिस को फ़ोन कर दो।" उसने कहा कि शब्द साफ़ और स्पष्ट थे। उसने पुलिस को फ़ोन कर दिया कि चोर उसका घर लूट रहे हैं। उसे यह अन्तर्ज्ञान से महसूस हुआ था। पुलिस कुछ ही मिनट में वहाँ आ गई और उसने दो चोरों को पकड़ लिया, जिनके पास पिस्तौल थी और वे बहुत ख़तरनाक थे। उन्हें तुरंत गिरफ़्तार कर लिया गया। बाद में एक पुलिस वाले ने मेरे मित्र को बताया कि अगर वह घर में दाख़िल हुआ होता, तो चोरों ने निश्चित रूप से उसे गोली मार दी होती, जैसा उन्होंने ऐसी ही परिस्थितियों में पहले भी दूसरों के साथ किया था।

जिस ईश्वर-जैसे *तर्क* की हम डींगें हाँकते हैं, उसके पास हमारी दैनिक समस्याओं के सभी जवाब नहीं होते; यह इस धरती का है - सांसारिक। हमारी तर्कशक्ति हमारे चेतन मन का सबसे प्रशंसनीय गुण है, लेकिन मूलतः यह सीमित है और बुनियादी तौर पर त्रिआयामी संसार के लिए है। यह हमारे चेतन जीवन और भौतिक परिवेश के क्षेत्रों में हमारा दैनिक मार्गदर्शक है, *लेकिन आपका अवचेतन मन असीम प्रज्ञा व असीम बुद्धिमत्ता के साथ एक है। यह वस्तुपरक इंद्रियों, शारीरिक आकार और सांसारिक स्थितियों से मुक्त होता है। यह सीमित तर्क की प्रक्रियाओं से अबाधित होता है।* आपका अवचेतन शाश्वत स्त्रोत से सत्य को और आपकी समस्याओं के जवाबों को आत्मसात करता है।

याद रखने वाले बिंदु

1. जीवन के सभी क्षेत्रों के लोग सपनों के प्रति आकर्षित रहे हैं। हाई स्कूल का लगभग हर बच्चा फ़्रॉयड, ऐडलर और युंग के नाम से परिचित है, जिन्होंने सपनों पर बहुत कुछ लिखा है और जिनकी व्याख्याएँ बहुत भिन्न हैं। कई सपने पूर्वाभासी प्रकृति के होते हैं और आपके लिए गहन महत्त्व के होते हैं।
2. एक कॉलेज विद्यार्थी अपने सपनों को अपने मन का "टी.वी. सेट" कहता है। अपने अवचेतन मन के सामने अपनी प्रार्थना को बार-बार दोहराकर वह उन सवालों को जानने में कामयाब हो गया, जो उसकी परीक्षा में आने वाले थे।
3. यूरोप की यात्रा कर रही एक लड़की ने सुरक्षा की एक ख़ास प्रार्थना दोहराई, तथा दैवी प्रेम, शांति, सद्‌भाव और सही कर्म के विचार-दूत अपने आगे भेजे। नतीजा यह हुआ कि उसके अवचेतन मन ने प्रतिक्रिया करके उसे एक संभावित घातक दुर्घटना से बचा लिया।
4. आपका अवचेतन सपने की अवस्था में आपके पादरी की प्रतीकात्मक छवि प्रकट कर सकता है, ताकि आप उस चेतावनी को गंभीरता से लें, जिसका संबंध आपकी आत्म-रक्षा से है। आपके अवचेतन के तरीक़े अबूझ हैं।
5. हर कोई सपने देखता है। अगर आप कहते हैं, "मैं कभी सपने नहीं देखता," तो आपको जागने पर बस इतना करना है कि ख़ुद से दो शब्द कहें : "याद करो," और महत्त्वपूर्ण सपने आपके चेतन, तार्किक मस्तिष्क में आदर्श क्रम से आ जाएँगे।
6. यदि आप बाइबल या *द आई चिंग* के विद्यार्थी हैं, तो बहुत संभव है कि आपका अवचेतन आपके आग्रह के जवाब में एक हेक्साग्राम को प्रकट कर दे और हेक्साग्राम के निदान तथा भावी फल से आपको जवाब मिल जाएगा। बाइबल की सभी कथाएँ और प्रतीक प्रबुद्ध लोगों ने दिए हैं, जिन्होंने अपने व्यक्तिपरक अतीन्द्रिय मस्तिष्कों की अद्‌भुत शक्तियों का दोहन किया था।

7. एक महान चित्रकार अपने मन को शांत करती है और अपने ध्यान को गतिहीन करती है। फिर वह शांत, निष्क्रिय, अतीन्द्रिय और ग्रहणशील अवस्था में अपने अतीन्द्रिय मन से आग्रह करती है कि वह उसे सौंदर्य और भव्यता के मानसिक दृश्य प्रदान करे, जिन्हें वह अपने कैनवास पर उतार देती है। वह आग्रह करती है कि ये चित्र उसे विस्तार से और रंगों में दिए जाएँ; उसका अवचेतन इसी के अनुरूप प्रतिक्रिया करता है। वह अपने अवचेतन को अपने भीतर की सोने की खदान कहती है।

8. हॉनोलुलू के एक आदमी से बचपन में उसकी माँ ने हर दिन एक मंगल कामना करने को कहा था : "ईश्वर का जादू हमेशा मेरे चारों ओर है और मैं एक जादुई जीवन जीता हूँ।" उसके अवचेतन ने उसे स्पष्ट आंतरिक आवाज़ में चेतावनी दी, "अपने घर में दाख़िल मत होना। पुलिस को बुला लो।" उसने निर्देशों का अनुसरण किया और पाया कि वह निश्चित मृत्यु से बच गया, जैसा पुलिस वालों ने उसे बताया। आपके अवचेतन की बुद्धिमत्ता का जब आह्वान किया जाता है और जब इस पर विश्वास किया जाता है, तो यह कभी असफल नहीं होती।

10

अतीन्द्रिय अनुभूति और आपका अवचेतन

आपके अवचेतन मन पर जिसकी भी छाप छोड़ी जाती है, यह उसे व्यक्त कर देता है। कई तथाकथित अजीब घटनाएँ, दृश्य और आवाज़ें और कुछ नहीं, बल्कि व्यक्तिपरक प्रकटीकरण हैं। हम जिन भूतों से डरते हैं, वे वही हैं, जो हमारे मन के छायादार गलियारों में घूमते हैं।

आपका अवचेतन एक खुली पुस्तक है

अतीन्द्रिय-दर्शन की शक्तियों वाले अन्तर्ज्ञानी, अतीन्द्रिय या संवेदनशील व्यक्ति के लिए आपका अवचेतन एक खुली पुस्तक है। किसी अच्छे अतीन्द्रिय व्यक्ति के लिए यह संभव है कि वह आपके अतीत की घटनाओं तथा भावी घटनाओं को प्रकट कर दे, जो पहले ही आपके अवचेतन में मौजूद हैं। वह 90 प्रतिशत या इससे ज़्यादा सटीक हो सकता है। किसी दूसरे अतीन्द्रिय या अति-संवेदनशील व्यक्ति (जिसमें पारलौकिक शक्तियाँ हों) से आपको अलग व्याख्या मिल सकती है। यह इस तथ्य के कारण है कि जो भी वह देखता है, वह उसकी खुद की मानसिकता से छनता है, इसलिए व्याख्या थोड़ी भिन्न हो सकती है।

मनुष्य के विचार, योजनाएँ और अनुभव ताश के पत्तों के ढेर की व्याख्या, क्रिस्टल बॉल में देखने या रेत की व्यवस्था के घुमावों की जाँच या अन्य साधनों द्वारा भी पढ़े जा सकते हैं। पुराने ज़माने से इंसान ने अंकों, पत्तों और अन्य प्रतीकों को निश्चित महत्त्व दिया है। चूँकि मनुष्य ने इन चीज़ों को अधिकार और शक्ति सौंपी है, इसलिए उन्हें प्रतीकात्मक रूप से उसके विश्वासों की पुष्टि करनी होती है। आंशिक रूप से व्यक्तिपरक या निष्क्रिय अवस्था में जाकर किसी के

व्यक्तिपरक मस्तिष्क की सामग्री को प्रकट करना संभव है। पत्ते या रेत पर निशान या क्रिस्टल बॉल में घूमती तस्वीरें आपके अवचेतन मन की वर्णमाला के रूप में काम करती हैं और जब अतीन्द्रिय व्यक्ति द्वारा उन्हें इकट्ठा किया जाता है, तो वे एक ऐसी भाषा बोलती हैं, जिसे आपके द्वारा समझा जाता है।

आपके चरित्र का वर्णन किया जा सकता है

जब किसी ज्योतिषी, अंक ज्योतिषी या कार्ड रीडर ने आपका चरित्र पढ़ा हो, तो शायद कई बार आप हैरान हुए होंगे, क्योंकि आप उसके चरित्र-वर्णन से सहमत थे। आपने ख़ुद से कहा होगा कि यह बहुत सटीक था। बहरहाल, याद रखें कि आपका व्यवहार, प्रवृत्तियाँ, रुझान, शुरुआती प्रशिक्षण और संस्कार आपके अवचेतन मन में दर्ज व समाहित हैं। अगर कोई व्यक्ति बहुत ज़्यादा अन्तर्ज्ञानी है, तो वह आपके अवचेतन मन के साथ संपर्क जोड़ लेता है और आपके गुण आपके चेतन मन के सामने उजागर कर देता है। दरअसल, आपने ज्योतिषी के कुछ भी बताने से पहले ही उसे सारी जानकारी दे दी है। उसने तो बस इतना किया कि आपके अवचेतन मन की लय या तालमेल में आ गया।

उसने दुर्घटना की नकारात्मक भविष्यवाणी को कैसे नकारा

एक युवा महिला मेरे पास आई। वह एक हस्तरेखा विशेषज्ञ की भविष्यवाणी पर भावनात्मक रूप से परेशान थी कि उसके 21वें जन्मदिन के आस-पास वह किसी गंभीर दुर्घटना का शिकार होगी। उसने इस सुझाव को स्वीकार कर लिया था। इसलिए वह कार, ट्रेन या हवाई जहाज़ से यात्रा करने में डरती थी। वह निरंतर डर में जीती थी और उसने दुर्घटना में विश्वास की छाप अपने अवचेतन पर छोड़ दी थी। यदि वह इसे डर के साथ सक्रिय करती रहती, तो यह निस्संदेह हक़ीक़त के रूप में प्रकट हो जाती। लेकिन समय रहते उसने सीख लिया कि इस नकारात्मक विचार को बेअसर कैसे बनाया जाए।

उसने एक निश्चित अंदाज़ में कैसे प्रार्थना की

“जहाँ भी मैं जाती हूँ - बस से, पैदल, कार से, ट्रेन से या हवाई जहाज़ से, या किसी भी अन्य वाहन से - मैं जानती हूँ और इस सत्य को स्वीकार करती हूँ कि दैवी प्रेम मुझसे पहले वहाँ जाता है और मेरी राह को सुखद, आनंददायक तथा खुश बनाता है। मैं जानती हूँ कि असीम प्रज्ञा सारे समय मेरा मार्गदर्शन

करती है और दिशा देती है। मैं हमेशा ईश्वर के अमर प्रेम के पवित्र दायरे में हूँ। ईश्वर का पूरा सुरक्षा-कवच मुझे हर समय लपेटे रहता है और मेरी यात्रा के सभी साधन ईश्वर तथा सिर्फ़ ईश्वर द्वारा नियंत्रित हैं। ईश्वर ऊपर आसमान में और नीचे धरती पर सारी यात्रा को नियंत्रित करता है और मेरी सारी यात्राओं को ईश्वर के लिए एक राजमार्ग बनाता है।"

नकारात्मक भविष्यवाणी मिटाने की उसकी तकनीक

उसने हर सुबह, दोपहर और रात इन सत्यों को दोहराया। वह जानती थी कि ये आध्यात्मिक कंपन उसके अवचेतन मन से नकारात्मक सुझाव को मिटा और हटा देंगे, जो डर से आवेशित था। वह अब 23 साल की हो चुकी है। दरअसल उसका 21वाँ जन्मदिन उसके जीवन का सबसे सुखद दिन था। उस दिन उसने अपने बचपन के मित्र से शादी की और वे बहुत खुश हैं।

अपनी तक़दीर को आकार देना और ढालना कैसे सीखें

किसी चीज़ पर विश्वास करना उसे सच मानना है। जब आप अपने चेतन मन के प्रति सच्चे होने का निर्णय लेते हैं, तो आप अपने अवचेतन मन के साथ अनुभव करेंगे। आपका अवचेतन आपके जीवन की प्रमुख कार्यप्रणाली है। आप अपने मन को कुछ हद तक किसी आइसबर्ग (हिम पर्वत) या जैसा भी मान सकते हैं : इसका 90 प्रतिशत हिस्सा पानी के नीचे होता है। इसी तरह, आप भी अपने अवचेतन मन की मान्यताओं, विश्वासों और कंडीशनिंग से 90 प्रतिशत नियंत्रित होते हैं। आपके अवचेतन विश्वास आपके सारे चेतन कार्यों को आदेशित, नियंत्रित और शासित करते हैं। अभी यह यक़ीन करना, दावा करना, महसूस करना और जानना शुरू करें कि ईश्वर सभी तरीक़ों से आपका मार्गदर्शन कर रहा है, कि दैवी कार्य सारे समय आपको शासित करता है, कि ईश्वर सभी मायनों में आपको समृद्ध बना रहा है और आप ऊपर से प्रेरित होते हैं। जब आप इन सच्चाइयों को अपने चेतन मन में स्वीकार करते हैं, तो आपका अवचेतन इन्हें घटित करा देगा और आप पाएँगे कि आपके सारे तरीक़े सुखद हैं तथा आपके सभी मार्ग शांतिदायक हैं।

आप औसत के नियम से कैसे उबर सकते हैं

आपका अवचेतन मन आपके चेतन मन से नियंत्रित होने और दिशा पाने का सहज अनुगामी है। यदि आप अपने अवचेतन मन को शाश्वत सिद्धांतों और अमर सत्यों के अनुरूप दिशा नहीं देते हैं, तो आप औसत के नियम के अनुसार जिएँगे, जिसका मतलब है कि आप आम जनता की सोच के अधीन होंगे और जैसा आप जानते हैं, यह ज़्यादातर नकारात्मक होती है। लाखों लोग दोयमता, अभाव और सीमा वाली ज़िंदगी जी रहे हैं, क्योंकि वे अपने अवचेतन मन को उचित रूप से दिशा नहीं देते हैं। वे इसे सद्‌भाव, शांति, खुशी, समृद्धि, सुरक्षा और सही कार्य के विचारों से नहीं भरते हैं। आपका अवचेतन मन दिन में चौबीसों घंटे आपकी आदतन सोच को प्रकट करता है। अभी अपने चेतन मन को आध्यात्मिक रूप से सक्रिय करना शुरू करें; बाक़ी का काम आपका अवचेतन कर लेगा।

जब आपका चेतन मन किसी सृजनात्मक विचार को पूरी तरह स्वीकार कर लेता है और उसे विश्वास के साथ आपके अवचेतन तक पहुँचा देता है, तो आपके अवचेतन का नियम इसे आपके अनुभव में घटित करा देता है। मनुष्य मन है। यही नहीं, वह विचार का औज़ार लेता है और अपनी इच्छानुसार चुनता है, जिससे हज़ारों खुशियाँ या ग़म उत्पन्न होते हैं।

अपने लिए अद्‌भुत जीवन की भविष्यवाणी कैसे करें

यदि आप सैद्धांतिक दृष्टिकोण से सोचें, तो कोई भी नहीं है, जो सटीकता से आपके लिए भविष्यवाणी कर सके। दैवी प्रज्ञा जानती है कि क्या करना है और कैसे करना है। यह आपकी आदतन सोच पर प्रतिक्रिया करती है; इसलिए आप हमेशा अपने लिए भविष्यवाणी कर रहे हैं। जब आपके विचार आध्यात्मिक, प्रशंसनीय, ऊँचे और ईश्वर-समान होते हैं, तो आप अज्ञात के डर और बुराई में विश्वास की भ्रांति देख लेते हैं। चूँकि आप वैज्ञानिक चिंतक हैं, इसलिए अपने लिए आपकी भविष्यवाणी सद्‌भाव, स्वास्थ्य, शांति और जीवन की सारी नियामतों की होती है। आप अपने भाग्य के मालिक और अपनी आत्मा के कप्तान हैं।

पृथ्वी पर चलना सीखें, बिना चुनौती के, बिना हिले, बिना डरे। यह विश्वास करें कि कोई भी चीज़ इतनी अच्छी नहीं है कि सच न हो सके और इतनी अद्‌भुत नहीं है कि क़ायम न रह सके, क्योंकि ईश्वर की अच्छाई, अमीरी, सद्‌भाव और महिमा कल, आज और हमेशा वही है।

एक भारतीय लड़के ने ख़ून का प्रवाह कैसे रोका

दिस इज़ इट नामक पुस्तक में, जिसे लेखक ने 1944 में प्रकाशित किया था (अब कई सालों से प्रिंट से बाहर हो गई है), मैंने एक अनुभव के बारे में लिखा था, जो मुझे लगभग 40 साल पहले एक भारतीय लड़के के साथ हुआ था। वह पढ़-लिख नहीं सकता था, लेकिन उसमें किसी के बहते ख़ून को रोकने की क्षमता थी। ख़ून देखकर वह सिर्फ़ अपनी आँखें बंद करता था और कहता था, "इसे रोको।" जब वह अपनी आँखें खोलता था, तो ख़ून बहना बंद हो जाता था। उसे यक़ीन रहता था कि उसकी प्रार्थना का हमेशा जवाब मिलेगा और हालाँकि दूसरे ताने मारते थे, लेकिन वह कभी असफल नहीं हुआ।

इस तथाकथित अज्ञानी लड़के ने यह क्षमता कैसे हासिल की? उसका स्पष्टीकरण यह था : जहाँ तक वह याद कर सकता था, उसके पिता ने उसे बताया था कि ख़ून रोकने की शक्ति परिवार में एक परंपरा थी और पिता से बेटे को हस्तांतरित होती थी। परिवार के सबसे बड़े बेटे में यह प्रतिभा होती थी, जबकि दूसरे सदस्यों या भाई-बहनों में यह शक्ति नहीं होती थी।

यह लड़का इस विश्वास के साथ बड़ा हुआ और उसने इस तथ्य को पूरी तरह स्वीकार कर लिया कि वह ख़ून का बहना रोक सकता था। जब भी वह ख़ून देखता था, वह इसकी ओर से आँखें बंद कर लेता था और आदेश जारी कर देता था, जिसका हमेशा पालन होता था। वह सचमुच नहीं जानता था कि इसे कैसे और क्यों रुकना चाहिए। वह अवचेतन मन या इसकी शक्तियों के बारे में कुछ नहीं जानता था। ख़ून बहना इसलिए बंद होता था, क्योंकि वह इसमें विश्वास करता था। (उसने यह तब बताया जब वह कैनेडा के एक घर में रुका था, जहाँ उसे अक्सर रक्तस्त्राव के मामलों को रोकने के लिए बुलाया जाता था।)

उपचार के लिए उसकी उपस्थिति क्यों ज़रूरी थी

इस उपचारक क्षमता के बारे में एक बहुत ख़ास बात थी। उसे यह यक़ीन था कि उसे मौजूद रहना है और ख़ून को बहते देखना है। इसलिए वह दूर से किसी का उपचार नहीं कर सकता था। यह विश्वास शुरुआती उम्र से ही उसके अवचेतन मन में डाल दिया गया था और उसने इसे अपनी जाति और परिवार की परंपरा का हिस्सा मान लिया।

याद रखने वाले बिंदु

1. आप अपने अवचेतन मन पर अच्छी या बुरी जैसी भी छाप छोड़ते हैं, यह उसे संसार के पर्दे पर प्रकट कर देता है।
2. जब कोई अच्छा पारलौकिक माध्यम या अतीन्द्रिय-दर्शक निष्क्रिय, अतीन्द्रिय अवस्था में पहुँचता है, तो वह आपके अवचेतन मन के साथ जुड़कर इसके रहस्यों का दोहन कर सकता है। उसके मन की आँख में नाटकीकृत स्पष्ट मानसिक चित्रों के ज़रिये या अन्तर्ज्ञान के आभासों से वह आपकी गोपनीय बातें जान सकता है। अक्सर आपके अनुभव उसके मन में किसी टी.वी. सीरियल की तरह प्रकट हो सकते हैं।
3. आपके स्वभाव, आनुवांशिकी, रुझान, प्रवृत्तियाँ और व्यवहार किसी अच्छे ज्योतिषी, अंकशास्त्री या कार्ड रीडर द्वारा व्यक्तिपरक रूप से महसूस किए जा सकते हैं, बशर्ते वे सचमुच अन्तर्ज्ञानी और गहरे रूप से अतीन्द्रिय हों। इसीलिए आपका चरित्र किसी ऐसे व्यक्ति द्वारा भी वर्णित किया जा सकता है, जिसने कभी ज्योतिष या अंकविद्या के बारे में नहीं सुना, या कम से कम जो इस विषय के बारे में कुछ नहीं जानता। पत्ते, कुंडली, क्रिस्टल बॉल, अंक आदि केवल प्रतीक हैं और आपके चेतन मन की व्याख्या के लिए अवचेतन की वर्णमाला हैं।
4. आप ईश्वर के सत्यों पर मनन करके और सिद्धांत व शाश्वत सत्यों के दृष्टिकोण से सृजनात्मक तरीक़े से सोचकर किसी नकारात्मक भविष्यवाणी को बेअसर कर सकते हैं। नीचे वाले हमेशा ऊपर वालों के अधीन होते हैं; इसलिए आपके आध्यात्मिक विचारों से नकारात्मक डर के विचार छितर जाते हैं और घुल जाते हैं।
5. जब आप यात्रा करते हैं, तो आप सभी तरह की दुर्घटनाओं से सुरक्षित हो सकते हैं, बशर्ते आप नियमित और सुनियोजित रूप से मनन करें कि दैवी प्रेम आपसे पहले जाता है और आपकी राह को सीधा, सुखद और आनंददायक बनाता है। यह दोहराते रहें कि ईश्वर का प्रेम और ईश्वर का कवच आपके

चारों ओर है। कुछ समय बाद आप अपने अवचेतन को भर लेंगे और पूरी तरह प्रतिरक्षित तथा ईश्वर में मस्त हो जाएँगे।

6. आपके विचार और भावना आपका भाग्य बनाते हैं। आप अपने चेतन मन में जिसे सच मानने का निर्णय लेते हैं, आपका अवचेतन उसे ही उत्पन्न कर देगा। इसी तरह आप अपने भविष्य को ढालते हैं, आकार देते हैं और बनाते हैं। आपका अवचेतन आपकी आदतन सोच को हर दिन चौबीसों घंटे उत्पन्न कर रहा है।

7. आप औसत के नियम से ऊपर उठ सकते हैं, जो इस संसार में करोड़ों लोगों की सामूहिक सोच पर लागू होता है। उसके बारे में सोचें, जो भी सच, प्रशंसनीय, उच्च और ईश्वर जैसा हो, क्योंकि आप जिसका मनन करते हैं, वही बन जाते हैं।

8. आपमें मौजूद दैवी प्रज्ञा जानती है कि क्या करना है और कैसे करना है। जब आप उसका आह्वान करते हैं, तो आपको जवाब मिल जाता है। रुचि के साथ इन सत्यों पर सोचकर आप अपने लिए सद्भाव, स्वास्थ्य, शांति, ख़ुशी, समृद्धि और सुरक्षा की भविष्यवाणी कर सकते हैं। आप खोजेंगे कि आपका भविष्य आपकी वर्तमान सोच का प्रकटीकरण है।

9. पिता से बेटे को सौंपा गया एक पारंपरिक विश्वास लड़के के कोमल मन द्वारा स्वीकार कर लिया जाता है और जैसा उसे विश्वास होता है, वैसा ही उसके साथ किया जाता है। नसों के ख़ून का प्रवाह रोकने की शक्ति एक दैवी उपहार है, यह विश्वास करने वाले भारतीय लड़के का आदेश तुरंत परिणाम पाता है। जीवन का नियम विश्वास का नियम है।

11

अतीन्द्रिय विचार की सक्रिय शक्ति

आपका शब्द एक अभिव्यक्त विचार है। शब्द ईश्वर था। इसका मतलब है कि आपका विचार सृजनात्मक है, क्योंकि केवल एक ही सृजनात्मक शक्ति - आत्मा - है और आत्मा का कार्य विचार है।

सबसे अच्छा यही है कि आप अपने विचार के प्रति स्वस्थ सम्मान रखें। आपकी ख़ुशी, शांति, समृद्धि और सफलता की मात्रा आपकी आदतन सोच से तय होती है। आपका अवचेतन मन आपके चेतन मन की सोच और तस्वीरों को लगातार उत्पन्न कर रहा है। विचार वस्तुएँ हैं और आपके विचार के पास अभिव्यक्ति का अपना ख़ुद का गणित तथा विधियाँ हैं। जब आप विचार पर मनन करते हैं, तो आप ईश्वर की सृजनात्मक शक्ति या असीम प्रज्ञा को कार्य से मुक्त कर रहे हैं। एमर्सन ने कहा था : "मनुष्य वह है, जो वह दिन भर सोचता है।"

उन्होंने विचार की शक्ति को कैसे साबित किया

रीनो, नवाडा में चर्च ऑफ़ रिलीजियस साइंस के पादरी डॉ. आर्थर टॉमस ने मुझे उनके बारे में यह लिखने की अनुमति दी। आर्थर एक समय ब्रिटिश नौसेना में लेफ़्टिनेंट थे और बाद में थोक कारोबार तथा लॉस एंजेलिस में रियल इस्टेट व्यवसाय में थे। बहरहाल, आठ साल पहले उन्होंने रविवार सुबह मेरे व्याख्यानों में आना शुरू किया। उन्होंने कहा, "मुझे अचानक अहसास हुआ कि मेरा विचार ही एकमात्र सृजनात्मक शक्ति था, जिसके बारे में मैं जागरूक था और मैं उसे उत्पन्न करने जा रहा था, जो मैं सचमुच चाहता था।"

इसलिए वे बार-बार यह कहने लगे : "मैं अब एक पादरी हूँ। मैं लोगों को जीवन के सत्य सिखाता हूँ।" हर रात वे कल्पना करते थे कि वे एक चर्च में स्त्री-पुरुषों के अद्‌भुत समूह को महान सत्यों पर संबोधित कर रहे थे। वे तक़रीबन एक महीने तक इस तर्ज पर सोचते रहे, जब उन्होंने इंस्टीट्यूट ऑफ़ रिलीजियस साइंस से पादरी का पाठ्यक्रम करने का निर्णय लिया। अंतिम परिणाम को लेकर उन्हें विश्वास था, जैसी उन्होंने पहले ही कल्पना की थी और सृजनात्मक सोच की वास्तविकता को सच के रूप में महसूस किया था।

उन्होंने दैवी कार्यक्रम में सारी परीक्षाएँ पास कर लीं और पादरी का पाठ्यक्रम पूरा करने के तुरंत बाद ही उन्हें चर्च मिल गया। वे अब ठीक वही कर रहे हैं, जिसका आदेश उन्होंने मानसिक रूप से दिया था। वे जानते थे कि उनका अवचेतन मन उनकी विचार प्रक्रियाओं के अनुसार सटीकता से प्रतिक्रिया करेगा।

सृष्टि की सबसे प्रबल शक्ति से परिचित हो जाएँ

विचार सृष्टि की सबसे प्रबल शक्ति है। आपका शब्द अभिव्यक्त विचार है। यदि आप सत्ता के पद पर हों, तो आपका विचार या शब्द यह तय कर सकते हैं कि मिसाइलों, परमाणु ऊर्जा, डाइनैमाइट या थर्मोन्यूक्लियर हथियारों का कैसा इस्तेमाल किया जाता है। आपके विचार से ही तय होता है कि बिजली का इस्तेमाल कैसे किया जाता है। इसी तरह, आपका विचार आपके जीवन के कार्य को दिशा देता है। आपके अवचेतन मन की तुलना एक आइसबर्ग से की जा सकती है - जिसका 90 प्रतिशत हिस्सा सतह के नीचे रहता है। यह आपका अवचेतन मन है, जो आपके चेतन मन द्वारा इसे दिए आदेशों के अनुसार काम करता है। आप अपने चेतन मन से जो सोचते हैं, वह आपके अवचेतन से उत्पन्न होता है।

उसे सही सोच के चमत्कार ज्ञात हुए

बेवर्ली हिल्स की डॉ. एल्सी मैकॉय, जिन्होंने मुझे आगे वर्णित घटनाओं पर लिखने की अनुमति दी, स्पष्ट रूप से दिखाती हैं कि सिद्धांततः सृजनात्मक सोच क्या हासिल करती है। उन्होंने यूरोप और एशिया में वृहद अध्ययन किया है। शुरुआती दिनों में वे एक शीर्षस्थ सर्जन के साथ जुड़ी थीं। बहरहाल, अलग-अलग कामों के कारण वे लगभग 1,000 मील दूर थे।

18 साल की उम्र से ही उन्होंने दिन के दौरान अक्सर यह दोहराने की आदत डाल ली थी : "केवल दैवी कार्य मेरे जीवन में होते हैं और मुझे जो जानने

की ज़रूरत है, उसे मेरे भीतर की असीम प्रज्ञा तुरंत मेरे सामने उजागर कर देती है।" इन सत्यों को बार-बार दोहराने से वे उसके अवचेतन मन तक पहुँच गए, जिसने इसी अनुरूप प्रतिक्रिया की। एक रात जब वे गहरी नींद में थीं, तो उन्होंने बहुत स्पष्टता से एक सपने में अपने मँगेतर को शिकागो में एक नर्स से बात करते देखा। उन्होंने देखा कि वह एक वीकएंड पर उसे डेटिंग के लिए ले जा रहा था और कह रहा था, "जानती हो, मेरी सगाई हो गई है, लेकिन वह 1,000 मील दूर है और इस बारे में कुछ नहीं जानती।"

डॉ. मैकॉय ने अगले दिन अपने मँगेतर को फ़ोन किया। उन्होंने उसे बताया कि उन्होंने कितना मूर्खतापूर्ण सपना देखा था और इसके बारे में हँसने लगीं। वह तैश में आ गया और जासूस रखने तथा उस पर जासूसी कराने का आरोप लगाया। इसके साथ ही उन्होंने सगाई तोड़ दी। बाद की घटनाओं ने उन्हें अपने अवचेतन की बुद्धिमत्ता दिखाई, जिसने उनकी रक्षा उससे की, जो निस्संदेह एक दुखद विवाह होता।

उनकी सही सोच ने उनके अवचेतन मन को सक्रिय कर दिया, जिसने उन्हें वह सब बता दिया, जो उन्हें शादी से पहले पता होना चाहिए था।

एक मशहूर अभिनेता दूसरे के अवचेतन द्वारा एक आश्चर्यजनक जवाब पाता है

मेरी एक सहयोगी डॉ. ओलिव गेज़ ने मुझे यह लिखने की अनुमति दी कि उनकी माँ जोसेफ़ाइन विंडहैम के अवचेतन मन ने एक मशहूर अभिनेता स्वर्गीय नॉर्मन ट्रेवर के सवालों पर कितने उल्लेखनीय ढंग से प्रतिक्रिया की। डॉ. गेज़ ने कहा कि अभिनेता के सामने एक जटिल समस्या थी और उसने उनकी माँ से पूछा कि क्या वे उन्हें जवाब बता सकती हैं। जोसेफ़ाइन विंडहैम बहुत अन्तर्ज्ञानी थीं।

वे कुछ मिनटों तक शांति से और भावना से सोचती रहीं, "सही जवाब।" उनका अवचेतन हावी हो गया और उनके दाएँ हाथ को नियंत्रित करने लगा। वे लिखने लगीं और लगभग दो पेज लिख डाले। जब उन्होंने पन्नों को देखा, तो वे अपने लिखे हुए एक शब्द को भी नहीं पढ़ पाईं, न ही उनकी बेटी, जो वर्तमान में डॉ. ओलिव गेज़ हैं।

उन्होंने लिखित सामग्री नॉर्मन ट्रेवर को थमा दी, जिन्होंने इसे आसानी और फ़ुर्ती से पढ़ डाला। यह हिंदुस्तानी भाषा में लिखा गया था, जिसे वे अच्छी तरह समझते थे, क्योंकि वे कई साल भारत में रह चुके थे। संदेश उनकी जटिल

समस्या का पूर्ण जवाब था। वे सभी सही सोच और अवचेतन मन की प्रतिक्रिया के चमत्कारों पर हैरान थे।

इस बारे में मेरा स्पष्टीकरण यह है कि जोसेफ़ाइन विंडहैम बहुत अन्तर्ज्ञानी थीं और वे एक बहुत तनावमुक्त, शांत, निष्क्रिय, अतीन्द्रिय, ग्रहणशील मानसिकता में चली गई थीं, जो अवचेतन के टापू को ले आती है और चेतन मन को थोड़ा डुबो देती है। इस अवस्था में उनका ट्रेवर के अवचेतन मन से तादात्म्य स्थापित हो गया और उन्होंने उसके अवचेतन मन की सामग्री का दोहन किया, जिसमें हिंदुस्तानी भाषा भी शामिल थीं। चूँकि अवचेतन की प्रकृति बाध्यकारी है, इसलिए इसने उनके हाथ का नियंत्रण ले लिया और एक ऐसी भाषा में लिखा, जो विश्वसनीय हो और जिसमें वह अभिनेता ख़ुद यक़ीन करे। अवचेतन के तरीक़े अबूझ हैं।

उसने अपने अवचेतन मन को कैसे सक्रिय किया

मिसेज़ लुइज़ बैरोज़ ने मुझे बताया कि 1970 में नए साल की संध्या पर उन्होंने अपने अवचेतन मन को यह आग्रह भेजा कि वे दैवी योजना में अपने दो किशोर लड़कों के साथ यूरोप की सैर करें। उन्होंने इस तरह लिखा : "मेरे दो लड़के और मैं दैवी योजना में 1970 की जुलाई में यूरोप जा रहे हैं। मैं इस विचार को अभी अपने चेतन मन में स्वीकार करती हूँ और मेरा अवचेतन इसे घटित कराता है।"

फरवरी 1970 में एक क़रीबी रिश्तेदार ने उनसे पूछा कि क्या वे अपने दो बेटों के साथ यूरोप में स्विट्ज़रलैंड, जर्मनी, इटली आदि देशों की सैर करना चाहेंगी। उन्होंने हाँ कर दी। सैर का सारा ख़र्च उनके रिश्तेदार ने ट्रैवल एजेंसी को पहले ही चुका दिया था। उनका अवचेतन मन जानता था कि इसे कैसे घटित कराना है। इसने दौलतमंद रिश्तेदार के मन पर काम किया और उसे प्रस्ताव रखने पर मजबूर किया। दूसरे शब्दों में, वह रिश्तेदार ज़रिया था, जिसके माध्यम से धन और सुविधाएँ प्रकट हुईं। उनकी आत्मिक सोच उनके अवचेतन को आदेश थी कि यह उनके आग्रह को साकार करे।

सफलतापूर्वक कैसे सोचें (प्रार्थना करें)

आपका विचार आपकी प्रार्थना है। जब आपका चेतन मन जान-बूझकर किसी सृजनात्मक विचार या योजना को स्वीकार करता है तथा इसे विश्वास के साथ अवचेतन को सौंपता है, तो आपके अवचेतन की बुद्धि इसे आपके अनुभव में

साकार कर देती है। आपका अवचेतन मन किसी क़ानून की तरह काम करता है और गणितीय सटीकता के साथ आपके विचार के समान घटना को आपके अनुभव में उत्पन्न कर देता है।

सही सोच ने उसका चालीस पाउण्ड वज़न कम कर दिया

एक युवा महिला ने विचिटा, कैंसस से मुझे पत्र लिखा। उसने बताया कि वह *द पॉवर ऑफ़ युअर सबकॉन्शस माइंड* पढ़ रही थी और उसने अपने डॉक्टर के निर्देशों का पालन करके 40 पाउण्ड वज़न घटाने का निर्णय लिया। उसने बताया कि वह कई डाइटिंग योजनाओं पर चल चुकी थी और उनमें कम हुआ वज़न बाद में बढ़ गया था।

बहरहाल, पुस्तक की सलाह का अनुसरण करके हर रात सोने से पहले उसने सही सोचना शुरू किया और अपने अवचेतन मन को सही आदेश देना शुरू किया। उसकी सही सोच इस तरह थी : “मेरा वज़न दैवी योजना में 118 पाउण्ड है। मेरे अवचेतन मन की असीम प्रज्ञा इस आग्रह को स्वीकार करती है और इसी अनुसार काम करती है। मैं शांति में सोती हूँ और सही दैवी कार्य मुझे शासित करता है।”

एकाध सप्ताह बाद उसे पता चला कि हानिकारक आहारों तथा वसायुक्त पदार्थों की सारी इच्छा चली गई थी, जिनके लिए पहले उसकी जीभ लपलपाती थी। इस तरह उसे मनचाहा वज़न घटाने में कोई दिक्क़त नहीं हुई। इससे पहले वह कठोर आहार योजना का पालन करने के लिए खुद को विवश कर रही थी, जबकि साथ ही आइस क्रीम, एप्पल पाई और मिठाइयों की लालसा कर रही थी।

जो भी कहता है, “मैं वज़न कम नहीं कर सकता,” वह दरअसल कह रहा है, “मैं वज़न कम नहीं करना चाहता।” आपको तो बस अपने चेतन मन में एक स्पष्ट निर्णय पर पहुँचना है और बाक़ी का काम आपका अवचेतन कर देगा। आपको पता चलेगा कि आपके मन में मोटापा बढ़ाने वाले आहार की इच्छा ही नहीं रहेगी।

अपनी सृष्टि में आप एकमात्र विचारक हैं

आपके पास किसी भी सृजनात्मक विचार को चुनने, इसे पोषण देने और क़ायम रखने का विशेषाधिकार है। बस इतना ध्यान रखें कि इस पर आपका अवचेतन मन प्रतिक्रिया करता है। आपके अवचेतन की बुद्धिमत्ता अपने अनूठे तरीक़े से उस विचार पर काम करेगी, जिसे आपने चुना है।

आपके शरीर पर विचार की शक्ति

डर का आपकी धड़कन, नाड़ी आदि पर प्रभाव पड़ता है। शर्म से गाल लाल हो जाते हैं और क्रोध त्वचा का रंग बदल देता है। किसी खौफ़नाक अनुभव से गुज़रने के बाद कई युवकों के बाल सफ़ेद हो गए। किसी प्रियजन की अकस्मात मृत्यु की ख़बर से मनोवैज्ञानिक दृष्टिहीनता और बहरापन आ गया। चिंता पाचन में भी हस्तक्षेप करती है और अल्सर, कोलाइटिस तथा अन्य रोग उत्पन्न कर सकती है। हमारे अख़बार और पत्र-पत्रिकाएँ हर दिन नफ़रत, ईर्ष्या, डाह और तनाव के शरीर पर पड़ने वाले विनाशकारी प्रभावों की ओर संकेत कर रहे हैं, जैसे अनीमिया, हाई ब्लड प्रेशर, हृदय रोग और कैंसर भी।

सृजनात्मक शक्ति का समझदारी से इस्तेमाल शुरू करें

आपकी चेतना आपके जीवन में एकमात्र सृजनात्मक शक्ति है। आपकी चेतना उसका प्रतिनिधित्व करती है, जो आप सोचते हैं, महसूस करते हैं, विश्वास करते हैं और जिसे मानसिक सहमति देते हैं। यह आपके सारे अनुभवों, स्थितियों, परिस्थितियों और आपके जीवन की घटनाओं का कारण है। बाहरी संसार को कभी कारण न मानें; यह तो परिणाम है।

बाहरी वस्तुओं, जैसे हवाओं, लहरों, मौसम, सूरज, बर्फ़, सितारों या किसी भी अन्य चीज़ को शक्ति देने से निश्चित रूप से, सकारात्मक रूप से और पूरी तरह इंकार कर दें। वैज्ञानिक चिंतक कभी भी किसी परिणाम को कारण नहीं मानता है। इसलिए वह संसार और इसके विश्वासों से सम्मोहित नहीं होता। सृजनकार अपने सृजन से बड़ा होता है। विचारक अपने विचारों से बड़ा होता है और कलाकार अपनी कला से बड़ा होता है। अच्छा सोचेंगे तो अच्छा परिणाम मिलेगा; नकारात्मक तरीक़े से सोचेंगे, तो नकारात्मक ही मिलेगा।

उसने विचार और सोच का वास्तविक अर्थ पूछा

मैंने पिछले साल लास वेगस में व्याख्यान दिया, जिसमें एक आदमी ने यह सवाल पूछा : "विचार और सोच क्या है, और इसके बारे में नया क्या है?" मैंने उसके सामने स्पष्ट किया कि सोचने का मतलब तुलना करना है; यानी, एक चीज़ की दूसरी के साथ तुलना, एक प्रस्ताव की दूसरे प्रस्ताव के साथ तुलना। अगर मानसिक यंत्र सिर्फ़ "हाँ" ही कह सकता है, तो तुलना संभव नहीं है। आपको तो दो चीज़ों के बीच चुनाव करना होता है - जिनमें से एक को आप "हाँ" कह देते

हैं, दूसरी को "नहीं।" जब आप पूछते हैं, "क्यों?" तो आप एक कारण चाह रहे हैं। सारे तर्क में इसे चुनना और उसे अस्वीकार करना शामिल है। जब तक कि आपके मन में स्वीकृति और अस्वीकृति की शक्ति न हो, तब तक चुनाव करना या अस्वीकार करना असंभव होगा।

ज़्यादातर लोग दरअसल सोचते ही नहीं हैं। हम तब सोच रहे हैं, जब हमारे मन ईश्वर के अमर सत्यों के प्रति समर्पित हैं, जब हम सारे डर को अस्वीकार कर देते हैं और अपनी इच्छा की वास्तविकता का मनन करते हैं, यह जानते हुए कि एक सर्वशक्तिमान शक्ति है, जो हमारी सोच पर प्रतिक्रिया करती है और इसे साकार कर देती है। आप सचमुच सोच रहे हैं, जब आप चीज़ों पर अपने मन में तर्क करते हैं और सभी नकारात्मक अवधारणाओं को ईश्वर के महल के लिए अनुपयुक्त मानकर अस्वीकार कर देते हैं तथा दैवी समाधान की वास्तविकता पर आनंद कर रहे होते हैं। साथ ही आप यह भी जानते हैं कि एक व्यक्तिपरक बुद्धिमत्ता आपके सृजनात्मक विचार पर प्रतिक्रिया करती है, जब आप भय से मुक्त होते हैं।

इससे वह संतुष्ट दिखने लगा और बोला, "मैं अब तक यह जानता ही नहीं था कि विचार क्या है।" मनुष्य मन है और वह हमेशा विचार के औज़ार से हज़ार खुशियाँ या हज़ार दुख उत्पन्न करता है।

याद रखने वाले बिंदु

1. आपका अतीन्द्रिय विचार सृजनात्मक है। जब आप विचार को सोचते हैं, तो आप अपने भीतर की सोई हुई शक्ति को मुक्त करते हैं। हर विचार में खुद को प्रकट करने की प्रवृत्ति होती है।
2. अपने चेतन मन में किसी निश्चित विचार के साँचे को दोहराने से आपका अवचेतन इसे ग्रहण कर लेता है और अपने तरीक़े से यह निर्णय लेता है कि इसे कैसे साकार किया जाए। आपका मानसिक चित्र आपके मन का विचार-साँचा है और आप जिसे करने से प्रेम करते हैं, उसकी कल्पना नियमित और सुनियोजित तरीक़े से करने पर आपका अवचेतन उस मानसिक चित्र को आपके मन के अँधेरे में विकसित करता है तथा इसे साकार कर देता है।

3. आपका विचार संसार की सबसे प्रबल शक्ति है। शब्द अभिव्यक्त विचार है। इसलिए, मनुष्य तय कर सकता है कि परमाणु, अणु और विद्युतीय ऊर्जाओं व शक्तियों का कैसा उपयोग किया जाए। मनुष्य मालिक है और नियंत्रणकर्ता है। उसे निर्णय लेना होगा कि वह अपने पास उपलब्ध शक्तियों का इस्तेमाल कैसे करने वाला है।

4. जब आप दोहराते हैं, "मुझे जो भी जानने की ज़रूरत है, वह तुरंत मेरे सामने प्रकट किया जाता है," तो आपका अतीन्द्रिय मन ग़लतियों या भूलों से आपकी रक्षा करेगा। एक युवा महिला डॉक्टर ने अपने अवचेतन मन में यह सच्चाई भर दी थी और उसने सपने में अपने मँगेतर को किसी दूसरी महिला के साथ संबंध जोड़ते देखा। उसने प्रस्तावित विवाह को रद्द कर दिया और पाया कि दैवी मार्गदर्शन की बदौलत वह एक दुखद ग़लती करने से बच गई।

5. बहुत से प्रतिभावान लोग हैं, जिन्हें अतीन्द्रिय स्वचालक कहा जाता है।

6. दो किशोर लड़कों की माँ ने नए साल की संध्या पर यह लिखा कि अतीन्द्रिय बुद्धि आदर्श तरीक़ा उजागर करेगी कि वह जुलाई में अपने दो बेटों को यूरोप की सैर पर कैसे ले जाए। एक दौलतमंद रिश्तेदार ने स्वेच्छा से उन सभी के लिए यूरोप की लंबी छुट्टियों का सारा ख़र्च चुका दिया।

7. डर, चिंता, तनाव और क्रोध के आपके विचार आपके चेहरे, आँखों, नब्ज़, रक्तचाप या आपकी त्वचा की सफ़ेदी में काफ़ी स्पष्ट नज़र आते हैं। चिंता, नफ़रत, ईर्ष्या और शत्रुता बहुत से रोगों के पीछे होते हैं। आपका अतीन्द्रिय विचार सृजनात्मक होता है।

8. चेतना ही एकमात्र सृजनात्मक शक्ति है। आपकी चेतना का मतलब है वह तरीक़ा, जिससे आप सोचते हैं, महसूस करते हैं, विश्वास करते हैं और जिसे अपनी मानसिक सहमति देते हैं। अच्छा सोचें और आपकी अतीन्द्रिय अनुभूति के ज़रिये अच्छा ही होगा।

9. सोचने का अर्थ तुलना करना है, यानी एक चीज़ के बजाय दूसरी को चुनना। आपका मानसिक यंत्र "हाँ" या "नहीं" कह सकता है। आपके मन में स्वीकार या अस्वीकार करने की शक्ति होती है। जब आपके विचार शाश्वत सत्यों की पुष्टि करते हैं, तभी आप सचमुच सोच रहे होते हैं। एमर्सन ने कहा था, "आप वही हैं, जो आप दिन भर सोचते हैं।"

12

समस्याएँ सुलझाने के लिए अतीन्द्रिय अनुभूति के रहस्यों का इस्तेमाल कैसे करें

एक ख़ास महिला (जिसे हम मिसेज़ जोन्स कहेंगे) के क़ानूनी मुकदमे में जज एक फ़ैसला सुनाने वाला था। वह बहुत घबराई हुई, परेशान और चिंतित थी। उसकी सौतेली बेटियाँ उनके पिता की वसीयत को चुनौती दे रही थीं और अपनी सौतेली माँ के प्रति बहुत कटु थीं। माँ ने यह भी कहा कि जज बहुत सहानुभूतिपूर्ण नहीं दिख रहा था, हालाँकि उसके पति ने उसके लिए सिर्फ़ अपनी आधी जायदाद छोड़ी थी।

मेरे सुझाव पर उसने प्रार्थना की इस तकनीक का अनुसरण किया : "मैं जानती हूँ कि असीम प्रज्ञा मेरे वकील, जज और इस मुकदमे से संबंधित सभी लोगों को मार्गदर्शन और दिशा देती है। मुझे अहसास है और मैं जानती हूँ कि सद्भाव का दैवी नियम सर्वोपरि है तथा मुझे जो वसीयत में दिया गया था, वह मेरे पास दैवी योजना के तहत आता है।" वह जानती थी कि यदि वह इन सत्यों का अभ्यास करेगी, तो उसके अवचेतन अतीन्द्रिय मन में निवास करने वाले सत्य के ये सिद्धांत सक्रिय हो जाएँगे।

उसकी मानसिक चित्रण की तकनीक

उसने खुद से कहा, "आर्किटेक्ट भावी इमारत का मानसिक चित्र देखता है। वह इसे वैसा देखता है, जैसा वह इसे बनाना चाहता है। उसका मानसिक चित्र एक साँचा बन जाता है, जिससे इमारत आख़िरकार उत्पन्न होगी।" इसी अनुसार उसने दोहराया : "जज पूरी तरह ईमानदार है। ईश्वर उनके माध्यम से सोचता है,

बोलता है और कार्य करता है और उनका निर्णय सही दैवी कार्य पर आधारित है।" उन्होंने यह चित्र देखा कि जज अपना निर्णय यह कहते हुए सुना रहे हैं : "मेरा निर्णय न्यायपूर्ण और पक्षपातरहित है तथा मृत व्यक्ति की वसीयत व इरादे के अनुरूप है।"

उसने बार-बार यह कहते हुए जज का मानसिक चित्र देखा, जब तक कि उसका मन उसके कथन के सत्य से सराबोर नहीं हो गया। बेशक यही सच्चाई जज के अवचेतन मन में पुनर्जीवित हुई थी, जिसने वैसा ही निर्णय दिया, जैसा उस महिला ने आदेश दिया था, जो उसके पति की वसीयत और उसके सच्चे इरादे के मुताबिक़ था। सही कार्य के सिद्धांत की उसकी मान्यता और सराहना से उसकी सौतेली बेटियों की धनलोलुपता व ईर्ष्या निष्फल रहीं। आप भी उसी तरह काम करके अपनी समस्याओं को संतुष्टिपूर्वक सुलझा सकते हैं, जिस तरह मिसेज़ जोन्स ने किया था।

अतीन्द्रिय अनुभूति ने उसकी असामान्य ईर्ष्या का इलाज कैसे किया

एक सेल्समैन ने मुझे विश्वास में लेकर बताया कि वह जब घर से बाहर रहता था, तो उसे अपनी पत्नी मैरी पर कभी भरोसा नहीं रहता था। वह बेहद आकर्षक, युवा और सुंदर थी। सेल्समैन को जो इलाक़ा सौंपा गया था, उसमें उसे कई शहरों की अक्सर यात्राएँ करनी पड़ती थीं। इस दौरान वह निरंतर डरता रहता था कि कहीं वह उसे खो न दे या वह पड़ोस के किसी युवक के मोहपाश में न बँध जाए। वह दिन में चार-पाँच बार अपनी पत्नी को फ़ोन करता था। इससे मैरी अशांत हो जाती थी, क्योंकि वह उसके बार-बार फ़ोन करने की वजह जानती थी।

मैंने उसे समझाया कि मूलतः और बुनियादी तौर पर उसकी ईर्ष्या उसके भीतर के असुरक्षा के अहसास तथा हीन भावना के कारण थी।

उसने इस उपचारक तकनीक का इस्तेमाल किया

जब वह घर से दूर रहता था, तो वह दिन में दो-तीन बार अपना मन शांत कर लेता था, अंदर से शांत हो जाता था और पूरे शरीर को तनावमुक्त कर लेता था। फिर मैरी के अपने ठीक सामने होने की कल्पना करता था और दोहराता था : "दैवी प्रेम हमें एक करता है," और "मैं तुमसे सच्चा प्यार करता हूँ।" वह जवाब देती थी, "मैं तुमसे प्यार करती हूँ - सिर्फ़ तुमसे।" वह मैरी के ये शब्द

नियमित रूप से और भावनापूर्वक सुनता था। जब भी उसकी जाँच करने के लिए उसे फ़ोन करने की इच्छा कसमसाती थी, तो वह मन ही मन लेकिन दृढ़तापूर्वक कहता था : "दैवी प्रेम हमें एक करता है। मैं उससे प्रेम करता हूँ और वह भी मुझसे प्रेम करती है।"

उसे अपने दिल में इन शब्दों की सच्चाई महसूस हुई और जब वह सड़क पर कार से यात्रा करता था, तो उसे अपने कानों में मैरी की आवाज़ गूँजती हुई महसूस होती थी, जिसकी खनक को वह बहुत अच्छी तरह जानता था, "मैं तुमसे प्यार करती हूँ।" इस तकनीक का अभ्यास करने के एकाध हफ़्ते बाद उसे पता चला कि प्रेम सचमुच डर और ईर्ष्या को दफ़ा कर देता है।

टॉम अपने बुरे सपनों से कैसे उबरा

एक व्यक्ति (हम उसे टॉम कहेंगे) ने मुझे डरावने सपनों के बारे में फ़ोन किया, जो उसे एक सप्ताह से ज़्यादा समय से हर रात आ रहे थे। वह जानना चाहता था कि इस स्थिति से कैसे उबरे। उसने कहा कि वह जानता था कि सपने में प्रतिनिधि हमेशा सपना देखने वाला खुद होता है, चाहे वह हमलावर हो या हमले का शिकार। नींद में खूँख़ार जंगली जानवर उसकी चीर-फाड़ करते थे और रात में दूसरे मौक़ों पर ठग उसे बुरी तरह पीटते थे तथा मरा हुआ समझकर छोड़ देते थे।

मैंने उसे समझाया कि उसके बुरे सपने बेशक उसके अपराध बोध की भावना की सज़ा थे और इसका नाटकीयकरण प्रतीकात्मक रूप में हो रहा था, जिसमें हिंसक जानवर उस पर हमला कर रहे थे और चीर-फाड़ कर रहे थे। उसने स्वीकार किया कि जानवरों और ठगों द्वारा उसका पीछा करना, दबाना और मारना और फिर डर से पसीना-पसीना होकर जागना तथा किसी आसन्न विपत्ति का पूर्वाभास एक कारण से था। यह एक महिला के प्रति उसकी आक्रामक नफ़रत की वजह से था, जिससे वह प्रेम करता था, लेकिन वह किसी दूसरे आदमी की ख़ातिर उसे छोड़कर चली गई थी।

उसके बुरे सपने दरअसल नफ़रत, शत्रुता और दमित क्रोध की आग थे और उन्हें उसकी अंतरात्मा का विस्फोट भी कहा जा सकता था। उसकी खुद की स्थिति में उसकी अनुभूति और अन्तर्ज्ञान ने उसकी पाँच इंद्रियों के ज्ञान को पार कर लिया।

वह तकनीक और फ़ॉर्मूला, जिससे उसने अपने डरावने दुःस्वप्नों को भगा दिया

मेरे सुझाव पर उसने सोने से पहले पीठ पर लेटने का फ़ैसला किया। इस अवस्था में वह अपनी पूर्व गर्ल फ्रेंड और उसके पति को प्रसन्नचित्त, खुश, आनंदित और स्वतंत्र देखता था। वह चेतन रूप से उन दोनों के प्रति प्रेम, सद्भाव, शांति और सद्भावना प्रक्षेपित करता था तथा ज़ोर से कहता था : "ये ईश्वरीय तरंगें इस वक़्त मेरे पास से जाती हैं और उन दोनों के हृदय में व्यक्तिपरक रूप से पुनर्जीवित हो जाती हैं। अवचेतन मन में समय या स्थान की कोई बाधा नहीं है। मैं जानता हूँ कि मैं जो सचमुच महसूस करता हूँ और इस वक़्त जो प्रसारण कर रहा हूँ, वह मेरी पूर्व गर्ल फ्रेंड और उसके पति के हृदय में गहराई से स्थित है। मैं शांति से सोता हूँ और ईश्वर मुझे खुशी तथा आनंद देता है और ईश्वर का प्रेम मेरी आत्मा को भरता है।"

उसने इस तकनीक का अभ्यास लगभग दस मिनट तक किया और उस रात वह शांति से सोया तथा इसके बाद उसे कोई मुश्किल नहीं आई। उसका अवचेतन उसके चेतन मन द्वारा नियंत्रित हो रहा था। जीवनदायक साँचे की खुराक अवचेतन को देकर उसने नकारात्मक साँचे को पोंछ डाला। प्रेम डर को दूर भगा देता है।

अपने सपनों को नज़रअंदाज़ न करें

हर व्यक्ति सपने देखता है, हालाँकि कई लोग - आम तौर पर खुश, आनंदित और स्वतंत्र - यह नहीं जानते कि वे सपने देखते हैं। कई तो अपने सपनों को नज़रअंदाज़ करना चाहते हैं, क्योंकि उनके सपने दरअसल मन की अवचेतन अवस्थाओं को प्रकट करते हैं, जिनसे वे नहीं गुज़रना चाहते। इसलिए उनमें अपनी शत्रुता और विद्वेष का दमन करने की प्रवृत्ति होती है। नींद में अवचेतन कमान सँभाल लेता है और इसकी सामग्री को नाटकीकृत करता है। यह चेतन, सोए हुए मन के प्रति विरोध करता है कि इसे नकारात्मक और विनाशकारी मानसिक विष से अवचेतन को प्रदूषित करना छोड़ देना चाहिए।

यह भी सच है कि सोई हुई अवस्था में भी हमारे सपने अतिरिक्त तनाव और चिंता को दूर करने में हमारी काफ़ी मदद करते हैं। यह होता है, चाहे हमें वह तथ्य याद हो या न हो, जिसका हम सपना देख रहे थे। अवचेतन सर्वज्ञानी है और यह नींद के दौरान हमारी दमित भावनाओं को मेहनत करके कम करता है।

बुरे सपने और अनिद्रा प्रबुद्ध चेतन मन के नियंत्रण के सहज अनुगामी होते हैं। अपने चेतन मन को ईश्वर के सत्यों से भर लें और सोने से पहले इन सत्यों को दोहराएँ। चूँकि आपका अवचेतन मन चेतन मन के अधीन होता है, इसलिए आप शांति से सोएँगे और ख़ुशी में जागेंगे।

किस तरह ऐन की अतीन्द्रिय शक्तियों ने उसकी सहयोगी के साथ सद्भावनापूर्ण स्थिति बनाई

एक युवा सुपरवाइज़र (हम उसे ऐन कहेंगे) एक ऑफ़िस में काम करती थी, जहाँ 20 लड़कियाँ कार्यरत थीं। एक लड़की, जिसे हम लूसी कहेंगे, उसके प्रति बहुत शत्रुता रखती थी और कई तरीक़ों से उसकी राह में मुश्किलें पेश करती थी। यही नहीं, लूसी ने ऐन पर उसके ख़िलाफ़ भेदभाव करने का आरोप लगाया और कहा कि वह प्रमोशन की हक़दार थी, लेकिन उसकी योग्यताओं की क़द्र नहीं की गई, न ही उसे मान्यता दी गई। ऐन उसे नौकरी से निकालने की सिफ़ारिश नहीं करना चाहती थी, क्योंकि हालाँकि लूसी को सँभालना मुश्किल था, लेकिन वह अपने काम में सक्षम थी। यही नहीं, ऐन यह भी नहीं चाहती थी कि लूसी प्रबंधन से उसकी शिकायत करे कि उसके ख़िलाफ़ भेदभाव किया जा रहा था, जबकि हक़ीक़त में ऐसा नहीं था।

ऐन ने बाधा को कैसे पार किया

मेरे सुझाव पर एक सुबह ऐन अपने ऑफ़िस में बैठी, उसने अपने मन को शांत किया तथा गहराई और प्रेम से यह कथन कहा : "मैं ईश्वर के खुलकर प्रवाहित होने वाले प्रेम से भरी हूँ। मेरा पूरा अस्तित्व दैवी प्रेम से सराबोर है। मैं पूरी तरह और खुलकर लूसी को क्षमा करती हूँ। मेरे भीतर की आत्मा लूसी के भीतर की आत्मा से बात करती है और हमारे बीच सद्भाव, प्रेम तथा समझ है। जब भी मैं लूसी को देखती हूँ, या जब भी वह मुझसे बात करती है, तो मैं उसके चारों ओर प्रकाश और प्रेम का घेरा बना देती हूँ।"

ऐन ने तक़रीबन चार दिनों तक दिन में इस तकनीक का अभ्यास किया। इसके बाद एक दिन लूसी ने उससे माफ़ी माँगी कि वह उसके साथ बुरा बर्ताव कर रही थी। उसने भविष्य में ऐन को पूर्ण सहयोग का वादा किया। ऐन की दुआएँ और प्रार्थनाएँ दरअसल लूसी की आत्मा में पहुँच गईं और वे बेहतरीन सहेलियाँ बन गईं। ऐन ने जो भी प्रक्षेपित या "प्रसारित" किया था, वह उसके पास लौट

आया। जब आप प्रेम और सद्भावना को बाहर भेजते हैं, तो यह आपकी ओर लौटेगा। क्रिया और प्रतिक्रिया बराबर होते हैं।

किस तरह एक युवा महिला ने अपने खोए पिता को खोजने के लिए अतीन्द्रिय अनुभूति का इस्तेमाल किया

कुछ सप्ताह पहले मैं हवाई के उलू माउई गाँव गया। वहाँ गाँव वाले पारंपरिक व्यंजन पॉइ, पुराने ज़माने के हुला नामक वर्षा-नृत्य, पुष्पहार बनाना, रजाई सिलना और अन्य पारंपरिक कर्मकांडों, अवधारणाओं और कला का जीवंत प्रदर्शन करते हैं। गाँव प्राचीन छाल-वस्त्र, हवाई और प्रशांत महासागर की शिल्पकृतियों के रोचक प्रदर्शन भी करता है। कहा जाता है : "जब तक आप उलू माउई को नहीं देख लेते, तब तक आपने दरअसल हवाई को नहीं देखा है।" मैंने वहाँ एक बेहतरीन लंच किया, जिसे असाधारण दक्षिण समुद्री व्यंजनों के साथ परोसा गया। अगली टेबल पर एक युवा महिला बैठी थी। मैंने उसे बताया कि मैं एक पुस्तक लिख रहा हूँ, जिसका शीर्षक था *लेट साइकिक परसेप्शन वर्क फ़ॉर यू* और मैं रहस्य के टापू हवाई और काहुना (स्थानीय पुजारी) से कुछ सामग्री लेना चाहता हूँ।

उसने कहा, "आप मेरी कहानी का इस्तेमाल कर सकते हैं; यह बहुत स्पष्ट और वास्तविक है।" नीचे उसके अनुभव का सार है। उसके पिता उसकी माँ को छोड़कर चले गए थे, जब मेरी लंच की साथी बस दो साल की थी; ऐसा लगता है कि उनमें लड़ाई बहुत होती थी। पिता ने बच्ची की देखभाल और शिक्षा के लिए माँ को 25,000 डॉलर दिए। लड़की बड़ी हो गई और उसने हवाई युनिवर्सिटी से मनोविज्ञान में स्नातक उपाधि ले ली। इसके बाद उसने अपने पिता को खोजने के लिए अपने मन की शक्तियों का उपयोग करने का निर्णय लिया, जिनसे मिलने और जानने की उसमें प्रबल इच्छा थी।

उसके सूक्ष्म-शरीर की जागरूकता ने कैसे उसकी मदद की

उसने कहा, "मैं जानती हूँ कि मेरे पास एक चार-आयामी शरीर है, जिसे कुछ लोग सूक्ष्म शरीर कहते हैं, क्योंकि मैंने खुद को अपने शरीर से बाहर और विदेशी तटों पर पाया है।" उसने संकेत किया कि उसका सूक्ष्म शरीर उसके भौतिक शरीर के दायरे में सटीक बैठता था।

एक रात सोने से पहले उसने अपने अवचेतन मन को यह निर्देश दिया : "तुम जानते हो कि मेरे पिता कहाँ हैं। मैं जानती हूँ कि तुम मुझे उनके आमने-सामने

पहुँचा सकते हो, चाहे वे जागे हों या सोए, चाहे वे जहाँ भी हों। तुम्हारी मार्गदर्शक प्रज्ञा अभी उन्हें खोज लेगी, क्योंकि तुम मेरे आंतरिक राडार हो। मेरे पिता और मेरे बीच प्रेम का बंधन है। वे मुझसे मिलने के लिए तड़प रहे हैं और मैं उनसे मिलने के लिए तड़प रही हूँ। यह तुम्हें मेरा आदेश है और अब मैं शांति में सोने जाती हूँ।" ये शब्द उन निर्देशों के सार हैं, जो उसने अपने अवचेतन मन तक पहुँचाए।

"सोने के तुरंत बाद मैंने ख़ुद को सिडनी, ऑस्ट्रेलिया के एक होटल के कमरे में पाया," उसने कहा। "मेरे पास ठीक वैसा ही शरीर था, जैसा हॉनोलुलू में बिस्तर पर लेटा हुआ था। वहाँ मैंने देखा कि मेरे पिता कोट पहनकर काम पर जाने के लिए तैयार हो रहे थे। वे थोड़े हतप्रभ और भयभीत दिख रहे थे और मैंने उनसे कहा, 'डैड, मैं हूँ, आपकी बेटी। मैं आपसे प्रेम करती हूँ। हमारे पास लौट आएँ।' वे अवाक थे, मौन थे और मुझे बस इतना याद है कि उन्होंने कहा था, 'मैं ऐसा ही करूँगा।' फिर मैंने ख़ुद को अपने त्रिआयामी शरीर में हॉनोलुलू में अपने घर पर बिस्तर में पाया।"

उसकी सूक्ष्म यात्रा के बाद की रोचक कहानी

लीसा को पूरी तरह याद था कि जब वह सोई थी, तब क्या हुआ था। सुबह जागने पर उसने अपनी माँ को बताया कि उसके पिता सिडनी में कहाँ ठहरे हुए थे। उसने उन्हें पत्र लिखा और उन्हें अपनी सूक्ष्म-शरीर यात्रा के बारे में बताया। उसे डाक से जवाब मिला, जिसमें लिखा था कि उन्हें एक सुंदर युवती की आकृति दिखी थी, जो उनके बेडरूम में आकर कह रही थी कि वह उनकी बेटी है। बाद में यह भी लिखा था कि वे वापस हॉनोलुलू लौट रहे हैं। उनका आनंददायक पुनर्मिलन हुआ और उसकी माँ ने लंबे समय से बिछड़े पति का बाँहें फैलाकर स्वागत किया।

उसने अपने शरीर के बाहर काम कैसे किया

सोने से पहले लीसा ने अपने अवचेतन को आदेश दिया था कि उसके अवचेतन मन का मार्गदर्शक सिद्धांत उसे उसके पिता के पास ले जाएगा। प्रतिक्रिया करते हुए इसने उसके व्यक्तित्व को प्रक्षेपित कर दिया और वह सूक्ष्म शरीर में अपने पिता के सामने पहुँच गई। यह लगभग तुरंत हुआ, क्योंकि वह पाँच मिनट से भी कम सोई थी। वह अपनी सारी शक्तियों का इस्तेमाल कर सकती थी। वह

होटल और इसके पते-ठिकाने के बारे में चेतन रूप से जागरूक थी। उसे कमरे में रखे फ़र्नीचर की जानकारी थी, जहाँ उसके पिता थे। वह उनसे संवाद कर सकती थी और भौतिक वस्तुओं को हिला सकती थी। उसमें देखने, सुनने और स्पर्श करने की क्षमताएँ थीं।

दूसरे शब्दों में, उसने अपने सामने साबित किया कि वह सिर्फ़ शरीर नहीं थी, बल्कि एक मानसिक और अतीन्द्रिय जीव थी, जो अपने शरीर से स्वतंत्र जीने, काम करने और यात्रा करने में समर्थ थी। आपके पास अनंत शरीर होंगे। दरअसल, आप कभी भी शरीर के बिना नहीं रहेंगे, क्योंकि आप अनंत यात्रा पर हैं, जो कोई अंत नहीं जानती।

अतीन्द्रिय अनुभूति और कलकत्ता का वह आदमी, जिसने अपनी बेटी की जान बचाई

हॉनोलुलू में, जहाँ मैं यह अध्याय लिख रहा हूँ, मेरी एक पुराने मित्र से बहुत रोचक बातचीत हुई, जिसे मैं पहले भारत में जानता था। मैं उसे हैरी कहूँगा। वह कई सालों से अतीन्द्रिय-यात्रा या सूक्ष्म-शरीर यात्राओं का अभ्यास कर रहा था। उसकी बेटी हॉनोलुलू में पढ़ रही थी और बहुत बीमार थी, दरअसल मौत की कगार पर थी। कलकत्ता में पिता के पास तार भेजा गया और जिस पल यह उसे मिला, वह तुरंत एक योग मुद्रा में पहुँचा, अपनी आँखें बंद कीं और एक निष्क्रिय, शांत, ग्रहणशील मानसिकता में आ गया। उसने मानसिक चित्र देखा कि उसका चार-आयामी या सूक्ष्म शरीर उसकी सारी शक्तियों के साथ उसके सिर से प्रकट हो रहा है। उसने दृढ़ता से, जानते हुए और गहरे विश्वास के साथ आदेश दिया : "मैं अपनी बेटी के सामने तुरंत नज़र आना चाहता हूँ और उसे ठीक करना चाहता हूँ।" उसने यह आदेश लगभग छह बार दोहराया और फिर एक गहरी नींद में लुढ़क गया।

तत्क्षण उसने खुद को अपनी बेटी के सिरहाने पाया। वह सोई हुई थी, लेकिन तुरंत जाग गई और अचरज से बोली : "डैडी, आपने मुझे बताया क्यों नहीं कि आप आ रहे हो? मेरी मदद करो।" उसने अपने हाथ बेटी के सिर पर रखे और कुछ धार्मिक मंत्र बुदबुदाकर बोला, "तुम कुछ घंटों में उठ जाओगी और ठीक हो जाओगी।"

उस लड़की का तुरंत उपचार हो गया। उसका बुखार तत्काल उतर गया और वह नर्स से चिल्लाकर बोली, "मेरा उपचार हो चुका है! मैं अच्छी हो गई हूँ!

मेरे पिता यहाँ आए थे और उन्होंने मुझे ठीक कर दिया!" नर्स ने सोचा कि वह बेसुध होकर बड़बड़ा रही थी, लेकिन डॉक्टर ने उसकी आत्मा के मौन, आंतरिक ज्ञान की पुष्टि की कि वह सचमुच अच्छी हो गई थी। बहरहाल, दोनों ही भारत से उसके पिता के आने की उसकी कहानी पर हँसे।

नर्स ने कमरे में किसी की आवाज़ नहीं सुनी

नर्स आश्चर्यचकित और हैरान थी। उसने बेटी से कहा : "तुम्हारे पिता या कोई दूसरा बंद दरवाज़ों से नीचे की मंज़िल से अंदर कैसे आ सकता है? मैंने तुम्हारे कमरे में किसी को दाख़िल होते नहीं देखा।"

बेटी ने नर्स को समझाया, "ओह, मेरे पिता - ने अपने सूक्ष्म शरीर में यात्रा की और अपना हाथ मुझ पर रखकर मेरे लिए प्रार्थना की।"

नर्स ने कहा, "मुझे भूत-प्रेतों या काले जादू में यक़ीन नहीं है।" लड़की को अहसास हुआ कि आगे स्पष्टीकरण देना बेकार है।

हैरी ने कहा कि वह सारे समय पूरी तरह चेतन था। कलकत्ता और हॉनोलुलू के बीच की दूरी तथा समय के अंतर का ध्यान रखते हुए उसे पता चला कि वह अपने शरीर से कुल मिलाकर सिर्फ़ दस मिनट अनुपस्थित रहा था।

हैरी एक चिकित्सक हैं। आध्यात्मिक उपचार में उनकी ज़बर्दस्त आस्था है और वे उपचार की कई पद्धतियों से अच्छी तरह परिचित हैं। उन्हें अहसास हुआ कि उनकी उपस्थिति ने उनकी बेटी को आस्था, विश्वास और साहस की ज़बर्दस्त ख़ुराक दी, जिसने उसके अवचेतन मन को ओत-प्रोत कर दिया। उनके और उनकी बेटी के विश्वास के अनुरूप ही परिणाम सामने आया।

याद रखने वाले बिंदु

1. किसी अदालती मुकदमे में शामिल होने पर यह जान लें कि असीम प्रज्ञा वकील, जज और सभी संबंधित लोगों को मार्गदर्शन देती है तथा दिशा देती है। अहसास करें कि सद्भाव का दैवी नियम विजयी होता है और आप निर्णय में न्याय तथा सही कार्य का अनुभव करेंगे।
2. एक सेल्समैन असामान्य ईर्ष्या का शिकार था और लंबी दूरी के फ़ोन कॉल्स से दिन में पाँच-छह बार फ़ोन करके अपनी पत्नी

को परेशान किया करता था। घर से दूर होने पर वह प्रायः मौन अवधि में रहकर अपना उपचार करता रहा। इस मानसिक चित्र की आदत बनाकर वह असुरक्षा और डर पर आधारित ईर्ष्या के साँचे को अपने अवचेतन से हटाने में सफल हुआ।

3. बुरे सपने आम तौर पर अपराधबोध के अहसास के कारण होते हैं, जहाँ आप महसूस करते हैं कि आपको सज़ा मिलनी चाहिए। वे विद्वेष, शत्रुता या दमित क्रोध पर आधारित होते हैं। आपका अवचेतन मन आपके चेतन मन के नियंत्रण का सहज अनुगामी होता है। इसलिए आपको तो खुद को तथा दूसरों को माफ़ भर करना होता है। अपने अवचेतन मन को सोने से पहले प्रेम तथा सद्भाव की जीवनदायी खुराक दें। इससे आप शांति से सोएँगे और खुशी में जागेंगे।

4. हर कोई सपने देखता है। आपके सपने आपके अवचेतन मन की सामग्री का नाटकीयकरण हैं - एक तरह का मानसिक टेलीविज़न कार्यक्रम। आपके सपने अतिरिक्त तनाव और चिंताओं को दूर करने में भी आपकी सहायता करते हैं। हर रात सोने जाते समय अपने चेतन मन को ईश्वर के विचारों से भर लें। इस तरह आप अपने अवचेतन से ईश्वर के विपरीत हर चीज़ को बाहर निकाल देंगे।

5. जब आपको किसी सहयोगी के साथ मुश्किल आ रही हो, जो मुश्किल और शत्रुतापूर्ण हो, तो पहली चीज़ यह करें कि अपने मन को समय-समय पर शांत करें और यह दोहराएँ : "ईश्वर का मुक्त प्रवाहित होने वाला प्रेम मेरे पूरे जीवन को सराबोर करता है। मेरी आत्मा...... की आत्मा को नमन करती है और हमारे बीच प्रेम, शांति तथा समझ है।" जब भी आप सामने वाले से मिलें या बात करें, तो मन ही मन कहें, "मैं आपको प्रेम और प्रकाश के घेरे से ढकता हूँ।"

6. एक लड़की खुद को अपने शरीर से प्रायः बाहर पाती थी। उसने सोने से पहले अपने अवचेतन को आदेश दिया कि वह उसके पिता को खोजे, जो उसकी माँ को तब छोड़ गए थे, जब लड़की दो साल की थी। उसके अवचेतन ने विश्वास भरे

उसके आदेश का पालन किया और वह सूक्ष्म शरीर के रूप में ऑस्ट्रेलिया के एक होटल के कमरे में प्रकट हो गई। वहाँ उसने अपने पिता से बातचीत की और अपना परिचय देकर उनसे लौटने को कहा। उसके पिता ने बेटी की यात्रा को एक प्रेतछाया माना, लेकिन बाद में अहसास हुआ कि यह सचमुच उनकी बेटी थी। वे अंततः लौट आए और पत्नी तथा बेटी के साथ उनका सुखद पुनर्मिलन हुआ।

7. आपके पास अब एक सूक्ष्म शरीर है। कुछ इसे सूक्ष्म शरीर कहते हैं, जो आपके वर्तमान शरीर की हूबहू प्रतिलिपि है, लेकिन यह ज़्यादा ऊँची फ्रीक्वेन्सी पर काम करता है। यह बंद दरवाज़ों से दाख़िल हो सकता है और समय व स्थान को पार कर सकता है। यह आपके वर्तमान शरीर जैसा ही होता है - एकमात्र फ़र्क़ यह है कि आपका सूक्ष्म शरीर ज़्यादा ऊँची अतीन्द्रिय फ्रीक्वेन्सी पर काम करता है।

8. कई लोग अपने शरीर के बाहर यात्रा करने में कुशल बन जाते हैं। उनके पास उनकी सारी शक्तियाँ होती हैं और वे देख सकते हैं, सुन सकते हैं, महसूस कर सकते हैं और दूसरों के साथ बातचीत कर सकते हैं तथा देखी हुई चीज़ों का वर्णन कर सकते हैं। वे भौतिक वस्तुओं को भी हटा सकते हैं। वे अपने अवचेतन मन को आदेश देकर अपनी दिशाएँ भी बदल सकते हैं, जो आदेश का पालन करता है।

9. भारत में रहने वाले एक पिता ने जब अपनी बेटी की ख़तरनाक बीमारी के बारे में सुना, तो उन्होंने अपना मन शांत किया और अपने अवचेतन को एक अतीन्द्रिय आदेश जारी किया कि वह उसे हॉनोलुलू में अपनी बेटी के सिरहाने प्रकट कर दे। उन्होंने अपना हाथ उसके ऊपर रखकर प्रार्थना की और उसका उल्लेखनीय उपचार हो गया। वे मूर्त तथा वास्तविक थे और बंद दरवाज़ों के पार अस्पताल व उसके कमरे में भी दाख़िल हो सकते थे।

13

अतीन्द्रिय अनुभूति से अपनी दौलत कैसे बढ़ाएँ

प्रचुरता के नियम के बारे में जागरूक होने के लिए आपको तो बस प्रकृति की उदारता या दरियादिली को देखना भर है। आप इस नतीजे पर पहुँचने के लिए विवश होंगे कि प्रकृति उदार, प्रचुर और समृद्ध है। मिसाल के तौर पर, देखें कि जब आप ज़मीन में बीज बोते हैं, तो वे दस गुना, सौ गुना और हज़ार गुना होकर लौटते हैं। जब आप किसी ओक का बीज देखते हैं, तो आप एक संभावित जंगल को देख रहे हैं।

कैसे एक व्यवसायी को अहसास हुआ कि उसके लिए असीमित दौलत मौजूद थी

हाल में, जब मैं हवाई के बड़े टापू के पश्चिमी तट पर स्थित हाइलो में एक व्यवसायी से बातचीत कर रहा था, तो उसने मुझे एक बहुत रोचक अनुभव बताया। उसने बताया कि वह अपनी ग़रीबी की ग्रंथि से कैसे उबरा। एक दिन वह यह सोच रहा था कि वह अपने बिलों का भुगतान कैसे करे, जो उसके स्टोर में इकट्ठे हो गए थे। तभी उसने तेज़ बारिश होते देखी और वह खुद से बोला : "ईश्वर की अमीरी मेरी ओर उसी तरह प्रवाहित हो रही है, जिस तरह बारिश आसमान से गिरती है।" उसने यह तस्वीर अपने मन में लगभग आधा घंटे तक रखी। अचानक उसे यह अजीब भावना महसूस हुई कि उसके चारों ओर का माहौल ईश्वर की दौलत - आध्यात्मिक, मानसिक और भौतिक - से भरा हुआ था और उसे शांति का अद्भुत अहसास हुआ।

उस दिन के बाद से लोग ज़्यादा संख्या में उसके स्टोर में आने लगे और उसकी बिक्री इस हद तक बढ़ गई कि उसे दो अतिरिक्त सेल्सगर्ल रखनी पड़ीं। दरअसल हुआ यह था कि जब उसने इस बात पर मनन किया और चित्र देखा कि ईश्वर की दौलत बारिश की तरह उसकी ओर प्रवाहित हो रही है, तो उसने यह विचार अपने अवचेतन मन को सौंप दिया, जिसने उसी अनुरूप प्रतिक्रिया की और इसे अद्भुत ढंग से साकार कर दिया। उसने मुझसे कहा कि उस दिन के बाद से उसने कभी पैसे के बारे में चिंता नहीं की, क्योंकि यह उसके जीवन में मुक्तता से प्रवाहित हो रहा है।

समर्थन का आपका अदृश्य साधन

एक युवा करोड़पति अक्सर मेरे व्याख्यान सुनने आता है। उसने एक दिन मुझसे कहा कि उसके साथ जुड़े ज़्यादातर लोगों के साथ समस्या यह है कि उनके पास समर्थन का कोई अदृश्य साधन नहीं है और उन्हें ज़रा भी पता नहीं है कि अपने अवचेतन के ख़ज़ाने का दोहन कैसे किया जाए, जहाँ असीम दौलत है; इसलिए प्रचुरता का नियम उनके जीवन में काम नहीं कर सकता। आपके भीतर एक अथाह भंडार है, जो हर चीज़ का उद्गम और स्त्रोत है। आप इसका दोहन करके अमीर बन सकते हैं।

उसने सेवा के दम पर सफलता पाई

एक युवा महिला ब्यूटी पार्लर के व्यवसाय में असाधारण रूप से सफल थी। उसने मुझे बताया कि उसने बहुत कम पैसों से दुकान खोली थी, लेकिन उसका मुख्य विचार यह था कि वह अपने ग्राहकों को सर्वश्रेष्ठ संभव सेवा प्रदान करे, साथ ही अपने आंतरिक जीवन में दैवी स्त्रोत के साथ एकता का अहसास हासिल करे। उसे अहसास हो गया कि उसके कारोबार में कड़ी मेहनत ही काफ़ी नहीं थी – कि उसे मन के आंतरिक क्षेत्र में भी काम करना पड़ेगा।

जब उसने मानसिक रूप से इस बात पर ध्यान केंद्रित किया, तो वह जान गई कि ये बातें उसके चरित्र और मानसिकता में समा जाएँगे तथा उसके काम में भी व्यक्त होंगे। वह समृद्धि, विजय और उपलब्धि की लहर के उत्कर्ष पर पहुँच गई।

प्रचुरता अस्तित्व का नियम है

जब आप अपने चारों ओर देखते हैं, तो यह स्पष्ट है कि आपके भीतर का असीम ख़ज़ाना सारी प्रकृति में समृद्धि उत्पन्न करता है। जीवन का नियम अभाव नहीं, प्रचुरता है। आपको मानसिक और आत्मिक आधार पर जुड़ना होगा। फिर आप अपने जीवन का कायाकल्प कर सकेंगे और इस तरह अपने मन, शरीर तथा कारोबारी जीवन में असीम भंडार की अमीरी का अनुभव करेंगे।

याद रखें, आपका विचार आपके मन के अंदरूनी धरातल में आकार लेता है और इसे किसी अतीन्द्रिय व्यक्ति द्वारा देखा जा सकता है। ग़रीबी के विचारों की वजह से आप ग़रीबी और व्यथित परिस्थितियों का अनुभव करेंगे। आपको उसी ऑफ़िस या फैक्ट्री में अपने साथ काम करने वाले या उसी इमारत में रहने वाले ऐसे लोग मिल जाएँगे, जो अमीरी, समृद्धि, सुरक्षा और अधिक समृद्ध जीवन के विचार सोच रहे होंगे। वे हर उस चीज़ से घिरे नज़र आते होंगे, जिसकी उन्हें ज़रूरत है। उनकी सफलता का राज़ यह है कि उन्होंने अभाव और सीमा के विचारों की जगह ईश्वर की दौलत की अनंत व अथक आपूर्ति के आदतन विचार रख लिए हैं। अपने विचार बदल दें और उन्हें बनाए रखें। जब आप अपने विचारों को असीम की अमीरी की ओर दिशा देते हैं, जो आपके अनुभव में प्रवाहित हो रही है, तो आपकी ज़िंदगी में एक ज़बर्दस्त और व्यापक फ़र्क़ पड़ने लगेगा।

वह अपने बकाया किराए और बैंक अकाउंट के कर्ज़ से कैसे उबर पाया

कुछ महीने पहले मैं लैगुना बीच, कैलिफ़ोर्निया में प्रचुरता के नियम पर भाषण दे रहा था। भाषण के बाद एक आदमी होटल में मुझसे मिलने आया। वह बहुत अशांत था। उसकी समस्या यह थी कि उसे अपने जीवन बीमे की पॉलिसी गिरवी रखनी पड़ी थी और वह अपने बिल नहीं चुका सकता था। तीन महीने का किराया अब भी बाक़ी था और उसका पर्स ख़ाली था। उसका सवाल यह था : "जब मैं अभी निर्धन हूँ, तो असीम स्त्रोत पर कैसे भरोसा कर सकता हूँ?"

मैंने जवाब दिया कि हर सवाल का एक जवाब होता है और हर समस्या का एक समाधान होता है। इसका मतलब है कि ईश्वर की सारी शक्तियाँ आपके भीतर हैं। आपको जानना करना चाहिए कि आप क्या चाहते हैं और इसकी वास्तविकता को महसूस करना चाहिए। फिर आप अपने अवचेतन मन पर जो भी छाप छोड़ते हैं, यह उसका सम्मान करेगा, उसे प्रमाणित करेगा और प्रकट करेगा।

मैंने उसे समझाया कि दौलत, सेहत, मानसिक शांति, सफलता आदि बस मानसिक अवस्थाएँ हैं। कोई नया आविष्कार, पुस्तक, नाटक, कारोबार में एक नई तकनीक या मानव जाति को लाभ पहुँचाने और आशीष देने की प्रचारात्मक अवधारणा जैसा एक विचार दस लाख डॉलर या उससे अधिक मूल्य का हो सकता है। नेकी का मतलब सिर्फ़ नियम का सही उपयोग है, जैसे सही सोच, सही भावना और सही कार्य। आप जीवन की नियामतों की कामना सभी लोगों के लिए करते हैं। आप सभी लोगों के लिए सभी चीज़ों में समृद्धि को अनुभूत करते हैं।

वह देखने लगा कि दृष्टिकोण का परिवर्तन उसकी समस्या को सुलझा सकता है और उसे बचा सकता है। मैंने उसकी स्याह और निराशाजनक मनोदशा को दूर करने का एक बहुत सरल तरीक़ा बताया। मैंने उससे कहा कि शब्दों में उसके भीतर सोई शक्तियों को सक्रिय करने की ज़बर्दस्त शक्ति होती है। उसे नीचे दिए गए शब्द दिन में तीन बार आधा घंटे तक ज़ोर-ज़ोर से कहने थे : "दौलत, सफलता, विजय, खुशी।" उसने इन शब्दों में अपनी समूची भावना और उत्साह भर दिया। धीरे-धीरे उसका मनोबल ऊँचा हो गया। उसने पाया कि ये शब्द जब सच्चाई से बोले जाते हैं, तो उसके अवचेतन मन की असली शक्तियों को सक्रिय कर देते हैं और सजीव बना देते हैं।

जब उसने अपने मन का लंगर इन सत्यों और सिद्धांतों पर डाला, तो उनकी प्रकृति के अनुरूप स्थितियाँ और परिस्थितियाँ संसार के पर्दे पर नज़र आने लगीं। कुछ सप्ताह गुज़र गए, लेकिन कुछ ख़ास नहीं हुआ। बस इतना हुआ कि उसके कुछ क़रीबी मित्रों ने मुसीबत से उबारने के लिए उसे कुछ हज़ार डॉलर उधार दे दिए। बहरहाल, समाधान एक महीने बाद आया, जब उसे पता चला कि उसके एक मददगार मित्र उसे आइरिश घुड़दौड़ लॉटरी का एक टिकट भी दिया था। उसे हैरानी हुई, जब उसका घोड़ा जीत गया और उसे बहुत बड़ी धनराशि मिली, जिससे उसकी सारी आर्थिक समस्याएँ सुलझ गईं। उसका अवचेतन जवाब जानता था। उसने आंतरिक शक्तियों पर भरोसा किया और उसके विश्वास के अनुरूप ही उसे दिया गया।

दौलत और सफलता के लिए एक लाभदायक तकनीक

कई लोग कहते हैं, "यदि मैं कहता हूँ, 'मैं सफल हूँ' जबकि मैं निर्धन हूँ, या अगर मैं खुद से कहता हूँ, 'मैं दौलतमंद हूँ' जबकि मैं कड़का हूँ, तो मैं खुद से

झूठ बोल रहा हूँ। ऐसी स्थिति में मुझे वह नहीं मिलता, जो मैं कहता हूँ या सच के रूप में दावा करता हूँ। मेरा अनुभव तो उसके विपरीत तथा बुरा होता है।"

इसका कारण यह है कि अभाव, असफलता और सीमा में विश्वास उनके अवचेतन मन में सबसे प्रबल होता है। जब भी वे दौलत के बारे में कथन कहते हैं, तो अभाव के विचार को पुनर्जीवित कर लेते हैं। वे यह समझने में असफल रहते हैं कि असीम की दौलत का दोहन कैसे किया जाए, क्योंकि वे अपने मन की कार्यविधि नहीं जानते हैं।

जो लोग ईमानदारी से इस समझ के अभाव को महसूस करते हैं, उन्हें मैं एक बहुत आसान नीति की सलाह देता हूँ। मैं उनसे यह सरल सवाल पूछता हूँ : क्या आप दौलत में विश्वास करते हैं, क्या आपको यह विश्वास है कि प्रचुर दौलत मौजूद है और असीमित कभी असफल नहीं हो सकता? यह सबसे शक्तिशाली है और इसका विरोध करने के लिए कुछ नहीं है। इसलिए, सफलता जीवन का एक सिद्धांत है। मिसाल के तौर पर, सड़क पर या देहात में चले जाएँ। आप जो देखते हैं, वह सब दौलत है, जिसे या तो इंसान ने या फिर ईश्वर ने बनाया है। सभी बनी हुई चीज़ें विचार हैं, जो या तो ईश्वर के मन में आया या इंसान के। इसलिए मैं सुझाव देता हूँ कि दो शब्द, जो सिर्फ़ अमूर्त नहीं हैं, बल्कि ज़बर्दस्त शक्ति वाले शब्द (अभिव्यक्त विचार) हैं, जब वे असीमित की अनंत शक्ति और बुद्धिमत्ता से संबंधित हों। इन दो शब्दों को धीरे-धीरे, शांति से, भावना के साथ और जानते-बूझते हुए दोहराकर - "सफलता, दौलत" - और ऐसा दिन में कई मर्तबा बार-बार करके आप अपने अहं को रास्ते से अलग हटा देते हैं। तब आपके चेतन और अवचेतन मन में कोई विरोध नहीं रह जाता, जब आप सहमत होते हैं कि दौलत और सफलता जैसी चीज़ें होती हैं।

जब आप निश्चित सृजनात्मक शब्दों का इस्तेमाल करते हैं - जो ईश्वर के अमर सत्यों का प्रतिनिधित्व करते हैं - तो आपका मन एकमात्र उपस्थिति, कारण, शक्ति और पदार्थ पर लंगर डाल लेता है और परिणाम मिलते हैं। इन शब्दों का इस्तेमाल नियमित रूप से, सुनियोजित रूप से, बारंबार करें और आप पाएँगे कि आप एक ठोस, वैज्ञानिक मार्ग पर हैं। याद रखें, आपको अपनी परिस्थितियों से नहीं, बल्कि अपने मानसिक नज़रिये से उबरना है। जब आपका मानसिक नज़रिया सही होता है, तो आपकी परिस्थितियाँ, अनुभव और आर्थिक स्थिति अपने आप सही हो जाएँगे।

एक व्यवसायी ने खोजा कि दौलत उसके पास आने के बजाय उससे दूर क्यों जाती है

एक व्यवसायी ने मुझसे शिकायत की कि वह बहुत कड़ी मेहनत करता है और अपने स्टोर में बहुत समय तक रहता है, लेकिन उसे बहुत कम मुनाफ़ा होता है। दूसरी ओर, एक ब्लॉक दूर उसका एक प्रतिस्पर्धी भी ठीक उसी व्यवसाय में है और उसका स्टोर छोटा है, लेकिन इसके बावजूद वह हर सप्ताह उससे तीन गुना ज़्यादा पैसे बैंक में जमा करता है। वह लगातार अपने कम परिणामों की तुलना दूसरे से कर रहा था और ईर्ष्यालु तथा थोड़ा विद्वेषपूर्ण भी बन गया था।

मैंने उसके सामने स्पष्ट किया कि ईर्ष्यालु विचार रखकर वह दरअसल खुद को ग़रीब रख रहा था। यह सबसे बुरे नज़रियों में से एक था, क्योंकि उसकी नकारात्मक सोच और हीनता की भावना सभी तरफ़ से उसके विकास और विस्तार को निश्चित रूप से रोक रही थी। जब तक वह इस मानसिक नज़रिये को क़ायम रखेगा, दौलत उसके पास आने के बजाय उससे दूर जाएगी।

इलाज बहुत सरल था। उसे तो बस इतना करना था कि वह अपने तथाकथित प्रतिद्वंद्वी के लिए अधिक समृद्धि और सफलता की सच्ची कामना करे, जिसकी ज़्यादा सफलता ने उसकी ईर्ष्या को हवा दी थी। वह इस तरह की प्रार्थना करता था : "मैं पहचानता हूँ कि ईश्वर ही मेरी त्वरित और अनंत आपूर्ति है। ईश्वर की दौलत समृद्धि के सैलाब में मेरी ओर प्रवाहित होती है और मुझे हर दिन बेहतर सेवा देने के लिए दैवी निर्देश मिलते हैं। मैं जानता हूँ, यक़ीन करता हूँ और आनंदित होता हूँ कि ईश्वर अगले ब्लॉक वाले व्यवसायी को समृद्ध बना रहा है और मैं उसके लिए जीवन की सभी नियामतों की सच्ची कामना करता हूँ।"

जब दूसरे व्यवसायी के प्रति ईर्ष्या का कोई विचार उसके मन में आता था, तो वह पुष्टि करता था : "ईश्वर आपको समृद्ध कर रहा है।" कुछ समय बाद ईर्ष्यालु विचारों की सारी गति ख़त्म हो गई और वह भी समृद्ध होने लगा - उसके सबसे बड़े सपनों से भी परे। इस आदमी ने पाया कि उसके आर्थिक अभाव और दुखद परिस्थितियों का कारण उसकी मानसिक अवस्था थी। जिनकी समृद्धि और सफलता हमें ईर्ष्या या डाह के लिए उकसा सकती हैं, उन लोगों को दुआ देकर और उनके हर दृष्टि से ज़्यादा समृद्ध व सफल होने की कामना करके हम अपने मन का उपचार करते हैं और ईश्वर की दौलत का द्वार खोलते हैं।

आपके हृदय की समृद्धि से आप प्रेम, प्रकाश, ख़ुशी, सफलता और सबके प्रति सद्भावना का उपहार उड़ेलते हैं। आप पाएँगे कि दूसरों को दुआ देने से आपको भी दुआ मिल जाती है और ईर्ष्या, हीनता तथा ग़रीबी का सारा अहसास दूर हो जाता है।

जीवन में दौलत और पदोन्नति की जादुई कुंजी

कई सालों तक परामर्श देने के अनुभव में मैंने पाया है कि कई लोगों की तरक्की इसलिए नहीं हो पाती है और वे अपने पेशे या व्यवसाय में ज़्यादा पैसे इसलिए नहीं कमा पाते हैं, क्योंकि उनमें उन लोगों की निंदा करने की आदत होती है, जो जीवन की सीढ़ी पर ऊपर पहुँच गए हैं। वे कहते हैं कि उनके संगठन में कई लोग भावहीन, कठोर, निर्मम हैं और कुछ तो "बेईमानी से" पैसे कमाते हैं। उन्हें यह अहसास ही नहीं होता कि उन्हें प्रमोशन और तरक्की से वंचित रखने के लिए इससे विनाशकारी कुछ नहीं हो सकता कि वे उन लोगों की निंदा और भर्त्सना करें, जो सफल हुए और जिन्हें वेतनवृद्धि या तरक्की मिली। दरअसल, मैंने यह भी पाया कि वे दौलत, सम्मान और अमीरी को अपनी अँगुलियों के बीच से फिसल जाने देते थे। वे आध्यात्मिक, मानसिक और आर्थिक दृष्टि से अपनी खुद की प्रगति को बाधित कर रहे थे।

इन सभी प्रकरणों में इलाज उन्हें यह सिखाना था, कि वे अपने आस-पास तथा हर जगह के सभी लोगों के लिए सच्ची कामना करें कि वे असंख्य तरीक़ों से वरदान प्राप्त करें, संपन्न हों। यही नहीं, उन्हें दूसरों की तरक्की तथा भौतिक प्रगति पर खुश भी होना चाहिए। अनिवार्य रूप से परिणाम यह होता है कि वे ईर्ष्या, लोभ और द्वेष के मानसिक अवरोध से मुक्त हो जाते हैं। फिर वे सबके लिए ईश्वर की उदारता के वितरक बन जाते हैं। ऊपर बताए तरीक़े से प्रार्थना करने पर दुखी लोग अपने दैवी केंद्र पर लौट आए। उन्होंने खोजा कि असीम शक्ति उन पर वरदान और कृपा बरसा रही है और उन सभी लोगों पर भी, जिनके लिए उन्होंने प्रार्थना की थी। दूसरों के लिए मंगल कामना करने पर आप खुद के लिए मंगल कामना कर रहे हैं। पुरानी हिंदू कहावत याद रखें, "जो जहाज़ मेरे भाई के लिए आता है, वह मेरे लिए भी आता है।"

याद रखने वाले बिंदु

1. प्रचुरता के नियम के बारे में जागरूक बनने के लिए आपको तो बस प्रकृति की दरियादिली पर नज़र डालनी है। प्रकृति उदार, प्रचुर और दरियादिल है। प्रकृति की प्रचुरता पर मनन करें और आप अधिक प्रचुर जीवन का अनुभव करेंगे।
2. अपने जीवन में अमीरी को आकर्षित करने के लिए बार-बार कहें : "ईश्वर की अमीरी मेरे पास उसी तरह आ रही है, जैसे बारिश आसमान से गिरती है।" इसे अक्सर दोहराएँ और आप अपने अवचेतन मन को अमीरी के विचार से सराबोर करने में सफल होंगे।
3. जिन लोगों के पास अपने जीवन के लक्ष्यों को हासिल करने लायक़ पैसा नहीं होता, उनमें से ज़्यादातर के साथ मुश्किल यह होती है कि उनके पास समर्थन के अदृश्य अतीन्द्रिय साधन नहीं होते। वे यह नहीं देख पाते हैं कि अमरता का ख़ज़ाना उनके भीतर है।
4. एक ब्यूटी पार्लर चलाने वाली ने खोजा कि उसकी असाधारण सफलता की कुंजी उसके ग्राहकों को ज़्यादा और बेहतर सेवा देने की प्रबल इच्छा है। उसने बाहरी तौर पर अपना सर्वश्रेष्ठ किया, लेकिन उसने अंदरूनी तौर पर भी काम किया और अपने भीतर के असीम की ओर मुड़कर शांति, सद्भाव, शक्ति तथा मार्गदर्शन का दावा किया। उसे अहसास हो गया था कि भीतर ही बाहर को शासित करता है। मन का अंदरूनी जगत और बाहर की वस्तुपरक गतिविधि को मिलकर काम करना चाहिए।
5. अभाव नहीं, बल्कि प्रचुरता जीवन का नियम है। आपके विचारों का आपके मन में आकार, रूप और पदार्थ होता है। जब आस्था के साथ उन्हें पोषण दिया जाता है और क़ायम रखा जाता है, तो ये विचार संसार के पर्दे पर आकार और अभिव्यक्ति के रूप में प्रकट होते हैं। समृद्धि, सद्भाव, सुरक्षा और असीम की अमीरी के विचार आपके जीवन में प्रकट होंगे, बशर्ते आप अपने विचारों को बदल लें और बदले हुए विचारों को क़ायम रखें।

6. हर समस्या से बाहर निकलने का एक तरीक़ा है और हर सवाल का एक जवाब है। जो भी आप जीवन में चाहते हैं, आपको अपने मन के अतीन्द्रिय क्षेत्र के भीतर जाना चाहिए और वहाँ दावा करना चाहिए कि आप अब वह हैं जो आप बनने की हसरत रखते हैं, कि अब आपके पास वह सब है, जो आप होने की हसरत करते हैं, और आपका अवचेतन मन उसे उत्पन्न कर देगा, जिसका आप दावा करते हैं और जिसे सच महसूस करते हैं। ईश्वर का साम्राज्य असीम प्रज्ञा और आपके भीतर की असीम शक्ति का साम्राज्य है। असीम की दौलत आपके भीतर है और आपको अपनी विरासत पर दावा करना चाहिए, जो आपको समय की बुनियाद से दी गई थी।
7. बार-बार "दौलत, सफलता, विजय, ख़ुशी" शब्द दोहराने से ये शक्तियाँ और गुण आपके भीतर सक्रिय हो जाएँगे। इससे आपका अवचेतन इन सभी संभावनाओं को आपके भीतर मुक्त कर देगा और आपके जीवन में चमत्कार हो जाएँगे। आपके अवचेतन के तरीक़े अबूझ हैं और आप जो पैसा चाहते हैं, वह कहीं से भी आ सकता है - वसीयत से, लॉटरी के टिकट से या आपके अवचेतन से कोई विचार आ सकता है, जो भारी दौलत दिला सकता है।
8. अपने मन के द्वंद्व को ख़त्म करने के लिए यह न कहें "मैं दौलतमंद हूँ, मैं सफल हूँ, मैं ख़ुश हूँ," आदि। इसके बजाय "दौलत, सफलता, ख़ुशी" शब्दों (अभिव्यक्त विचारों) का इस्तेमाल करें। इन शब्दों के भीतर, जो अभिव्यक्त विचार हैं, उनकी ख़ुद की यांत्रिकी और गणित होता है तथा दोहराने से ये आपके अवचेतन में इन सोई हुई शक्तियों को सक्रिय कर देते हैं और आप इन गुणों व शक्तियों को व्यक्त करने के लिए मजबूर होंगे, क्योंकि आपके अवचेतन का नियम बाध्यकारी है।
9. ईर्ष्या, लोभ और द्वेष आपको ग़रीब बनाते हैं, क्योंकि ये अभाव और सीमा के बहुत नकारात्मक विचार हैं। आप अपनी सृष्टि के एकमात्र चिंतक हैं; इसलिए आप अधिक अभाव, सीमा और दुख को आकर्षित करते हैं। अपने आस-पास के सभी लोगों के प्रति प्रेम, शांति, समृद्धि और सफलता के विचार संप्रेषित

करें। यह जान लें कि आप जो दूसरों के लिए चाहते हैं, वही आप खुद के लिए चाह रहे हैं। प्रेम ही सफलता, दौलत और प्रचुरता के नियम की पूर्णता है। प्रेम सबके प्रति सद्भावना है।

10. पहचानें कि ईश्वर आपकी त्वरित और अंतहीन आपूर्ति है। दावा करें कि ईश्वर की दौलत आपके जीवन में हमेशा के लिए प्रवाहित हो रही है। इसके बाद दौलत समृद्धि के सैलाब में आपकी ओर प्रवाहित होगी।

11. जो लोग सफलता और शोहरत की सीढ़ी पर ऊपर पहुँच गए हैं, ऐसे लोगों की आलोचना, निंदा और ईर्ष्या आपकी भलाई को रोकती है। यह ईश्वर की दौलत के आपके पास आने में बाधा डालती है। जिन लोगों से आप ईर्ष्या करते हैं, उन पर असीम की कृपा और वरदान उड़ेलें। इससे आपके लिए असंख्य वरदानों के द्वार खुल जाएँगे।

14

आपकी अनुभूति आपके पास अनुशासित कल्पना के चमत्कार कैसे लाती है

नीचे कुछ महान चिंतकों द्वारा कल्पना के विषय पर अनुभवबोधक कथन दिए गए हैं :

हम सभी किसी न किसी रूप में कल्पनाशील होते हैं, क्योंकि कल्पनाचित्र इच्छा की संतान हैं।

जॉर्ज ईलियट

कल्पना संसार पर राज करती है।

नेपोलियन

कल्पना के बिना आत्मा वैसी ही है, जैसे दूरबीन के बिना वेधशाला।

एच. डब्ल्यू. बीचर

विचार संदेह दूर करता है; भावना कर्म के लिए राज़ी करती है। यदि कल्पना तथ्य को पंख देती है, तो भावना वह प्रबल, मज़बूत मांसपेशी है, जो उन्हें उड़ाती है और ज़मीन से ऊपर उठाती है। विचार सौंदर्य को देखता है; भावना उसे महसूस करती है।

थियोडोर पार्कर

कल्पनाशीलता, चित्र बनाने की शक्ति, उन सभी में आम है, जिनके पास सपनों की प्रतिभा है।

आई. आर. लॉवेल

> कल्पना हर चीज़ देती है; यह सौंदर्य, न्याय और ख़ुशी निर्मित करती है, जो संसार में सब कुछ हैं।
>
> पास्कल

> कल्पना आत्मा की आँख है।
>
> जूबर्ट

> कवि की आँख, एक अच्छे उन्माद में, आसमान से धरती पर, धरती से आसमान पर देखती है; और जब कल्पना अनजान चीज़ों का आकार लेती है, तो कवि की कलम उन्हें शब्दों में साकार करती है और हवाई शून्य को एक स्थानीय निवास-स्थान व नाम प्रदान करती है।
>
> शेक्सपियर

> कल्पना ज्ञान से अधिक शक्तिशाली है।
>
> ऐल्बर्ट आइंस्टाइन

शब्दकोश कल्पना की परिभाषा इस तरह देता है कि यह उन मानसिक चित्रों या अवधारणांओं को बनाने की क्रिया है, जो वास्तव में इंद्रियों के सामने उपस्थित नहीं हैं। यह मुश्किलों का सामना करने और सुलझाने की आपकी योग्यता है; उपायकुशलता है; कारोबारी समस्याएँ सुलझाने की क्षमता है; एक काम जिसमें कल्पना की आवश्यकता होती है।

कल्पना आपके मन की बुनियादी शक्तियों में से एक है और किसी भी अन्य शक्ति की तरह आप इसका सृजनात्मक या विनाशकारी इस्तेमाल कर सकते हैं। ज़ाहिर है, परिणाम भी आपको ठीक वैसे ही मिलते हैं, जिस तरह आप अपने मानसिक चित्रों का इस्तेमाल करते हैं। इस अध्याय में लेखक अनुशासित, नियंत्रित और दैवी रूप से निर्देशित कल्पना की बात कर रहा है। जब आप अपनी कल्पना शक्ति का इस्तेमाल समझदारी और सामंजस्यपूर्ण तरीक़े से करते हैं, तो आप अपने विचारों, योजनाओं तथा उद्‌देश्यों को प्रक्षेपित कर सकते हैं, उन्हें वस्त्र पहना सकते हैं और संसार के पर्दे पर उन्हें प्रकट कर सकते हैं।

उसने असंभव को संभव कैसे बनाया

कुछ महीने पहले जॉर्जिया की एक महिला से फ़ोन पर मेरी लंबी बातचीत हुई, जिन्हें हम श्रीमती एक्स कहेंगे। उन्होंने कहा कि वे अपना मकान बेचना चाहती थीं। मगर ब्याज दर ज़्यादा थी और उनके घर की क़ीमत भी ज़्यादा थी, इसलिए रियल इस्टेट एजेंट इसे देखने के लिए भी ग्राहकों को नहीं खोज पा रहे थे। उनके पति गुज़र चुके थे और वे अकेली उस मकान में रह रही थीं। साथ ही वे पैसों की कमी और टैक्स चुकाने में अक्षमता के कारण आर्थिक दबाव व तनाव में भी थीं।

मैंने उन्हें यह सरल तकनीक सुझाई : शांत बैठ जाओ, तनावमुक्त रहो, अपने ध्यान को गतिहीन कर लो और अपने मन की आँख एक लाख डॉलर के उस चेक पर केंद्रित कर लो, जो आप मकान के लिए चाहती हैं। अपने हाथों से काल्पनिक चेक को छुएँ, इसकी वास्तविकता महसूस करें, इसके लिए धन्यवाद दें और यह "मानसिक फ़िल्म" दिन में कई बार चार-पाँच मिनट दोहराएँ। धीरे-धीरे आप पाएँगे कि छवि आपके अवचेतन में डूब जाएगी। जब आप मानसिक छवि को अपने अवचेतन तक पहुँचाने में सफल हो जाएँगे, तो यह उसे साकार कर देगा।

कुछ सप्ताह गुज़र गए और मिसेज़ एक्स ने लिखकर बताया कि उन्होंने मकान एक रिसर्च प्रोफ़ेसर को बेच दिया, जो अपने चार बच्चों के साथ न्यू यॉर्क से आया था। उसने देखा कि यह घर उसके लिए आदर्श था। महिला ने कहा कि उसने अपने नाम का एक लाख डॉलर का चेक देखने की कल्पना की। अपनी कल्पना में वह स्थानीय बैंक भी गई, जहाँ उसने इसे जमा कर दिया। यह सब उसकी मानसिक कल्पना में हुआ था। उसने दो सप्ताह तक हर दिन एक-एक घंटे के अंतर से यह चार-पाँच बार किया। इसके बाद उसके मन में घटना को नाटकीकृत करने की कोई इच्छा नहीं रह गई, क्योंकि उस पर शांति और तनावमुक्तता का अहसास हावी हो गया। अब वह सहज बोध से जानती थी कि उसकी प्रार्थना का जवाब मिल गया था। इस प्रोफ़ेसर ने "मालिक द्वारा बिकाऊ" का साइन बोर्ड देखा और जिस मिनट वह दरवाज़े के अंदर आया, उसने कहा, "यही मकान सही है।"

याद रखें कि जब आपकी कल्पना अनुशासित, आत्मीकृत, नियंत्रित और निर्देशित होती है, तो यह मनुष्य का सबसे उन्नत और प्रशंसनीय गुण बन जाती है। जब आप प्रार्थना करें, तो सुखद अंत पर मनन करें, इसमें आनंदित हों। इससे आप सफल प्रार्थना की खुशी का अनुभव करेंगे।

72 साल की एक विधवा ने अपना अकेलापन कैसे दूर किया

श्रीमती एम के साथ बातचीत में उन्होंने मुझे सारे कारण गिनाए कि उनकी शादी क्यों नहीं हो सकती। उन्होंने इस पर ज़रा भी प्रकाश नहीं डाला कि शादी क्यों हो सकती है। श्रीमती एम ने शिकायत की कि हालाँकि उन्होंने सभी न्यू थॉट चर्चों को प्रार्थनाएँ लिखी थीं कि वे उनके हेतु सही पति के लिए प्रार्थना करें, लेकिन तमाम कोशिशों का कोई नतीजा नहीं निकला। उन्होंने कहा कि उनके बच्चे बड़े हो गए थे और उनकी शादी हो गई थी और वे 3,000 मील दूर रह रहे थे। हालाँकि रिटायरमेंट सिटी में कई विधुर पुरूषों से उनकी मुलाक़ात हुई थी, लेकिन किसी ने भी उनके सामने विवाह-प्रस्ताव नहीं रखा था।

मेरे सुझाव पर श्रीमती एम ने एक काल्पनिक दृश्य का अभ्यास किया, जिसमें उन्होंने मुझे अपना विवाह संस्कार कराते देखा। उन्होंने मेरी आवाज़ सुनी, "अब मैं आपको पति-पत्नी घोषित करता हूँ।" इस काल्पनिक नाटक में उन्होंने अपनी अँगुली पर काल्पनिक अँगूठी महसूस की। उन्होंने अपने मन में इस तस्वीर को बार-बार नाटकीकृत किया, जब तक कि उन्हें यह इतना असली महसूस नहीं होने लगा कि जब उन्होंने अपनी आँखें खोलीं, तो उनके मन में यह भावना थी कि वे अपने ख़ुद के घर में नहीं, बल्कि मेरे घर में थीं। हुआ यह था कि उन्होंने पूरे मानसिक चित्र को इतना वास्तविक और स्पष्ट बना दिया था कि उन्होंने इसे अवचेतन रूप से साकार कर दिया। अब मानसिक नाटक को दोहराने की आगे कोई इच्छा ही नहीं बची थी। उन्होंने अनुभूति का एक उच्च अहसास विकसित कर लिया।

कुछ समय बाद अपने बेटे से न्यू यॉर्क सिटी मिलने जाते समय वे ट्रेन में एक अद्भुत रिटायर्ड डॉक्टर से मिलीं। जब वे न्यू यॉर्क में रहीं, तो उस डॉक्टर ने कई बार मिलने का न्योता दिया और कुछ समय बाद विवाह का प्रस्ताव रख दिया, जिसे उन्होंने स्वीकार कर लिया। उन्होंने अंत, पूर्ण चित्र की अनुभूति करके अपनी कल्पना का इस्तेमाल समझदारी से किया था। फिर उनके अवचेतन ने अपने ख़ुद के ढंग से इसे घटित करा दिया था।

"मैं आपको पति-पत्नी घोषित करता हूँ" इन शब्दों को सुनकर और अपनी अँगूठी पर काल्पनिक अँगूठी को महसूस करके उन्होंने अपने अवचेतन को बता दिया था कि वे पहले ही मानसिक रूप से उस आदर्श व्यक्ति से विवाहित थीं, जो हर दृष्टि से उनके सामंजस्य में था।

उसकी अनुभूति ने दस लाख डॉलर का मानसिक समतुल्य कैसे स्थापित किया

मुझे एक महिला के पति से बहुत आश्चर्यजनक फ़ोन कॉल मिला, जिसे हम श्रीमती एच कहेंगे। उसने कहा : “मेरी पत्नी को अभी-अभी विरासत में दस लाख डॉलर मिले हैं। आपने उसे बताया था कि क्या करना है।” ज़ाहिर है, मैंने उसे बधाई दी और उन दोनों को जीवन की नियामतों की शुभकामनाएँ दीं। मुझे याद है कि लॉस एंजेलिस के विलशायर एबेल थिएटर में एक व्याख्यान के बाद एक रविवार को उस महिला से मेरी बातचीत हुई थी। उसमें उसने कहा था कि वह एक ख़ास प्रोजेक्ट के लिए दस लाख डॉलर चाहती थी, जो बहुत सही और सृजनात्मक था। मैंने उसे समझाया कि पहले उसे अपने मन में दस लाख डॉलर का मानसिक समतुल्य स्थापित करना था और वह पूर्ण प्रोजेक्ट में गहन रुचि लेकर, इसकी ओर अपने मन में देखकर तथा इसकी साकार तस्वीर में ख़ुश होकर यह काम कर सकती है... और इस सबके लिए धन्यवाद देकर।

उसने अपने मन में परिणाम का चित्र देखा। उसने इसे बहुत स्पष्ट और वास्तविक बना लिया। हर रात सोने से पहले वह लोरी की तरह बार-बार कहती थी, “दस लाख, दस लाख, दस लाख,” जब तक कि वह सो नहीं जाती थी, यह जानते हुए कि देर-सबेर उसका अवचेतन मन इसे स्वीकार कर लेगा। लगभग एक महीने बाद उसे एक वकील ने बताया कि उसे दस लाख से ज़्यादा डॉलर विरासत में मिले हैं। जैसा उसके पति ने कहा, “यह बहुत अप्रत्याशित था।” श्रीमती एच ने वह किया था, जो शेक्सपियर ने कहा था - “हवा में फैले शून्य को स्थानीय निवास-स्थान और नाम दे दिया।” अपने मन में बार-बार चित्र देखकर वह इसे वास्तविक बनाने में सफल रही और उसके अवचेतन ने इसे ऐसे तरीक़े से साकार कर दिया, जिसके बारे में वह कुछ नहीं जानती थी।

अपने भीतर के अनुभवी निर्माणकर्ता के साथ परिचित कैसे बनें

आपके भीतर एक डिज़ाइनर, एक आर्किटेक्ट, एक बुनकर है। वे आपके मन के चित्र को लेते हैं और इसे जीवन के एक ऐसे साँचे में ढाल लेते हैं, जो आपको शांति, ख़ुशी और विजय प्रदान करता है। सबसे बड़ी और सबसे अमीर चित्रशालाएँ मन की हैं, जो बुद्धिमत्ता, सत्य और सौंदर्य के प्रति समर्पित हैं।

जीवन में अपने लक्ष्य का चित्र देखें; इस लक्ष्य के साथ मानसिक रूप से जिएँ। इस लक्ष्य से अपनी अनुभूतिबोधक कल्पना को मंत्रमुग्ध होने दें। आप

मानसिक चित्र की दिशा में चलेंगे, जो आपके मन को शासित करता है। जीवन के लक्ष्य आकाश की ओस जैसे हैं, जो आपके मन के सूखे इलाकों पर पड़कर आपको तरोताज़ा और उत्साही बनाते हैं। अपनी अनुशासित कल्पना के साथ आप अपने सारे दिखावों, मतभेदों और इंद्रिय प्रमाण के ऊपर उड़ सकते हैं। चीज़ें जैसी होनी चाहिए, आप उनके वैसे होने की कल्पना करते हैं, जब आप सामंजस्य के सिद्धांत का अहसास करते हैं, जो सारी चीज़ों में, उनके ज़रिये और उनके पीछे काम कर रहा है। अपनी इंद्रियों के प्रमाण को अस्वीकार कर दें और अहसास करें कि भीतर ही बाहर को नियंत्रित करता है। आपका मानसिक चित्र पहले भीतर वास्तविक होता है और बाद में यह बाहर आकार लेता है।

उसने अनुभूति से उपजी कल्पना को ईश्वर की कार्यशाला क्यों कहा

हाल में मैंने एक असाधारण युवक के साथ लंच किया, जिसे मैं जे.जे. कहूँगा। वह रेडियो और संचार के क्षेत्र में है। वह *युअर इनफ़िनिट पावर टु बी रिच* पढ़ रहा है और उसने कहा, "मैं इसे याद कर सुना सकता हूँ।" वीकएंड्स पर उसका शगल था कैलींट रेस ट्रैक पर पत्नी को ले जाना। वह ट्रैक पर 10 से 15 डॉलर प्रति सप्ताह हारने का आदी था और उसकी पत्नी ने उससे कहा कि उसे अपने अवचेतन मन का इस्तेमाल करके एक बड़ी धनराशि जीतनी चाहिए, ताकि वे बेवर्ली हिल्स में एक नया घर ख़रीद सकें।

इसके अनुसार, उसने हर रात लगभग 15 मिनट तक अपने मन को स्थिर करना शुरू किया। वह एक शांत, निष्क्रिय तरीक़े से कल्पना करता था कि कैशियर ने उसे 50,000 डॉलर का चेक देकर कहा, "वाह, तुम्हारी तो क़िस्मत चमक गई।" उसने कैशियर की खिड़की पर खड़े होने का चित्र देखा और कैशियर की आवाज़ सुनने की कल्पना की। उसने चेक को देखा, अपने काल्पनिक हाथों से इसे छुआ, आनंदित हुआ और इसके लिए धन्यवाद दिया। अपने स्पष्ट, गहन, नाटकीय और कल्पनाशील चित्र में उसने चेक अपनी पत्नी को दिखाया और कहा, "प्रिये, तुम जो मकान चाहती थीं, वह अब तुम्हारा है।" इस काल्पनिक नाटक में वह उल्लास से बार-बार कहता था, "यह अद्भुत है!"

उसने लगभग एक महीने तक हर रात अपने मन में इस नाटक की रिहर्सल की। उसने कहा कि कई बार यह नाटक इतना असली, स्पष्ट और मूर्त दिखता था कि जब वह अपनी आँखें खोलता था, तो खुद को रेस ट्रैक के बजाय अपने

बेडरूम में पाकर अचरज होता था। यह मानसिक अवस्था इस बात की सूचक है कि वह चित्र को अवचेतन मन तक पहुँचाने में कामयाब हो गया है।

ऊपर बताई तकनीक शुरू करने के बाद पाँचवें सप्ताह में वह कैलींट गया और जैसा उसने कहा, उसे पूरा विश्वास था कि उसे चेक मिल जाएगा, जैसा उसने चित्र में देखा था। उसने इसे व्यक्तिपरक रूप से सच महसूस किया। उसने छह घुड़दौड़ों में थोड़ी बड़ी राशियाँ दाँव पर लगाईं और वह सभी में जीता। जब उसने अपने टिकट कैशियर के सामने पेश किए, तो कैशियर ने उसे 50,000 डॉलर का चेक दिया और उससे वही कहा, जो वह एक महीने से हर रात व्यक्तिपरक रूप से सुन रहा था, "वाह, आप तो ख़ुशक़िस्मत हैं।"

अब वह बेवर्ली हिल्स के एक प्यारे मकान में रहता है, जिसके लिए उसने कैलींट में मिले 50,000 डॉलर का भुगतान किया था। पिछले कुछ सालों में ज़मीन-जायदाद के मूल्य में भारी वृद्धि के कारण यह अब उससे दोगुने मूल्य का हो चुका है। उस दिन के बाद से कई साल हो गए हैं, लेकिन वह और उसकी पत्नी कभी रेस में नहीं गए, क्योंकि वे दोनों ही हर दिन रेडियो और टेलीविज़न के ज़रिये मानव जाति के घाव भरने में बहुत व्यस्त रहते हैं।

सर विन्स्टन चर्चिल ने एक बार कहा था, "यह एक ऐसा युग है, जिसमें मानसिक नज़रिया लोगों की दौलत तय करता है, बजाय इसके कि दौलत मनोदशा तय करे।" प्राचीन हिब्रू लोगों ने कहा था, "कल्पना ईश्वर की कार्यशाला है।" अतीन्द्रिय अनुभूति सृजनात्मक कल्पना की आपकी कुंजी है।

याद रखने वाले बिंदु

1. आपकी अतीन्द्रिय कल्पना में ऐसे मानसिक चित्र या अवधारणाएँ बनाने की क्षमता है, जो वास्तव में शारीरिक इंद्रियों के सामने मौजूद नहीं हैं।
2. कल्पना आपके मन की सबसे प्रधान क्षमताओं में से एक है। जब अनुशासित होती है, तो यह आपको अपने विचारों, सपनों या आकांक्षाओं को वस्त्र पहनाने और उन्हें संसार के पर्दे पर प्रकट करने में सक्षम होती है।
3. इंद्रियों के प्रमाणों से परे आप कल्पना कर सकते हैं कि आपने अपना घर बेच दिया है। मानसिक रूप से बिक्री की वास्तविकता

को महसूस करें, अपने काल्पनिक हाथों में काल्पनिक चेक को देखें, इसे महसूस करें, इसमें आनंदित हों और इस नाटक को बार-बार तब तक दोहराएँ, जब तक कि आपको इसकी व्यक्तिपरक वास्तविकता का अहसास न हो जाए। आप जान जाएँगे कि आप मानसिक तस्वीर को अपने मन में पहुँचाने में कामयाब हो गए हैं, क्योंकि तब शांति और आंतरिक ज्ञान का एक अहसास उत्पन्न हो जाता है, जिसके द्वारा आप जान जाते हैं कि आप जान गए हैं। यह एक अन्तर्ज्ञानी जागरूकता है।

4. एक 72 वर्षीय विधवा ने सही जीवनसाथी को आकर्षित करने की एक सरल तकनीक का इस्तेमाल किया। उसने बस यह कल्पना की कि वह मेरी स्टडी में मेरे सामने थी और अपनी कल्पना में उसने मुझे यह बार-बार कहते सुना, "अब मैं आपको पति-पत्नी घोषित करता हूँ।" उसने अपनी अँगुली पर काल्पनिक अँगूठी महसूस की, जिसका उसके लिए यह मतलब था कि उसका विवाह हो चुका है। पूरी मानसिक फ़िल्म को उसने बार-बार, गहनता से और ख़ुशी से नाटकीकृत किया। इसने उस तक यह संदेश पहुँचाया कि उसकी शादी पहले ही आदर्श पुरुष से हो चुकी है, जो हर तरीक़े से उसके सामंजस्य में था। कुछ सप्ताह बाद वह सचमुच अपने सपनों के पुरुष से मिली, और उनका विवाह हो गया। नियम यह है कि आप जिसकी भी कल्पना करते हैं और सच महसूस करते हैं, वह आपके अवचेतन मन में बस जाता है, जो प्रतिक्रिया करके इसे साकार कर देता है।

5. एक महिला अपने तथा अपने पति के एक अद्भुत प्रोजेक्ट के लिए दस लाख डॉलर चाहती थी। उसे अहसास हुआ कि इसे पाने से पहले उसे मानसिक अतीन्द्रिय स्तर पर इस भावना को स्थापित करना होगा। इसी अनुसार, वह हर रात कल्पना करती थी कि वह पूर्ण प्रोजेक्ट को देख रही थी और इस सबके आश्चर्यों के लिए धन्यवाद दे रही थी। साथ ही, वह मौन से, भावना से और जानते-बूझते हुए हर रात ''दस लाख'' बोलकर ख़ुद को सुलाती थी और यह जानती थी कि उसका अवचेतन मन इस बारे में जागरूक था कि उसे दस लाख डॉलर की

ज़रूरत है। एक महीने बाद उसके पति ने मुझसे कहा : "मेरी पत्नी को अचानक दस लाख डॉलर विरासत में मिल गए।" वह अपने अवचेतन मन में मानसिक या अतीन्द्रिय समतुल्य स्थापित करने में सफल हुई, जब उसने बार-बार "दस लाख" दोहराया और दस लाख डॉलर के पूर्ण प्रोजेक्ट का चित्र देखा। वह जानती थी कि दोहराकर ही विचार को अवचेतन तक पहुँचाया जाता है।

6. जीवन में अपने लक्ष्य का चित्र देखें; मानसिक रूप से इस लक्ष्य के साथ जिएँ और आप उस लक्ष्य की दिशा में जाने लगेंगे, जो आपके मन को शासित करता है।

7. एक युवा रेडियो इंजीनियर अपनी पत्नी के लिए घर ख़रीदना चाहता था, लेकिन उसके पास पैसे नहीं थे। उसका शगल रेसिंग शीट का अध्ययन करना और सप्ताह में 10-15 डॉलर के दाँव लगाना था, लेकिन उसे हर बार घाटा होता था। उसने *युअर इनफ़िनिट पॉवर टु बी रिच* पढ़ी, जो मेरी लोकप्रिय पुस्तक है। फिर वह समझदारी से, सृजनात्मक तरीक़े से और विवेकपूर्ण तरीक़े से अपनी कल्पना का इस्तेमाल करने लगा। उसने कल्पना की कि वह कैलींट रेस ट्रैक पर कैशियर की खिड़की पर खड़े होकर 50,000 डॉलर का चेक ले रहा है और उसे कैशियर के पिंजरे का ठोसपन महसूस हुआ। अपने स्पष्ट काल्पनिक दृश्य में कैशियर ने उससे कहा, "वाह, आप तो खुशक़िस्मत हैं।" लगभग एक महीने में वह अपने अवचेतन मन में यह विचार-बीज बोने में सफल हुआ और बाद में रेस ट्रैक जाने पर उसने सचमुच 50,000 डॉलर जीत लिए।

15

अपने मन की रहस्यमय अतीन्द्रिय शक्तियों को कैसे जानें

आपके पास एक चेतन और एक अवचेतन मन है। ये दोनों ही आपके मन के दो पहलुओं या कार्यों का प्रतिनिधित्व करते हैं। कई बार उनका ज़िक्र वस्तुपरक और व्यक्तिपरक मन के रूप में भी किया जाता है। चेतन मन से आप तर्क करते हैं, विश्लेषण करते हैं और संसार के साथ अपने संपर्क को शासित करने के लिए अपनी पाँच इंद्रियों का इस्तेमाल करते हैं। आपका चेतन मन विवेचनात्मक और निगमनात्मक दोनों तरीक़ों से तर्क करता है। आपका अवचेतन मन स्मृति, भावनाओं और अन्तर्ज्ञान का स्थान है। यह अतीन्द्रिय-दर्शन, अतीन्द्रिय-श्रवण, दूर-नियंत्रण और टेलीपेथी का स्थान है।

आपके अवचेतन में आप असीम प्रज्ञा, असीम बुद्धि और असीम की सारी दौलतों को दोहन के लिए आपका इंतज़ार करते पाएँगे। निष्क्रिय, अतीन्द्रिय अवस्था में कोई अच्छा अन्तर्ज्ञानी आपके विचारों को पढ़ सकता है, यहाँ तक कि सबसे छोटे विवरणों को भी; वह आपकी जेब में बंद लिफ़ाफ़े के भीतर के पत्र को भी पढ़ सकता है, जिसे आपने अब तक खुद नहीं पढ़ा है। कई लोगों ने अपने अवचेतन की अतीन्द्रिय-दर्शन शक्तियाँ इस हद तक विकसित कर ली हैं कि उनमें दूर होने वाली घटनाओं को देखने की योग्यता है, और वह भी उनकी पाँच इंद्रियों से परे।

आपके अवचेतन का ज़िक्र कई बार आत्मा के रूप में किया जाता है। याद रखने वाली बहुत महत्त्वपूर्ण बात यह है कि आपका अवचेतन मन सतत सुझाव का अनुगामी है। मिसाल के तौर पर, यदि आपको सम्मोहन की अवस्था में रख

दिया जाए, तो आपका अवचेतन मन बिना झिझके सामने वाले के हर सुझाव को स्वीकार कर लेगा, चाहे वह आपके चेतन मन को कितना ही बेहूदा या अतार्किक दिखता हो।

विभिन्न अनुभव आपके अवचेतन के बारे में क्या प्रकट करते हैं

मिसाल के तौर पर, लेखक संसार के विभिन्न हिस्सों में कई सम्मोहक अनुभवों का साक्षी रहा है। एक में, उसने एक व्यक्ति को तंद्रा में पहुँचते देखा है, जब मनोवैज्ञानिक ने उसे बताया कि वह एक कुत्ता है। उस आदमी ने इस सुझाव को स्वीकार कर लिया और अपनी सर्वश्रेष्ठ योग्यता से कुत्ते की भूमिका निभाई, प्लेट से दूध चाटा, भौंका आदि। दूसरे प्रयोगों में जब उस आदमी को बताया गया कि वह राष्ट्रपति रूज़वेल्ट है, और अगर उसे पूर्व राष्ट्रपति की आवाज़, मुद्राएँ और हाव-भाव याद हों, तो वह श्री रूज़वेल्ट की बोलने की शैली दोहरा देगा।

याद रखें, आपका अवचेतन सुझाव की शक्ति का सहज अनुगामी होता है और इस पर काम करता है, चाहे सुझाव सच्चा हो या झूठा। जब आपका चेतन मन शिथिल और निष्क्रिय अवस्था में होता है, तो आपका अवचेतन इसे दी गई अवधारणा पर आधारित तार्किक निष्कर्ष प्रकट कर देता है। आपका अवचेतन आपके चेतन मन की तरह तर्क नहीं करता है, बल्कि दिए गए विचार को स्वीकार कर लेता है; और निगमन द्वारा काम करके यह दिए गए सुझाव की प्रकृति के अनुरूप प्रतिक्रिया करता है। इसकी कार्यविधि को समझना पूरी तरह अनिवार्य है, वरना आप सभी तरह के धोखेबाज़ नीम-हक़ीमों से धोखा खा सकते हैं और मूर्ख बन सकते हैं। आपको इस सारे धोखे को सहज बोध से अनुभूत कर लेना चाहिए।

उसे बताया गया कि उस पर भूत सवार था

कुछ साल पहले लंदन में मैंने देखा कि एक डॉक्टर ने पैट नामक धर्मशास्त्र विद्यार्थी को सम्मोहित किया। उसने पैट को सुझाव दिया कि उस पर भूत सवार है। तुरंत विद्यार्थी पीला पड़ गया, दहशत में काँपने लगा और चीख़ने-चिल्लाने लगा। वह ऐंठन की अवस्था में जाने ही वाला था, तभी डॉक्टर ने तुरंत सुझाव को हटा दिया और उसे बताया कि अब वह स्वतंत्र, शांत तथा पूरी तरह अच्छा है। जब वह जागा, तो उसे हुई घटना की कोई याद नहीं थी और वह पूरी तरह आरामदेह था।

यह समझना आसान है कि क्या हुआ था। सबसे पहले तो ज़ाहिर है, भूत या भूत लगने की स्थिति जैसी कोई चीज़ नहीं थी, लेकिन पैट भूतों में विश्वास करता था, इसलिए उसने उसे देखा, जिसके भूत होने पर वह विश्वास करता था - आधा इंसान और आधा जानवर, जिसके खुर फटे हुए थे, बकरी के सींग थे और आग वाली पूँछ थी, जो डंक मारती थी। ये रूप व्यक्तिपरक मतिभ्रम थे, जो भूतों के वर्णनों पर आधारित थे, जो पैट के दिमाग़ में बचपन में भरे गए थे। असली भूत हमें तब सताते हैं, जब हम अपनी अनुभूतिजन्य शक्तियों को खो देते हैं, जैसे डर, अज्ञान, अंधविश्वास, नफ़रत, ईर्ष्या, ग्लानि आदि हैं।

पैट ने स्वर्ग का वर्णन किस तरह किया

पैट को एक बार फिर सम्मोहित किया गया और उसे बताया गया कि वह स्वर्ग में है। उससे कहा गया कि वह बताए कि उसे क्या दिख रहा है। तुरंत उसका चेहरा बदल गया। वह शांत, खुश और लगभग आल्हादित था। उसने हमें बताया कि वहाँ पर सुंदर देवदूत हैं। उसने एक भव्य सोने का सिंहासन देखा और उस पर कोई बैठा था, जो महान संत जैसा दिख रहा था। वह ईसा मसीह जैसा दिख रहा था और उसके हाथ में बाइबल थी। पैट ने मधुर संगीत भी सुना, जिसका वर्णन उसने एक दिव्य गायक-मंडली के रूप में किया।

इस विषय पर जिसे भी जानकारी है, उसके सामने यह स्पष्ट है कि चूँकि अवचेतन मन सुझाव द्वारा नियंत्रित होता है, इसलिए पैट ने जो स्वर्ग देखा, वह उसके बचपन के विश्वासों और धार्मिक मान्यताओं पर आधारित था। उसे यक़ीन था कि स्वर्ग वह जगह है, जहाँ आप मरने के बाद जाते हैं। डॉक्टर के सुझाव ने उसके अवचेतन मन के विश्वासों को सक्रिय कर दिया। हालाँकि उसे दिया गया सुझाव झूठा था, लेकिन उसने उसका नाटकीयकरण उसमें कर दिया, जो एक तार्किक निष्कर्ष लग रहा था।

इसे स्पष्टता से याद रखें : जो सुझाव पैट को तंद्रा की अवस्था में दिए गए थे, चाहे वे सच्चे हों या झूठे, केवल निगमनात्मक तर्क द्वारा ही मान्य किए गए और उसके अवचेतन ने उन्हें अद्‌भुत कुशाग्र बुद्धि तथा विलक्षणता से नाटकीकृत कर दिया।

मेडिकल विद्यार्थियों पर प्रयोग, जिनमें से कई पानी पीकर नशे में धुत हो गए

इसी डॉक्टर ने एक और रोचक प्रयोग किया। उसने दो मेडिकल विद्यार्थियों को सम्मोहित किया। एक को उन्होंने साबुन की कतरनें दीं और उसे बताया कि यह केला था। उन्होंने कहा कि उसे इसमें आनंददायक स्वाद आएगा, वह इसे पचा लेगा और बाद में अच्छा महसूस करेगा। उस विद्यार्थी ने साबुन की कतरनें खा लीं और उसे पेट में कोई तकलीफ़ नहीं हुई। एक और सम्मोहित विद्यार्थी से उन्होंने कहा कि उसे बहुत तेज़ बुखार है, उसकी धड़कन तेज़ चल रही है और उसे बहुत पसीना आ रहा था। ये सभी लक्षण तुरंत प्रकट हो गए।

मैरी को तंद्रा की अवस्था में पानी का गिलास दिया गया और उसे बताया गया कि यह आइरिश व्हिस्की है। उसे बहुत नशा हो गया, वह अनाप-शनाप बकने लगी और लड़खड़ाने लगी। फिर डॉक्टर ने उसे एक चम्मच पानी देकर कहा कि यह जर्मनी की एक ख़ास दवा है, जो तुरंत उसे होश में ले आएगी और मानसिक शांति बहाल कर देगी। उसके सुझाव ने मैरी के लिए आदर्श उपचार का काम किया। जब वह जागी, तो पूरी तरह सामान्य और शांत थी।

यह सुझाव को मानने की अवचेतन की आदत और इसकी रचनात्मक शक्ति को प्रदर्शित करता है।

स्वयं को दी गई भावना आपको सम्मोहित होने से रोक सकती है

आपको किसी दूसरे द्वारा सम्मोहित नहीं किया जा सकता, बशर्ते आप अपने अवचेतन तक यह विचार पहुँचा दें कि कोई भी आपकी सहमति के बिना आपको सम्मोहित नहीं कर सकता। सम्मोहन आम तौर पर सम्मोहनकर्ता के सुझाव द्वारा प्रेरित होता है। आपको सम्मोहित करने की उसकी असफलता आपके अवचेतन को दिए आपके सुझाव के कारण है कि वह ऐसा नहीं कर सकता। आपका स्व-विचार उसके सुझाव से ज़्यादा शक्तिशाली होता है; इसीलिए वह असफल होता है। यह सब आपके अवचेतन के काम के तरीक़े के कारण होता है; ज़्यादा प्रबल सुझाव हमेशा जीतता है।

सम्मोहक के असफल होने का कारण

कुछ साल पहले मैंने न्यू यॉर्क शहर में एक उत्कृष्ट वकील-मनोवैज्ञानिक के घर पर सम्मोहन के प्रयोगों में भाग लिया। उसने एक छोटी लड़की को सम्मोहित किया

और उसे बार-बार सुझाव दिया कि वह अपने कपड़े उतार दे। यह प्रयोग लगभग 12 स्त्री-पुरुषों के सामने किया गया था। उसने किसी भी तरह का सहयोग करने से इंकार कर दिया और बहुत विचलित तथा अशांत दिखने लगी। मनोवैज्ञानिक उसके हठी प्रतिरोध से चकरा गया, क्योंकि उसने डींगें हाँकी थीं कि वह सम्मोहित अवस्था में उससे जो भी करने को कहेगा, वह करेगी। उसे निष्क्रिय आज्ञापालन की उम्मीद थी, जो उसे इसलिए नहीं मिली, क्योंकि वह उस विपरीत-सुझाव की सूक्ष्म भूमिका के बारे में अनजान था, जो उस लड़की ने खुद को दिया था। उसने अपनी अनुभूति क़ायम रखी।

आपका अवचेतन हमेशा दो विपरीत विचारों या सुझावों में से ज़्यादा प्रबल को स्वीकार करता है। सम्मोहित नींद के प्रयोग से पहले इस लड़की का स्व-विचार यह था : "मैं अपने नैतिक या धार्मिक नियमों के विपरीत कुछ नहीं करूँगी। मेरा अवचेतन इसे स्वीकार करता है।"

यह बताता है कि सुझाव वह नियंत्रणकारी शक्ति है, जो आपके अवचेतन को नियंत्रित करती है। आपका अवचेतन आपके चेतन मन के अलावा दूसरों के चेतन मन के सुझावों का भी सहज अनुगामी होता है। जाग्रत अवस्था में आप हमेशा दूसरों के सुझावों को अस्वीकार कर सकते हैं और उन चीज़ों के बारे में सोच सकते हैं, जो सच्ची, प्रिय और अच्छी हों।

वह एक तथाकथित बुरी आत्मा से कैसे मुक्त हुई

ऊपर दिए उदाहरण से आप देख सकते हैं कि आपका अवचेतन मन कैसे काम करता है। पिछले साल, जब मैं सैन फ्रांसिस्को में व्याख्यान दे रहा था, तो एक महिला होटल में मुझसे मिलने आई। उसने शिकायत की कि एक बुरी आत्मा उसे लगातार परेशान कर रही थी। वह उसे गालियाँ, शाप, अपशब्द बोले जा रही थी, उसे यौन नैतिकता का उल्लंघन करने का आदेश दे रही थी और रात को उसे खरोंच भी रही थी। हाल ही में वह बुरी आत्मा उसे समुद्र में कूदकर आत्महत्या करने को भी कह रही थी।

वह शांतिदायक दवाएँ ले रही थी और उसने मनोविश्लेषकों से परामर्श भी लिया था, लेकिन किसी चीज़ से फ़ायदा नहीं हो रहा था। यह महिला बुरी तरह घबराई हुई थी। उसने मुझे बताया कि कई बार, दिन और रात में, यह तथाकथित आत्मा उससे कहती रहती थी : "सेकोनाल दवाई की ज़्यादा मात्रा खा लो। आगे बढ़ो। आगे बढ़ो, खुद की जान ले लो।"

उसकी आंतरिक खलबली का कारण

यह महिला बाइबल की शाब्दिक व्याख्या में विश्वास करती थी, इसलिए वह बुरी आत्माओं के उसकी आत्मा पर हावी होने की बात पर यक़ीन करती थी। वह यह नहीं समझ पाई कि बाइबल में जिन शैतानों का ज़िक्र किया गया है, वे सिर्फ़ नफ़रत, द्वेष, ग्लानि, आत्म-निंदा, क्रोध और शत्रुता के व्यक्ति-रूप हैं, साथ ही दूसरे विनाशकारी भावों के, जो मन में विराजमान विनाशकारी, नकारात्मक विचारों द्वारा उत्पन्न होते हैं।

वह कुछ महीनों से स्वचालित लेखन का अभ्यास कर रही थी। इसका मतलब है कि वह अपने हाथ में एक पेंसिल थाम लेती थी और यक़ीन करती थी कि कोई अदृश्य आत्मा उसके हाथ का मार्गदर्शन करेगी। सुझाव के नियम के अनुसार उसके अवचेतन मन ने उसके दिए सुझाव को स्वीकार कर लिया। धीरे-धीरे इसने उसके हाथ की मांसपेशियों तथा नसों का नियंत्रण थाम लिया और उसकी पेंसिल को चलाने लगा। उसका चेतन मन निष्क्रिय और शांत था। और जैसा उसने बताया, उसे पता नहीं था कि वह क्या लिख रही थी। उसे यह डर भी था कि उसके ज़रिये बुरी शक्तियाँ भी लिख सकती हैं।

यही नहीं, वह ग्लानि महसूस करती थी और अपने पति के प्रति गहरा द्वेष अनुभव करती थी, क्योंकि वह नपुंसक था और सेक्स की दृष्टि से पूरी तरह खोखला था। उसने ईश्वर, बाइबल और खुद को गाली देते हुए जो आवाज़ें सुनीं, वे उसी ज़हरीले आहार की गूँज थीं, जो वह अपने अवचेतन मन को खिला रही थी।

वह स्व-विचार की शक्ति को नहीं जानती थी

उसे जिस बुरी आत्मा के बोलने का विश्वास था, वह दरअसल डर का उसका ख़ुद का सुझाव था। इस महिला ने अपने स्वचालित लेखन का संबंध आत्माओं के विचार से जोड़ लिया। उसे यह मालूम नहीं था कि यह दरअसल उसका अवचेतन मन था, जो उसे उत्पन्न कर रहा था, जिसकी छाप उसने इस पर छोड़ी थी। उसका अवचेतन डर, अपराधबोध (क्योंकि वह अपने पति से नफ़रत करती थी) और इस यक़ीन से संचालित था कि उसके गहरे द्वेष और शत्रुता की वजह से उसे सज़ा मिलेगी। ये आवाज़ें किसी दूसरे व्यक्तित्व जैसी दिखती थीं, जबकि दरअसल वे उसके ही अवचेतन की नकारात्मक सामग्री का नाटकीयकरण थीं। वास्तव में, वह ख़ुद से बातें कर रही थी।

उसने कैसे अपना उपचार किया और मानसिक शांति का अनुभव किया

सच कहूँ, तो मैं सोचता हूँ कि मैंने उसे जो समझाया, उसी से 90 फ़ीसदी उपचार हो गया। मैंने उसे समझाया कि नकारात्मक और विनाशकारी आवाज़ों व भावनाओं का किसी ऐसे मन में रहना बिलकुल असंभव था, जो अपने भीतर ईश्वर की उपस्थिति के प्रति समर्पित और पवित्र हो। उसे तो बस इतना करना है कि अपने मन को ईश्वर के सत्यों से भर ले। नतीजा यह होगा कि उसके मन से ईश्वर या सत्य के विपरीत हर चीज़ अपने आप बाहर निकल जाएगी।

मेरे सुझाव पर उसने सुबह, दोपहर और शाम को 91वें स्त्रोत के महान उपचारक और रक्षात्मक शब्दों को ज़ोर-ज़ोर से दोहराना शुरू किया। वह जानती थी कि जब वह इन सत्यों को कहेगी, तो वे उसके अवचेतन से सारे नकारात्मक साँचे नकार देंगे, मिटा देंगे और साफ़ कर देंगे, जो उसके ज़्यादा गहरे मन में वास करते हैं। उसने 91वें स्त्रोत को अपने जीवन का अभिन्न अंग बना लिया और जब भी उसके अधिक गहरे स्वरूप से कोई नकारात्मक विचार या आवाज़ उसके पास आती थी, तो वह तुरंत कह देती थी : "ईश्वर मुझसे प्रेम करता है और मेरी हिफ़ाज़त करता है।"

लगभग दस दिन बाद इन विनाशकारी आवाज़ों ने अपनी गति खो दी और उसने खुद को शांति में पाया। आप 91वें स्त्रोत के अद्भुत आध्यात्मिक रत्न दोहराकर अपने मन को भर सकते हैं :

जो सर्वोच्च शक्ति के गोपनीय स्थान में वास करता है, वह सर्वशक्तिमान की छाया में रहेगा।

मैं ईश्वर के बारे में कहूँगा, वह मेरा आश्रय और मेरा दुर्ग है : मेरा ईश्वर; उसमें मैं विश्वास करता हूँ।

निश्चित रूप से वह तुम्हें शिकारी के जाल से मुक्त करेगा और बहुत भद्दी महामारी से भी।

वह तुम्हें अपने पंखों से ढँक लेगा और उसके पंखों तले तुम विश्वास करोगे : उसका सत्य तुम्हारी ढाल और कवच होगा।

तुम रात को दहशत से नहीं डरोगे; न ही उस तीर से जो दिन में उड़ता है;

न ही उस महामारी से जो अँधेरे में चलती है; न ही उस विनाश से जो दोपहर में आता है।

एक हज़ार तुम्हारे इस तरफ़ गिरेंगे और दस हज़ार तुम्हारी दाईं तरफ़ गिरेंगे; लेकिन यह तुम्हारे निकट नहीं आ पाएगा।

सिर्फ़ तुम्हारी आँखों से तुम दुष्टों का परिणाम देखोगे।

क्योंकि तुमने ईश्वर को अपना आश्रय बनाया है, जो मेरा आश्रय है, सबसे ऊँचा है;

तुम्हारे पास कोई बुराई नहीं आएगी; न ही कोई प्लेग तुम्हारी चौखट के क़रीब आएगा।

क्योंकि वह अपने देवदूतों को तुम्हारी देखभाल का ज़िम्मा सौंप देगा, सभी तरीक़ों से तुम्हें सुरक्षित रखने का।

वे तुम्हें अपने हाथों में उठाएँगे, ताकि कहीं तुम्हारा पैर किसी पत्थर से न टकरा जाए।

तुम शेर और साँप पर पैर रखोगे : युवा शेर और ड्रैगन को अपने क़दमों तले कुचलोगे।

क्योंकि उसने अपना प्रेम तुम पर छिड़का है, इसलिए मैं उसे मुक्त करूँगा : मैं उसे ऊँचाई पर रखूँगा, क्योंकि वह मेरा नाम जानता है।

वह मेरा आह्वान करेगा और मैं उसका जवाब दूँगा : मैं मुश्किल में उसके साथ रहूँगा; मैं उसे मुक्त करूँगा और उसका सम्मान करूँगा।

लंबे जीवन से मैं उसे संतुष्ट करूँगा और उसे अपना मोक्ष दिखाऊँगा।

यह निश्चित रूप से आपकी अतीन्द्रिय अनुभूति के अहसास को बढ़ा देगा।

उसे कैसे पता चला कि उइजा बोर्ड कौन चला रहा था

मेरी सेक्रेटरी मिसेज़ राइट दो असाधारण प्रतिभाशाली युवकों की माँ हैं। उन्होंने मुझे अभी-अभी बताया कि कुछ साल पहले जब वे किशोरी थीं, तो उनकी दादी और उन्होंने उइजा बोर्ड (एक ऐसा बोर्ड जिसमें एक पॉइंटर हिलकर तंद्रा में पूछे

गए प्रश्न का जवाब देता है) चलाने में कई सुखद घंटे बिताए तथा कुछ अदृश्य शक्तियों से अद्‌भुत संदेश हासिल किए। उइजा बोर्ड स्पष्ट रूप से किसी अदृश्य शक्ति द्वारा नियंत्रित किया जाता था और पॉइंटर पूछे गए सभी सवालों के जवाब बताता था।

मिसेज़ राइट को उस वक़्त यह नहीं मालूम था कि चेतन और अवचेतन मन कैसे काम करता है। वे इस बात पर विश्वास नहीं करती थीं कि कोई पारलौकिक शक्तियाँ या भूत-प्रेत उइजा बोर्ड को चला रहे थे। उस वक़्त उनके लिए "आत्मिकता" और "आत्मिक संसार" शब्दावलियाँ मायने नहीं रखती थीं।

एक दिन उन्होंने उइजा बोर्ड से पूछा, "मेरे सवालों के जवाब कौन दे रहा है और लिख रहा है?" उइजा ने बताया, "लुइज़ बैरोज़।" लुइज़ उनका बीच का नाम है और बैरोज़ स्टैन राइट से हुई उनकी शादी से पहले का उपनाम था। यह प्रयोग स्पष्टता से दर्शाता है कि जिस वक़्त मिसेज़ राइट उइजा बोर्ड को चलाती थीं, तब वे आत्मिक संसार के बारे में कुछ नहीं जानती थीं; इसलिए उनके अवचेतन मन ने यह नहीं माना कि यह कोई भूत बोल रहा है। अगर उन्हें यक़ीन होता कि कोई मृत रिश्तेदार प्रतिक्रिया कर रहा है, तो स्वाभाविक रूप से सुझाव के नियम के अनुसार, उनके अवचेतन मन ने मृत रिश्तेदार की भूमिका निभाई होती।

उनकी दादी इस परिकल्पना को स्वीकार नहीं करती थीं कि अदृश्य शक्तियाँ उइजा बोर्ड को चलाती थीं और जीवन के अगले आयाम से जवाब भेजती थीं। वे उइजा बोर्ड से पूछती थीं : क्या यह मेरा ख़ुद का मन जवाब दे रहा है?" जवाब आता था, "सिर्फ़ आप।" अगर उन्होंने यह विचार माना होता कि कोई मृत व्यक्ति या भूत यह काम कर रहा है, तो उनके अवचेतन ने उस भूमिका को अपना लिया होता और उसके अनुरूप जवाब देता।

दरअसल यह अवचेतन मन था, जो उइजा बोर्ड को चला रहा था और ये लोग बस ख़ुद से बातें कर रहे थे। मितव्ययिता के नियम या तार्किक निरूपण में मान्यताओं के सीधे स्पष्टीकरण पर पहुँचना बाक़ी सभी मानदंडों से पहले आनी चाहिए। प्रमाण का बोझ वहाँ लादा जाता है, जहाँ इसे होना चाहिए; प्रमाण वे लोग दें, जो संसार के लिए अदृश्य शक्तियों का दावा करते हैं।

एक वेश्या देवी की तरह बोलती थी

नीचे दी गई प्रस्तुति का सार हैरी गेज़ की बुकलेट *माई पर्सनल रिकलेक्शन्स ऑफ़ टॉमस ट्रोवर्ड* के पृष्ठ 10 और 11 से लिया गया है। प्रकाशन की अनुमति उनकी

पत्नी डॉ. ओलिव गेज़ ने प्रदान की है।

स्वर्गीय डॉ. हैरी गेज़ विश्व प्रसिद्ध वक्ता, लेखक और स्वर्गीय जज टॉमस ट्रोवर्ड के क़रीबी मित्र थे, जिन्होंने *एडिनबर्ग लेक्चर्स* और मानसिक व आध्यात्मिक नियमों पर कई अन्य पुस्तकें लिखी हैं। उन्होंने एक रोचक प्रयोग के बारे में बताया, जिसे उन्होंने, लंदन के डॉ. कॉर्नवाल राउंड और जज टॉमस ट्रोवर्ड ने किया था। ट्रोवर्ड डॉ. राउंड को अवचेतन मन संबंधी प्रयोग करते देखना चाहते थे। डॉ. राउंड लंदन के उत्कृष्ट चिकित्सक और सर्जन थे तथा सम्मोहन के साथ उन्होंने व्यापक प्रयोग किए थे।

डॉ. गेज़ के आग्रह पर जज ट्रोवर्ड ने साइको-थेराप्यूटिक सोसायटी में हिस्सा लिया। डॉ. राउंड ने एक पेशेवर वेश्या को बुलाया, जिसे उन्होंने बहुत अच्छी फ़ीस दी, जो उसके सामान्य पारिश्रमिक से बहुत ज़्यादा थी। डॉ. गेज़ ने कहा कि उसे आश्वस्त कर दिया गया था कि उसे किसी तरह का नुक़सान नहीं पहुँचाया जाएगा और वह सम्मोहन के सत्र के बाद तरोताज़ा तथा प्रेरित महसूस करेगी।

उसे सम्मोहित करने के बाद डॉ. राउंड ने उसके अवचेतन मन के सामने कई बार दोहराया, "तुम सूर्य देव के मंदिर की मुख्य पुजारिन हो। तुम्हारे पास यहाँ मौजूद लोगों के लिए संदेश है। तुम हमसे स्पष्टता से और बेहतरीन ढंग से बोलोगी। तुम महान सत्य जानती हो। तुम हमें उनके बारे में बताओगी। तुम्हारे पास समझदार और योग्य सहयोगी हैं तथा तुम उनकी बुद्धिमत्ता के प्रति खुली हो। तुम धाराप्रवाह और योग्य हो। याद रखो, तुम एक बुद्धिमान पुजारिन हो और तुम हमें सिखा सकती हो।"

इसी तरह के शब्दों के दोहराव के बाद उस युवती के नियमित, व्यक्तिगत लक्षण ग़ायब होने लगे और एक नया तथा अधिक आकर्षक व्यक्तित्व नज़र आने लगा। आख़िरकार, उसने खुद को गर्व से, यहाँ तक कि शाही अंदाज़ में, ऊपर उठाया, देवी की भावभंगिमा में आई और एक व्याख्यान देने लगी, जिसमें उसने जीवन, दर्शन और अमरता के बारे में ज्ञानपूर्ण तथा वाकपटु बातें कहीं।

टॉमस ट्रोवर्ड सहित सभी लोग बहुत प्रभावित थे, जिनमें से कुछ ने सम्मोहन का परीक्षण चिकित्सकीय उपयोग और कई बार छुटपुट ऑपरेशन में एनेस्थीज़िया के लिए किया था। जज ट्रोवर्ड ने कहा, "यह निश्चित रूप से साबित करता है कि एक व्यक्तिपरक मन है, जो इसे दिए गए स्पष्ट सुझाव को स्वीकार करके उस पर अमल कर सकता है, जब सम्मोहन चेतन मन को प्रसुप्तावस्था में पहुँचा देता है। लेकिन, ज़ाहिर है, विचार ही असली शक्ति है।" इस जवाब ने अतीन्द्रिय

अनुभूति को और ऊपर उठा दिया।

रोचक बात यह थी कि इस घटना के स्त्रोत के बारे में लोगों के भिन्न-भिन्न दृष्टिकोण थे। एक आदमी को पक्का लग रहा था कि व्याख्यान की सामग्री तथा महिला का बदला हुआ शारीरिक हुलिया महान प्रज्ञा की अशरीर आत्मा के रूप में नियंत्रण द्वारा प्रदत्त किया गया था। बहरहाल, एकराय, जिसमें जज ट्रोवर्ड, डॉ. हैरी गेज़ और डॉ. राउंड शामिल थे, यह थी कि इसने व्यक्तिपरक मन की सामान्य शक्तियों को बताया था और जो विचार बताए गए थे, वे या तो वहाँ उपस्थित लोगों के मन में मौजूद विचारों का मिश्रण थे या फिर शाश्वत व्यक्तिपरक मन के ख़ज़ाने या भंडार से प्राप्त विचार थे।

मैं स्वर्गीय डॉ. हैरी गेज़ द्वारा बताए एक और प्रयोग की लिखित रिपोर्ट से ली गई जानकारी का इस्तेमाल कर रहा हूँ और मैं इसे इस तरह से देखता हूँ कि जब वह वेश्या तंद्रा की अवस्था में थी, तो उसने डॉ. राउंड के सुझाव पर प्रतिक्रिया की। उसके अवचेतन ने अतीन्द्रिय अनुभूति के ज़रिये वहाँ उपस्थित लोगों के मन की सामग्री का दोहन किया, जो वेदांत दर्शन तथा पूर्वी, बौद्ध व हिंदू धर्मों से बहुत परिचित थे।

फिर उसके अवचेतन ने आश्चर्यजनक दूरदर्शिता और मानसिक कुशाग्रता के साथ सभी उपस्थिति लोगों के अवचेतन में निहित विभिन्न सामग्रियों को मिला दिया और उन्हें तार्किक क्रम में पेश कर दिया, जिससे डॉ. राउंड द्वारा दिए गए सुझावों की प्रकृति के अनुरूप परिणाम मिला।

आपको अक्सर अपने-आप से अतीन्द्रिय संदेश मिलता है

न्यू यॉर्क सिटी में मेरा एक पुराना मित्र है, जिसने बहुत से लोगों के साथ प्रयोग किए, जो स्वयं को अन्तर्ज्ञानी मानते थे और जो दावा करते थे कि वे अगले आयाम में पहुँच गए रिश्तेदारों से संपर्क कर सकते हैं। इन प्रयोगों के दौरान वह अपना खुद का नाम देता था और संप्रेषण की इच्छा जताता था। तथाकथित अन्तर्ज्ञानी यह मान लेता था कि उनका कोई भाई या पिता अगले आयाम में पहुँच गया था और उन्हें हमेशा काल्पनिक मृत भाई और कई बार तो उनके पिता के भी राहत भरे व प्रेमपूर्ण संदेश मिलते थे।

दूसरे शब्दों में, उन्हें खुद से एक बहुत मर्मस्पर्शी संप्रेषण मिलता था। कारण यह था कि इस लोक और उस लोक के बीच मध्यस्थ का काम करने वाले लोग इस मान्यता पर काम करते थे कि उनका खुद का नाम किसी मृत रिश्तेदार का

है। उनका कोई भाई या पिता मृत नहीं था, यह तथ्य उन्हें पहले से भी ज़्यादा विश्वास दिला देता था कि यह मध्यस्थ का अवचेतन है, जो खुद अपने सुझावों पर प्रतिक्रिया कर रहा है। वह मध्यस्थ एक तंद्रा जैसी अवस्था में चला गया था और उसने अपने अवचेतन को विश्वास दिला दिया था कि उसे अगले आयाम में परिजन से संदेश मिलेगा और मध्यस्थ के अवचेतन ने उसे खुद की तरफ़ से एक स्नेहिल संदेश देकर कृतार्थ किया।

असाधारण अपवाद भी होते हैं

सभी संवादों का उद्गम पूरी तरह से मध्यस्थ के अवचेतन में नहीं होता। कुछ असाधारण, उत्कृष्ट मध्यस्थ असंदिग्ध अखंडता वाले भी होते हैं। जैसा आपने इस अध्याय को पढ़कर समझ लिया है, किसी सम्मोहित मध्यस्थ द्वारा अवचेतन मन को उचित सुझाव देकर तथाकथित मृत व्यक्ति से संदेश ग्रहण करना भी उतना ही आसान है, जितना कि किसी जीवित या काल्पनिक या असली व्यक्ति से।

स्वर्गीय आर्थर फ़ोर्ड अमेरिका के सबसे अग्रणी मध्यस्थों में से एक थे और इसमें कोई शक नहीं है कि जब वे सम्मोहित होते थे, तो उनके ज़रिये असाधारण व सत्यापन योग्य संदेश आते थे। बेशक, उनके मामले में वे एक ज़रिया थे, जिसके माध्यम से अगले आयाम में पहुँच गए परिजनों के संदेश आते थे। असंख्य श्रोता प्रमाणित करते हैं कि वे संदेश असली थे। मिसाल के तौर पर, मैं मानता हूँ कि बिशप पाइक के अपने मृत बेटे से संवाद असली और प्रामाणिक थे।

मान लें कि आपके पिता आपको लंदन से फ़ोन करते हैं। मान लें कि कोई उनकी आवाज़ की नक़ल करके आपका पिता होने का नाटक करता है, तो क्या आपके पास यह पता लगाने के तरीक़े नहीं होंगे कि वह आदमी *सचमुच* आपका पिता है या नहीं? कुछ कहानियाँ, प्रिय नाम, छोटी-छोटी घटनाएँ और बहुत सारे दीगर अनुभव, जो सिर्फ़ आप दोनों को ही पता हों, आपको विश्वास दिला देते हैं कि वे सचमुच आपके पिता हैं।

स्वर्गीय जिराल्डीन कमिन्स, जो कई वैज्ञानिक संस्थाओं द्वारा जाँची गई कई पुस्तकों की लेखिका हैं, बेशक अगले आयाम में पहुँच चुके लोगों के संपर्क में थीं। यह कहना मूर्खतापूर्ण होगा कि यह असंभव है, क्योंकि हम सभी मानसिक व आध्यात्मिक जीव हैं ओर परिजनों के बीच टेलीपेथी का संपर्क सारे समय मौजूद रहता है।

यदि आप शिकागो में हैं और आपकी माँ लॉस एंजेलिस में हैं, तो आपको

उनसे एक टेलीपैथिक संदेश मिल सकता है और उन्हें भी आपसे ऐसा ही संदेश मिल सकता है। आपने अपनी नींद में कितनी बार किसी मित्र या रिश्तेदार के पत्र के पूर्ण विवरण देखे हैं और फिर कुछ दिनों बाद जब पत्र मिला, तो आपने पाया कि इसकी सामग्री आपके सपने से मेल खाती थी? अगले आयाम में पहुँच चुके परिजनों के लिए यह पूरी तरह संभव है कि वे आपसे संपर्क करें, लेकिन यह सामान्य नहीं, अपवादस्वरूप ही होता है।

एलीन गैरेट एक और असाधारण मध्यस्थ हैं, जिनका अध्ययन कई अग्रणी वैज्ञानिक संस्थाओं ने किया है। विश्व के अग्रणी भौतिक शास्त्री सर ऑलिवर लॉज को पूरा विश्वास था कि उनका अपने बेटे से संप्रेषण हुआ था, जिसकी मृत्यु प्रथम विश्व युद्ध में हो गई थी। ये संवाद उनकी पुस्तक *रेमंड* में बताए गए, जो 1916 में प्रकाशित हुई।

कुछ महान वैज्ञानिकों ने अतीन्द्रिय शोध में योगदान दिया है, जिनके नाम इस प्रकार हैं : हेनरी सिजविक, एडमंड गर्नी, प्रोफ़ेसर विलियम जेम्स (अमेरिकी मनोविज्ञान के जनक), सर विलियम क्रुक्स, आर्थर कॉनन डॉयल और जे. बी. राइन। कैम्ब्रिज के मायर्स ने *ह्यूमन पर्सनैलिटी एंड इट्स सरवाइवल ऑफ़ बॉडिली डेथ* नामक एक शाश्वत ग्रंथ प्रकाशित किया।

यह सच है, एक मन दूसरे मन से संप्रेषण कर सकता है और हमें अपने तथा किसी परिजन के अवचेतन मन के संप्रेषण के बीच फ़र्क़ मालूम होना चाहिए। कभी भी इस धरातल या अगले आयाम के स्त्री-पुरुषों से मार्गदर्शन की कामना न करें। वे इसे अतीन्द्रिय अनुभूति द्वारा करते हैं।

याद रखने वाले बिंदु

1. आपके मन के दो पहलू हैं। एक को चेतन मन कहा जाता है, जो चुनता है, कारण देता है, विश्लेषण करता है और विवेचनात्मक तथा निगमनात्मक दोनों तरीक़ों से तर्क करता है। दूसरा आपका अवचेतन मन है, जो सिर्फ़ निगमनात्मक तरीक़े से तर्क करता है। यह स्मृति, भावना, अतीन्द्रिय-दर्शन, अतीन्द्रिय-श्रवण और टेलीपेथी का स्थान है। असीम प्रज्ञा और असीम बुद्धिमत्ता आपके अवचेतन मन में वास करती है। आपका चेतन मन जो भी आपके अवचेतन तक पहुँचाता है, यह उसे स्वीकार कर लेता है, चाहे वह सच हो या झूठ।

2. आपका अवचेतन मन दो विचारों को देखकर यह निर्णय नहीं लेता है कि कौन सा सबसे अच्छा है। यह निर्णय तो आपको अपने चेतन मन से लेना होता है।
3. जब आप सम्मोहित होते हैं, तो आपका अवचेतन मन कोई सवाल किए बिना सम्मोहनकर्ता के सुझाव को स्वीकार कर लेगा। मिसाल के तौर पर, यदि आपको बताया जाता है कि आप कुत्ते हैं, तो आप अपनी सर्वश्रेष्ठ योग्यता से कुत्ते की भूमिका निभाने लगेंगे। यदि आपको ऐसा करने को कहा जाए, तो आप भौंकेंगे और कुत्ते की तरह दूध चाटेंगे।
4. आपका अवचेतन मन सुझाव का अनुगामी है और सुझाव से नियंत्रित होता है। मिसाल के तौर पर, यदि कोई व्यक्ति भूतों में यक़ीन करता है और सम्मोहक तंद्रा में उसे यह सुझाव दिया जाए कि उसे भूत लग गए हैं, तो वह इसे नाटकीकृत कर लेगा और उन सभी भूतों की भूमिकाएँ निभाने लगेगा, जो सुझाव में बताए गए हैं। दूसरे शब्दों में, उसका अवचेतन सुझाव को स्वीकार कर लेता है। खुरों और सींगों, डंक वाली पूँछों, चमगादड़ जैसे पंखों के साथ अन्य सभी तरह के भयानक आकार व्यक्तिपरक मतिभ्रम में प्रकट होंगे। ये सभी दरअसल उसके विकृत अंधविश्वासों के मनगढ़ंत रूप हैं, जिन्हें उसका अवचेतन उसके विश्वासों की पुष्टि के लिए खोद लाता है। जिस इंसान ने कभी भूतों के बारे में नहीं सुना और जो ऐसी बातों में विश्वास नहीं करता, उसे ऐसा कोई अनुभव नहीं होगा।
5. जो व्यक्ति स्वर्ग में विश्वास करता है और जो यक़ीन करता है कि देवदूत, सोने के सिंहासन और दिव्य गायक-मंडली होती हैं, यदि आप उसे सम्मोहित करके कहते हैं, "आप अभी स्वर्ग में हैं," तो वह शांत, प्रेमपूर्ण तथा आल्हादित हो जाएगा और उसका वर्णन करने लगेगा, जिसे वह स्वर्ग मानता है। उसका अवचेतन सुझाव को स्वीकार कर लेता है और उसके बचपन के विश्वास तथा स्वर्ग की तस्वीर को नाटकीकृत कर देता है। वह यह नहीं जानता कि वह अभी स्वर्ग में है, जो उसका खुद का मन और आत्मा है।

6. यदि आप किसी सम्मोहित व्यक्ति को पानी का गिलास देकर कहते हैं कि यह व्हिस्की है, तो वह नशे में झूमने लगेगा और शराबी की भूमिका निभाने लगेगा। इसका कारण यह है कि उसका अवचेतन आपके सुझाव को शब्दशः लेता है और उसी अनुरूप काम करता है।

7. यदि सम्मोहित होने से पहले आप खुद को एक शक्तिशाली स्व-विचार देते हैं कि आप सम्मोहन के दौरान कोई भी मूर्खतापूर्ण काम नहीं करेंगे, जो आपके नैतिक मान्यताओं के विपरीत हो, तो सम्मोहनकर्ता का यह सुझाव निरर्थक साबित होगा कि आप कपड़े उतारें या चोरी करें, क्योंकि आपका अवचेतन आपके प्रबल सुझाव को ही स्वीकार करता है। ज़्यादा शक्तिशाली सुझाव हमेशा जीतता है।

8. यदि आप खुद को साहस के साथ और अर्थपूर्ण तरीक़े से सुझाव देते हैं कि कोई आपको सम्मोहित नहीं कर सकता, तो आपको सम्मोहन करने वाले व्यक्ति द्वारा सम्मोहित नहीं किया जा सकता। आप बस उसके सुझाव पर अपना मन बंद कर लेते हैं और अपने भीतर के असीम के संपर्क में आ जाते हैं। इस तरह आप सुरक्षित हो जाते हैं।

9. जाग्रत अवस्था में आप हमेशा दूसरों के सुझावों को अस्वीकार कर सकते हैं, यदि आप उन चीज़ों के बारे में सोचें, जो सच्ची, प्यारी, प्रशंसनीय और ईश्वर जैसी हैं।

10. अगर आप बुरी आत्माओं, भूतों या सूक्ष्म-शरीर क्षेत्र के मार्गदर्शकों से डरते हैं, तो स्वचालित (अतीन्द्रिय) लेखन का अभ्यास करना ख़तरनाक है। आप जिससे डरते हैं, उसे ही आकर्षित करते हैं। जब आप अपने डर का सुझाव अपने अवचेतन को देते हैं तथा दूसरों के प्रति अपराधी तथा द्वेषपूर्ण महसूस करते हैं, तो आप अपने मन के अतीन्द्रिय द्वार खोल देते हैं और अपने अवचेतन के सारे मलबे को खड़ा कर लेते हैं। जब आप अपराधबोध महसूस करते हैं, तो इसके साथ हमेशा दंड का डर और आशंका रहती है। आपका अवचेतन इसे दिए गए सुझावों के अनुरूप प्रतिक्रिया करता है (यानी डर,

अपराधबोध, द्वेष आदि)। यह अक्सर निंदात्मक भाषा में आपसे बात करने लग जाता है, जिससे आप मानसिक और शारीरिक रूप से अशांत हो जाते हैं। दरअसल, यह आपके खुद के अवचेतन मन की सामग्री की गूँज है।

11. आपको भूत लग गए हैं, जो आपको आत्महत्या और सभी तरह के बुरे काम करने को कह रहे हैं, तो उन आवाज़ों और इस विश्वास से उबरने का तरीक़ा यह अहसास करना है कि जब आप अपने मन को ईश्वर के सत्यों से भर लेते हैं, तो आप इन सभी नकारात्मक साँचों को नकार और मिटा देते हैं। ये आध्यात्मिक कंपन आपके अवचेतन मन तक पहुँच जाएँगे और वे आपके मन की अलमारी में बंद सारे गंदे कपड़ों को नष्ट कर देंगे, ख़त्म कर देंगे और साफ़ कर देंगे। जब डर और नकारात्मक आवाज़ें आपके मन में आएँ, तो तुरंत कहें : "ईश्वर का प्रेम मेरी आत्मा को भरता है।" इसे करते रहें और कुछ समय बाद आप स्वतंत्र हो जाएँगे।

12. एक महिला ने उइजा बोर्ड से पूछा, "संदेश कौन लिख रहा है?" जवाब था, "सिर्फ़ तुम।" दूसरे शब्दों में उसका अवचेतन मन उइजा बोर्ड को चला रहा था और वह जिस भी तरह का संदेश सुनना चाहती थी, वह दे रहा था। उसका अवचेतन सुझाव द्वारा शासित था, इसलिए वह उसी अनुरूप कार्य कर रहा था। अगर उसे यह विश्वास होता कि भूत या मृत व्यक्ति उइजा बोर्ड चला रहे हैं और उस पर प्रतिक्रिया कर रहे हैं, तो उसका अवचेतन मन, अपनी प्रकृति के प्रति सच्चा रहने के कारण, किसी काल्पनिक मृत रिश्तेदार की भूमिका निभाता।

13. अगर आप किसी वेश्या को लें, जिसके पास बहुत कम शिक्षा है और जो पूर्वी दर्शन, पूर्वी धर्मों या अमरता के बारे में कुछ नहीं जानती, तो आप उसे सम्मोहित करके उन लोगों के सामने उसकी अतीन्द्रिय अनुभूति को सक्रिय कर सकते हैं, जो इन विषयों में अच्छी तरह पारंगत हैं। जब उसे शक्तिशाली सुझाव दिए गए, जैसे यह कि "तुम अब सूर्य देव के मंदिर की मुख्य पुजारिन हो; तुम पूर्वी दर्शन पर एक अद्‌भुत व्याख्यान दोगी;

तुम बहुत ज्ञानी, समझदार आदि हो," तो उसका हुलिया बदल जाता है और वह एक शाही मुद्रा में आ जाती है और एक अद्भुत व्याख्यान देती है। उसका अवचेतन दिए गए सुझाव पर काम करता है और सभी उपस्थित लोगों के अवचेतन मन का दोहन करता है। और उसका व्याख्यान उनके विश्वासों तथा मान्यताओं का मिश्रण भर होता है। तंद्रा की अवस्था में वह शाश्वत अवचेतन के ख़ज़ाने या भंडार से भी इन विषयों की जानकारी ग्रहण कर सकती है।

14. बहुत से स्वघोषित अतीन्द्रिय माध्यम वाले व्यक्ति हैं, जो जीवन के अगले आयाम में पहुँच गए प्रियजनों से संपर्क कराने का दावा करते हैं। आप किसी के पास जाकर उसे अपना नाम, जैसे मैरी जोन्स, बताकर संदेश पूछ सकते हैं। मध्यस्थ यह मान लेता है कि यह अगले आयाम में पहुँची कोई बहन या माँ है, लेकिन वहाँ आपकी कोई बहन या माँ है ही नहीं। आपको एक बहुत तसल्लीदायक, प्रेमपूर्ण संदेश मिलता है, जो आपके प्रियजन की ओर से आया हुआ लगता है। यह सब मध्यस्थ के उसके अवचेतन मन को दिए सुझाव के कारण है और जवाब उसी अनुरूप मिलता है। वही मध्यस्थ आपको किसी काल्पनिक या ग़ैर-मौजूद व्यक्ति से भी तसल्लीदायक संदेश देगा।

15. कई उत्कृष्ट मध्यस्थ बेशक जीवन के अगले आयाम से संप्रेषण हासिल करते हैं। उनमें आर्थर फ़ोर्ड, ऐलीन गैरेट और स्वर्गीय जिराल्डीन कमिन्स हैं, जिनकी जाँच बहुत सी वैज्ञानिक संस्थाओं ने की थी। उन्हें साइकिकल रिसर्च सोसायटी ऑफ़ इंग्लैंड ने सम्मानित भी किया था।

16. मुझे विश्वास है कि आर्थर फ़ोर्ड की मध्यस्थता से स्वर्गीय बिशप पाइक के अपने बेटे से संवाद निश्चित रूप से पिता-पुत्र के बीच असली, चौथे आयाम के संप्रेषण थे।

17. यदि आप किसी आदमी को सम्मोहित करते हैं और उसे सुझाव देते हैं कि वह आपका भाई है, लेकिन वह आपके भाई से कभी नहीं मिला, तो वह उसकी मुद्राओं, हाव-भाव, बोलचाल, आवाज़ के गुण या हरकतों की नक़ल नहीं कर पाएगा। वह एक

काल्पनिक भूमिका तो निभाएगा, लेकिन वह आपके भाई की भूमिका नहीं निभा पाएगा। वह आपके भाई की नक़ल इसलिए नहीं कर सकता, क्योंकि उसके अवचेतन में आपके भाई की कोई स्मृति है ही नहीं।

16

अतीन्द्रिय अनुभूति से अपनी और अपने बच्चों की ख़ातिर काम कैसे कराएँ

आधुनिक युग की परंपरा स्वच्छंदतावादी है और आम तौर पर बच्चा जो करना चाहता है, उसे बिना रोक-टोक और अनुशासन के करने देना तबाही को न्योता देना है। हर बच्चे को अनुशासन और सुधार की ज़रूरत होती है। जब कोई छोटा लड़का अपनी बहन को मारे या उसकी गुड़िया तोड़े, तो आपको अपनी अप्रसन्नता व्यक्त करनी चाहिए। उसे साफ़-साफ़ बता दें कि उसे यह करने की अनुमति नहीं है।

बच्चे छोटे जानवर हो सकते हैं। वे चाह सकते हैं कि आवारा घूमें और स्कूल न जाएँ। आपको उनका कान पकड़कर यह सुनिश्चित करना पड़ सकता है कि वे स्कूल जाएँ और अच्छा व्यवहार करें। *अनुशासन के बिना कोई प्रेम नहीं होता और प्रेम के बिना कोई अनुशासन नहीं होता।*

जो छड़ी नहीं मारता है, वह अपने बेटे से नफ़रत करता है... बाइबल में "नफ़रत" का मतलब है नकारात्मक बातों को अस्वीकार करना, जैसे अक्खड़पन, झूठ बोलना, उपद्रवी व्यवहार, चोरी करना आदि। यह तथ्य ध्यान में रखें कि हम 16वीं सदी की भाषा पढ़ रहे हैं। *सिवाय इसके कि कोई व्यक्ति अपने पिता से नफ़रत करे...* इसका मतलब यह नहीं है कि आप अपने पिता से नफ़रत करते हैं। इसका मतलब है नरक, क्रोधी ईश्वर और अंधविश्वासों की उनकी मान्यताओं को अस्वीकार करना। *जो अपने बेटे से प्रेम करता है, वह उसे अनुशासित करता है...* का मतलब है कि पिता अपने बेटे या बेटी को अनुशासित करता है तथा बच्चे को स्वर्णिम नियम और प्रेम के नियम के अनुरूप चलाता है।

किसी बच्चे को शिष्टाचार, व्यवहार, उदारता, सहयोग, सत्ता का सम्मान, अभिभावकों का सम्मान और प्रार्थना चिकित्सा सिखानी पड़ती है। बच्चे को सुधार से न रोकें : *क्योंकि अगर आप उसे छड़ी से मारते हैं, तो वह नहीं मरेगा...* यानी वह प्रेम, शांति, सद्भाव, सही कर्म, ईमानदारी, दूसरों तथा उनकी संपत्ति के प्रति सम्मान और दैवी चीज़ों के प्रति सम्मान नहीं खोएगा। "मैं हर दिन मरता हूँ," पॉल कहते हैं; यहाँ मरने का मतलब हर दिन दुर्भावना, कटुता और झूठे विश्वासों का मरना है।

अपने माता-पिता का सम्मान करो। यदि कोई बच्चा अपने अभिभावकों का सम्मान नहीं करता है, तो वह अपने शिक्षकों, प्रोफ़ेसरों, पुलिस वालों और सत्ता में बैठे दूसरे लोगों का सम्मान कैसे कर सकता है? *बुद्धिमत्ता बच्चों द्वारा सही साबित होती है।* बुद्धिमत्ता ईश्वर की शक्ति की जागरूकता है। मन के "बच्चे" भी होते हैं, जैसे पुस्तकें, नाटक, पेंटिंग्स, इमारतें, गाने, संगीत और शो। जब आप कुछ बुक स्टॉल्स में प्रदर्शित अनैतिकता के गंदे नालों को देखते हैं, तो आपको अहसास होता है कि वे विकृत, दूषित और अशांत व्यक्तित्वों के मन की पैदावार होंगे - जो इसे काफ़ी संयत भाषा में व्यक्त करना है।

यदि आपके मन में परम शिल्पकार के प्रति गहरा सम्मान है, तो आप किस तरह की पेंटिंग्स बनाएँगे? चूँकि आप ईश्वर के अनिर्वचनीय सौंदर्य के सामंजस्य में होंगे, इसलिए आप हमेशा सौंदर्य और खुशी की कृतियाँ बनाएँगे। इस रोशनी में माइकलएंजेलो की कला के बारे में सोचें।

आप उसे छड़ी से मारेंगे और उसकी आत्मा को नरक से मुक्त रखेंगे। "नरक" का मतलब है बंधन, खुद की लादी हुई क़ैद, दुख और कष्ट - जो सभी अपने अवचेतन मन को नफ़रत, द्वेष, शत्रुता और कट्टरपन से विषाक्त व प्रदूषित करने से उत्पन्न होते हैं; लेकिन जब बच्चे को दस कमांडमेंट्स, स्वर्णिम नियम और मन के स्वस्थ इस्तेमाल का अर्थ समझाया जाता है, जब उसे बचपन में ही इनके अनुरूप चलने का उचित मार्गदर्शन दिया जाता है, तो वह बड़े होकर मन में जीवनदायी साँचे भरने की आदत डाल लेगा।

छड़ी और फटकार से बुद्धिमत्ता आती है। जब आपके पास बुद्धि होती है, तो आप अपनी सारी गतिविधियों को दैवी योजना में समन्वित कर लेते हैं। आप अपने भीतर की असीम प्रज्ञा के साथ संपर्क करने में सक्षम होते हैं और सबसे जटिल समस्याओं के जवाब पाने में भी। "दैवी योजना" का अर्थ है कि आप खुद को अपने सर्वोच्च स्तर पर व्यक्त करते हैं और सबके प्रति प्रेम व सद्भाव प्रेषित करते हैं। बुद्धिमत्ता होने के कारण आप जानते हैं कि नफ़रत करके, द्वेष

करके या दूसरे के प्रति ईर्ष्या रखकर आप बस अपनी आत्मा और मन में ज़हर घोल लेते हैं तथा सभी तरह की शारीरिक और मानसिक व्याधियों को अपनी ओर ले आते हैं।

जिस बच्चे को खुद के भरोसे छोड़ दिया जाता है, वह अपनी माँ के लिए शर्मिंदगी लाता है। इसका मतलब है कि आध्यात्मिक शिक्षा और अच्छे व्यवहार के सामान्य नियमों के बिना जिस बच्चे को उसके हाल पर छोड़ दिया जाता है, वह एक प्रदूषित मन के साथ बड़ा होगा, शायद आवारा बन जाएगा और संभवतः जेल चला जाएगा।

मैंने लड़कों के कुछ क्लबों में गया हूँ और बॉय स्काउट्स आदि से मिला हूँ और वे उल्लेखनीय लड़के हैं, साफ़-सुथरे और स्वस्थ, जिनमें अपने माता-पिता के प्रति सम्मान है। वे अपने देश के सद्भाव, सौंदर्य और कल्याण में योगदान भी देना चाहते हैं। वे कुछ बनना, करना, पाना और सेवा करना चाहते हैं। उन्हें अहसास है कि उन्हें खुद को बदलना चाहिए और खुद को सुधारकर वे संसार को सुधारने में मदद करेंगे।

आप अभिभावकों की बुद्धिमत्ता, सच्चे ज्ञान और समझ को उनके बेटे-बेटियों के जीवन, कार्यों और प्रतिक्रियाओं में अनुभूत करेंगे। जैसा बाइबल में कहा गया है, बच्चे अपने माता-पिता की बुद्धिमत्ता को "सही साबित" करते हैं। सही साबित करने का मतलब है, सटीकता से फ़िट होना। मानसिक रूप से इसका मतलब है कि बच्चे अपने अभिभावकों के बुद्धिमत्तापूर्ण सिद्धांतों को सटीकता से प्रतिबिंबित करते हैं। अभिभावकों की क्रिया और बच्चों की प्रतिक्रिया समान होती है। उनकी बुद्धिमत्ता, जो मन के नियमों के ज्ञान का प्रतिनिधित्व करती है और असीम आत्मा की प्रतिक्रिया होती है, निश्चित रूप से, सकारात्मक रूप से और पूरी तरह से बच्चों के मानसिक नज़रियों, उनकी पढ़ाई-लिखाई और जीवन में उनकी उपलब्धियों में झलकती है।

जब ईश्वर की बुद्धिमत्ता बच्चों के मन के सिंहासन पर विराजमान होती है, तो परिणाम संतुलन, सद्भाव, शांति, सही कार्य और खुशी होता है। बच्चे का कार्य उसकी मानसिक अवस्था के अनुरूप होता है। अंदर और बाहर संतुलन होता है या वे "सही साबित" होते हैं।

अपने बच्चों को दैवी मार्गदर्शन पर साहस के साथ दावा करना तथा इसके लिए प्रार्थना करना सिखाएँ। इससे आवेग हमेशा जीवन की ओर, ऊपर की ओर तथा ईश्वर की ओर होंगे। अनुरूपता या समानांतर का नियम हमेशा काम कर

रहा है। हम सभी, जिनमें लड़के-लड़कियाँ शामिल हैं, वही परिणाम पाते हैं, जो हमारी आदतन सोच और मानसिक चित्र के अनुरूप होता है।

एक उत्कृष्ट शिक्षाविद् विलियम एच. थ्रैल इस बारे में यह कहते हैं : "मैं एक तरह का पुरातनपंथी शिक्षाविद् हूँ और मैंने अपने ज़माने में शारीरिक सज़ा दी है। मैंने इस व्यवहार को विवेकपूर्ण ढंग से लागू किया और हर प्रकरण में यह संबंधित शिष्य के लिए मूल्यवान नज़र आया।"

"मैं कई ढील देने वाले अभिभावकों से परिचित हुए बिना नहीं रह पाया, क्योंकि वे बहुत से थे। वे सदमे में आते हैं और दुखी होते हैं, जब उन्हें पता चलता है कि उनकी संतान जेल में है, शादी के बिना गर्भवती हो गई है, नशीले पदार्थ ले रही है या नशे से मर गई है। मैं उनके लिए दुखी हूँ और मैं उन सभी को जानता हूँ, लेकिन कई मामलों में समझदारी भरे शारीरिक दंड और एक संजीदा धार्मिक माहौल से दुखद घटना को रोका जा सकता था।"

"शारीरिक दंड और धर्म ब्रिटिश शिक्षा तंत्र के बुनियादी हिस्से हैं। और जब मैं ब्रिटिश शिक्षा में कार्यरत था, तो मुझे कोई हिप्पी, लापरवाह पोशाक, नशीली लत या सत्ता के प्रति सम्मान का अभाव नहीं दिखता था।"

बेटा कहता है कि पिता बहुत लापरवाह हैं

लगभग 11 साल का एक लड़का स्कूल में परेशानी खड़ी कर रहा था, शिक्षक का अपमान कर रहा था और दूसरे बच्चों का सामान चोरी कर रहा था। उसके पिता ने बेल्ट से उसकी पिटाई की। बाद में पिता ने कहा, "बेटा, मुझे अफ़सोस है। मुझे तुम्हारी पिटाई नहीं करनी चाहिए थी।"

छोटे लड़के ने कहा, "मैं पिटाई का हक़दार था और मैं नहीं जानता कि उन्होंने यह क्यों कहा कि उन्हें अफ़सोस था।"

लड़का जानता था कि वह ग़लत था और सज़ा का हक़दार था। वह जानता था कि पिता की बात मूर्खतापूर्ण थी। शायद पिता सोच रहे होंगे कि अगर वे अपने बेटे को अनुशासित करेंगे, तो वह उनसे कम प्रेम करेगा। इसके विपरीत, सज़ा देकर पिता ने अपने बेटे के कल्याण में रुचि दिखाई। वास्तव में, उन्होंने इस अर्थ में अपना प्रेम प्रदर्शित किया कि वे चाहते थे कि उनका बेटा बड़े होकर ईमानदार, धार्मिक और अच्छा विद्यार्थी बने। कोई लड़का सज़ा से नहीं चिढ़ता, बशर्ते उसे पता हो कि वह इसका हक़दार है।

मैं यह भी जोड़ सकता हूँ कि जब कोई माता-पिता अपने बच्चे को अनुशासित करते हैं, तो अभिभावक दरअसल यह कह रहा है, “मैं तुमसे प्यार करता हूँ। मेरी तुम्हारे भविष्य में दिलचस्पी है। मैं चाहता हूँ कि तुम बड़े होकर अखंडता, न्याय और ईमानदारी वाले इंसान बनो, जिसका सम्मान तुम्हारे सहकर्मी, पड़ोसी और नियोक्ता समाज के प्रति तुम्हारे योगदान की वजह से करें। मैं तो बस तुम्हें यह सिखाने का प्रयास कर रहा हूँ कि तुम एक स्वीकारणीय तरीक़े से व्यवहार करो, क्योंकि किसी दिन मैं जीवन के अगले आयाम में चला जाऊँगा और तुम्हारी देखरेख करने या तुम्हें सलाह देने के लिए आस-पास नहीं रहूँगा। याद रखो, अगर तुम धोखा देते हो, चोरी करते हो और दूसरों का अपमान करते हो, तो समाज तुम्हें क्षमा नहीं करेगा और तुम्हें अपने ग़लत कामों के लिए सज़ा दी जाएगी।”

अतीन्द्रिय अनुभूति को आपके बच्चे पालने दें

ईश्वर हर बच्चे में वास करता है, इस सत्य की अनुभूति आपको सतत दावा करने का अवसर देती है कि ईश्वर का प्रेम, बुद्धिमत्ता, प्रज्ञा और सद्भाव आपकी संतान में पुनर्जीवित हों। आप हमेशा अवचेतन रूप से अपने बच्चे के तादात्म्य में हैं और आपकी संतान आपके विश्वास को महसूस करती है तथा उसी अनुरूप प्रतिक्रिया करती है। आप एक वस्तुपरक और व्यक्तिपरक संसार में रह रहे हैं और आपको वे चीज़ें भी करनी चाहिए, जो वस्तुपरक दृष्टि से सही हों।

ढील देना हमेशा ग़लत क्यों होता है

ढील देने वाले अभिभावक अपने चेतन और अवचेतन मन के नियमों को दरअसल समझते ही नहीं हैं। बच्चे शिक्षा, अवलोकन और अनुभव से सीखते हैं। अभिभावकों को अपने बच्चों को नियंत्रित करना चाहिए, उन्हें ईश्वर के बारे में सिखाना चाहिए और उनके भीतर की शक्तियों के बारे में भी सरल तरीक़े से सिखाना चाहिए, ताकि बच्चा समझ सके। बच्चों को जो चाहे वह करने की अनुमति कभी नहीं दी जानी चाहिए, बल्कि निश्चित रूप से स्वर्णिम नियम सिखाना चाहिए तथा उसके अनुरूप चलाना चाहिए : यानी दूसरों के प्रति वैसा ही सोचो, बोलो और काम करो, जैसा वे चाहते हों कि दूसरे उनके बारे में सोचें, बोलें और काम करें। जब माता-पिता अपने बच्चों को सही और अनुशासित नहीं करते हैं या उचित मार्गदर्शन प्रदान नहीं करते हैं, तो बच्चों में आत्मनिर्भरता, सुरक्षा और

आत्म-नियंत्रण का अभाव होता है। अभिभावकों को अपनी सत्ता और अनुशासन पर अमल तार्किकता, समझ, प्रेम तथा बच्चे को देखते हुए करना चाहिए। जब वे ऐसा करते हैं, तो बच्चे आत्मविश्वास, शांति, संतुलन और आत्मनियंत्रण से भरपूर बड़े होते हैं। ये अभिभावक अपने बच्चों को सही आदेश और निर्देश जारी करते हैं। वे बताते हैं कि उनके आदेश क्यों सही हैं। वे बच्चों को अच्छे तरीक़े से समझा देते हैं कि ये निर्देश उनके भले के लिए क्यों हैं।

तानाशाही, सत्तावादी और सर्वाधिकारवादी नज़रिये से बचें

हाल ही में मैं 18 साल की एक लड़की से मिला, जिसने बताया कि उसकी माँ ने उसके लिए एक अटल नियम बना दिया था, जैसे : "सभी लड़कों से दूर रहो; सेक्स बुरा है; पुरुष तुम्हारे पिता जैसे हैवान होते हैं। तुम लिपस्टिक या पाउडर का इस्तेमाल नहीं कर सकतीं - ये शैतान की चीज़ें हैं; तुम डांस या फ़िल्मों में नहीं जा सकतीं - ये सभी पाप हैं; तुम्हें हमारे धर्म में विश्वास करना होगा - अगर तुम नहीं करती हो, तो तुम आग की झील में जलोगी," आदि।

यह माँ तुम्हें-यह-करना-ही-होगा-वरना नज़रिये के साथ दरअसल एक छोटी-मोटी हिटलर थीं। लड़की डर से भरी थी; वह कुंठित, नफ़रत से भरी, असंतुष्ट थी और गहरी हीन ग्रंथि से पीड़ित थी। वह न्यू इंग्लैंड से आई थी और जैसा शायद आपने अब तक अंदाज़ा लगा लिया होगा, वह घर से भागकर आई थी।

सबसे पहले तो मैंने उसे यह सिखाया कि वह आध्यात्मिक दृष्टिकोण से कौन है। मैंने उसे समझाया कि केवल एक ही शक्ति या उपस्थिति है और वह उसके भीतर है। मैंने उसे आगे समझाया कि वह इस परम प्रज्ञा से संपर्क कर सकती है और यह उस पर प्रतिक्रिया करेगी। यह उसके सबसे बड़े सपनों से भी आगे तक उसका मार्गदर्शन करेगी, दिशा देगी और समृद्ध बनाएगी।

विशेष प्रार्थना

नीचे वह प्रार्थना तकनीक है, जिसका सुझाव मैंने उसे दिया :

> मुझे चाहा जाता है, मुझसे प्रेम किया जाता है, मेरी ज़रूरत है, मेरी क़द्र होती है। मैं दैवी रूप से अभिव्यक्त हूँ। मैं द्वेषपूर्ण विचार रखने के लिए खुद को माफ़ करती हूँ और मैं पूरी तरह तथा खुलकर अपनी

> माँ को माफ़ करती हूँ। जब भी मैं उनके बारे में सोचती हूँ, मैं यही कहूँगी, "ईश्वर का प्रेम आपकी आत्मा को भरता है।" मैं शांति में हूँ। मैं सुखद, ख़ुश और स्वतंत्र हूँ। मैं अच्छी नौकरी में हूँ। अखंडता और ईमानदारी के साथ मेरी अद्‌भुत आमदनी है। मैं जानती हूँ कि जब मैं ये विचार दोहराती हूँ, तो वे मेरे अवचेतन में बस जाते हैं और मेरे मन के नियम (जैसा मैं बोती हूँ, वैसा ही मैं काटूँगी) के अनुरूप ये सभी सत्य सचमुच मेरे होंगे।

इस लड़की ने इस प्रार्थना की आदत डाल ली और समय के साथ इसने उसके जीवन को पूरी तरह बदल डाला। अब उसके पास एक बेहतरीन नौकरी है और वह जीने की ख़ुशी से झूम रही है।

उसने पूछा, "मेरे माता-पिता ख़ुश क्यों नहीं हैं?"

14 साल की लड़की को उसके माता-पिता ने मुझसे बातचीत करने के लिए भेजा। उसे स्कूल में बहुत ख़राब ग्रेड मिल रहे थे, वह कुछ विषयों से नफ़रत करती थी और उसके टीचर ने अभिभावकों को बताया कि वह इससे कहीं बेहतर प्रदर्शन कर सकती है, लेकिन उसमें कोई दिलचस्पी या प्रेरणा ही नहीं है। उसने मुझे बताया कि शायद उसके अभिभावक तलाक़ ले लेंगे, क्योंकि वे हमेशा झगड़ते रहते थे और एक दूसरे से बुरी बातें कहते रहते थे। फिर उसने पूछा, "मेरे माता-पिता ख़ुश क्यों नहीं हैं?"

अभिभावकों से बातचीत के दौरान मैंने संकेत किया कि उनके अलावा किसी को नहीं बदलना था। मैंने कहा कि उनकी बेटी घर की कटुता और कलह की वजह से मानसिक तथा भावनात्मक रूप से प्रभावित थी। वे हर सुबह पाँच-छह मिनट तक ईश्वर की उपस्थिति पर मनन करते थे।

उन्होंने कल्पना की कि असीम की बुद्धिमत्ता, प्रज्ञा, सद्‌भाव और सुंदरता अब उसके जीवन में पुनर्जीवित हो रही हैं। उन दोनों ने तस्वीर देखी कि बेटी स्कूल में अपनी अद्‌भुत सफलता के बारे में बता रही थी। उन्होंने कल्पना की कि वह मुस्कुरा रही है, प्रफुल्लित है और ख़ुश है।

एक महीने के अंत तक वह लड़की स्कूल की सबसे अच्छी विद्यार्थियों में से एक बन गई। उसके शिष्टाचार, व्यवहार और जीवन संबंधी नज़रिये को देखकर उसके माता-पिता रोमांचित और बहुत ख़ुश हुए।

यह सभी अभिभावकों को याद दिलाता है कि बच्चे घर के प्रबल मानसिक और आध्यात्मिक माहौल के अनुरूप ही बड़े होते हैं। जब अभिभावक अपने बच्चों में ईश्वर की उपस्थिति पर मनन करते हैं, तो वे कभी उनके कल्याण और रक्षा के बारे में चिंतित नहीं होंगे, डरेंगे नहीं। जो माता-पिता हर दिन अंदर निवास करने वाली ईश्वरीय उपस्थिति के साथ संपर्क करते हैं, सद्भाव, शांति, सौंदर्य, प्रेरणा और मार्गदर्शन का दावा करते हैं, उनका वैवाहिक जीवन सफल होता है, वे आने वाले बरसों में अधिक समृद्ध होते हैं तथा घर का समृद्ध आध्यात्मिक माहौल उनके बच्चों के अवचेतन मन पर प्रभाव डालता है।

आपको अपने शब्दों की शक्ति में अतीन्द्रिय अन्तर्ज्ञान हासिल करना चाहिए

अभिभावकों को अपने बच्चों से कभी यह नहीं कहना चाहिए : "तुम क़तई अच्छे नहीं हो, तुम कभी कुछ नहीं बन पाओगे, तुम मूर्ख हो, तुम ढोर हो, तुम गंदे बच्चे हो, आदि।" ये सभी शब्द अभिव्यक्त विचार हैं और लड़कों या लड़कियों के मन बहुत कोमल होने के कारण इन विचारों के प्रति ग्रहणशील हो जाते हैं। बच्चे इन विचारों को अवचेतन रूप से स्वीकार करते हैं और इसी अनुरूप प्रतिक्रिया करने लग जाते हैं। छोटा लड़का सोचने लगता है कि वह मूर्ख और गँवार है, जबकि वास्तव में वह ऐसा नहीं है। प्रायः वह आवारा, तकलीफ़देह और शत्रुतापूर्ण बनकर पलटवार करता है। लड़के को यह कहने में कोई फ़ायदा नहीं है कि इस सबके अलावा वह मूर्ख भी है, क्योंकि वह जोड़-घटा के सवाल नहीं जानता। उसे सिखाने पर ध्यान केन्द्रित करना चाहिए।

गंदे पानी की बाल्टी की निंदा करना बेकार और मूर्खतापूर्ण होता है। समाधान इसमें साफ़ पानी डालना है, भले ही यह बूँद-बूँद करके हो। तार्किक समय के बाद आपके पास साफ़ पानी से भरी बाल्टी होगी। इसी तरह अभिभावकों को अपने बच्चों को एक सरल तरीक़े से यह समझाना चाहिए कि ईश्वर सर्वज्ञानी है, कि वह सारी चीज़ें जानता है और वह हमेशा उनके आग्रह का जवाब देगा। उन्हें सिखाएँ कि वे अपनी पढ़ाई में ईश्वर का मार्गदर्शन माँगें और यह विश्वास रखें कि वह उनकी हर समस्या सुलझा सकता है। छोटा बच्चा आसानी से समझ सकता है कि ईश्वर उसके भीतर का जीवन-सिद्धांत है। वह समझ सकता है कि वह ईश्वर या जीवन को नहीं देख पाता है; न ही वह अपने विचारों, अपने मन या अपने कुत्ते के लिए प्रेम को देख पाता है, जो सब उसमें ईश्वर का प्रतिनिधित्व करते हैं।

12 साल का एक लड़का, जो नियमित रूप से रविवार की सुबह मेरे व्याख्यान सुनता है, एक दिन घर लौटने पर अपनी माँ से कहने लगा, "माँ, मैं जानता हूँ कि ईश्वर कहाँ है। ईश्वर मेरे भीतर है। मैं ईश्वर को नहीं देख सकता, लेकिन मैं प्रेम, ख़ुशी, आनंद महसूस कर सकता हूँ और यह ईश्वर है, जो मुझमें चल रहा है। मैं हवा को नहीं देख सकता, माँ, लेकिन मैं अपने चेहरे पर हवा को महसूस कर सकता हूँ।" कई तरीक़े हैं, जिनसे आप लड़कों या लड़कियों को उनके भीतर ईश्वर की उपस्थिति के बारे में सिखा सकते हैं, जैसे किसी सुंदर सिम्फ़नी को सुनना, लेकिन यह संकेत करना कि बजाने वाले नहीं दिख रहे हैं। उन्हें दिखाएँ कि वे बत्ती तो जला सकते हैं, लेकिन वे बिजली को नहीं देख पाते।

ईश्वर को अपने घर में सजीव कैसे रखें

सुबह और शाम नियमित प्रार्थना करें, जिनमें बच्चे शामिल हों। बच्चों को भोजन के समय हाथ जोड़ना सिखाएँ। उन्हें अक्सर याद दिलाएँ कि ईश्वर ने ही सारी चीज़ें बनाई हैं - तारे, सूर्य, चंद्रमा और पूरा संसार। उन्हें बताएँ कि जब वे एक दूसरे से प्रेम करते हैं, तो वे ईश्वर के प्रेम को व्यक्त कर रहे हैं। उन्हें सिखाएँ कि ईश्वर अनंत उपचारक उपस्थिति है, जो उनकी अँगुली के घाव को ठीक करती है और जलने पर उन्हें नई त्वचा देती है।

स्कूल जाने वाले छोटे लड़के-लड़कियाँ उत्साहित हो जाते हैं, जब मैं उन्हें बताता हूँ कि अगर वे हर रात एक सरल तकनीक का अभ्यास करें, तो उनकी पढ़ाई में उनका मार्गदर्शन होगा और वे अपनी सारी परीक्षाएँ आसानी से तथा तनावरहित तरीक़े से उत्तीर्ण कर लेंगे। नीचे वह सरल प्रार्थना है, जिसे बहुत से छोटे लड़के-लड़कियाँ, कॉलेज जाने वाले भी, हर रात सोने से पहले नियमित रूप से करते हैं :

> मुझे अपने अध्ययन में दैवी मार्गदर्शन मिला है और मुझे हर चीज़ आदर्श तरीक़े से याद रहती है, जो मुझे हर समय और स्थान पर जानने की ज़रूरत है। मैं सारी परीक्षाएँ दैवी योजना में उत्तीर्ण करता हूँ। मैं अपने पढ़ाई के प्रोजेक्ट्स पर ध्यान दूँगा और मैं जानता हूँ कि जब भी ज़रूरत होगी, मेरा अवचेतन मन मुझे संकेत कर देगा और मेरे सामने जवाब प्रकट कर देगा। मैं शांति में सोता हूँ और ख़ुशी में जागता हूँ।

यह सरल प्रार्थना तकनीक अपने बेटे-बेटियों को सिखाएँ और उन्हें समझाएँ कि ये सरल सत्य जब हर रात पाँच-छह मिनट तक नियमित रूप से दोहराए जाते हैं, तो ये उनके अवचेतन मन पर अंकित हो जाते हैं, जो स्मृति का स्थान है; और उनके अवचेतन पर जिसकी भी छाप छूटती है, वह व्यक्त होगी। दूसरे शब्दों में, उन्हें बताएँ कि हर परीक्षा में वे अच्छा प्रदर्शन करने के लिए बाध्य होंगे, क्योंकि अवचेतन की प्रकृति बाध्यकारी है।

12 साल की लड़की ईश्वर से बात करके अपनी समस्या सुलझाती है

इंग्लैंड के एक कॉन्वेंट में पढ़ रही मेरी एक भतीजी ने मुझे लिखा कि जब प्रभारी सिस्टर ने उसे बताया कि वह वर्तमान से बेहतर प्रदर्शन कर सकती है और जब उसने अपने अध्ययन पर विचार किया, तो उसने इस बारे में ईश्वर से बात करने का निर्णय लिया। उसकी प्रार्थना बहुत सरल और व्यावहारिक थी। उसका संवाद इस तरह था :

"ईश्वर, आप सब जानते हैं; मेरा मार्गदर्शन करें और मुझे बताएँ कि मैं हर तरीक़े से अपना सर्वश्रेष्ठ कैसे दे सकती हूँ। आपको धन्यवाद, ईश्वर।" उसे जवाब की उम्मीद थी और उसे जवाब मिला। अब वह अपने शिक्षकों, सहपाठियों और अध्ययन में अव्वल है।

याद रखें, आपके भीतर की इस चरम प्रज्ञा की प्रकृति प्रतिक्रियाशीलता है और हृदय से की गई सरल प्रार्थना का हमेशा जवाब मिलता है। बच्चों को ईश्वर की उपस्थिति और शक्ति के बारे में सिखाना भोजन, कपड़ों और आवास जितना ही आवश्यक है।

अभिभावकों और बच्चों के लिए योजना

अभिभावकों को याद रखना चाहिए कि वे सिर्फ़ वही दे सकते हैं, जो उनके पास उनके मन में हो। इसलिए अभिभावकों को असीमित प्रज्ञा के तरीक़े और मन के नियम सीख लेने चाहिए, जो संसार भर के सभी लोगों के भीतर हैं। इसे अपना सिद्धांत बना लें :

> ईश्वर है, और सिर्फ़ ईश्वर ही है, सभी में, सभी पर, सबके ज़रिये और सब कुछ। ईश्वर हर एक के भीतर की जीवित आत्मा, जीवन-सिद्धांत

है। ईश्वर हम सभी से प्रेम करता है और हमारी देखभाल करता है। ईश्वर हमारे जीवन में सबसे पहले आता है। जब हम अपने भीतर की इस असीम उपस्थिति और शक्ति की ओर मुड़ते हैं और सद्भाव, शांति, प्रचुरता, बुद्धिमत्ता, सही कार्य तथा सुंदरता के हमारे जीवन में काम करने का दावा करते हैं, तो चमत्कार होते हैं, जब हम इस तरह प्रार्थना करते हैं।

हर सुबह जब हम अपनी आँख खोलते हैं, तो हम नए दिन के लिए ईश्वर को धन्यवाद देते हैं और अद्भुत अवसरों के लिए कि हम उसके प्रकाश, प्रेम, सत्य और सौंदर्य को सारी मानव जाति के सामने अधिक से अधिक मुक्त कर सकें। हर रात सोने जाने से पहले हम कहेंगे, "हम शांति में सोते हैं और आनंद में जागते हैं, और हम ईश्वर में रहते हैं। ईश्वर नींद में भी अपने प्रिय लोगों को बहुत कुछ प्रदान करता है।"

ऊपर की गई प्रार्थना यदि अभिभावकों द्वारा नियमित रूप से, सुनियोजित तरीक़े से और लगातार अपने बच्चों की उपस्थिति में की जाए, तो यह सभी के अवचेतन में निवास करने वाले इन सत्यों को पुनर्जीवित कर देगी और सक्रिय कर देगी। इस आध्यात्मिक चमक में पाले गए बच्चे बुद्धिमत्ता, सत्य और सौंदर्य में बड़े होंगे। वे इस युगों पुराने सिद्धांत को साबित करेंगे कि हमारे अस्तित्व का एकमात्र कारण ईश्वर को महिमामंडित करना है और उसका सदा आनंद लेना है।

याद रखने वाले बिंदु

1. हर बच्चे को अनुशासन और सुधार की ज़रूरत होती है। जब भी बच्चा घर, स्कूल या किसी दूसरी जगह शाश्वत रूप से स्वीकृत पैमानों के अनुसार काम न करे, तो आपको अपनी अप्रसन्नता व्यक्त करनी चाहिए। *अनुशासन के बिना कोई प्रेम नहीं है और प्रेम के बिना कोई अनुशासन नहीं है।*
2. बाइबल में "नफ़रत" का मतलब जीवन की नकारात्मक बातों को पूरी तरह और दृढ़तापूर्वक अस्वीकार करना है, जैसे झूठ बोलना, उपद्रवी व्यवहार, चोरी करना आदि। दूसरे शब्दों में, जो ग़लत है, उसे आपको कभी क्षमा नहीं करना चाहिए। आपको

यह देखना चाहिए कि बच्चा अपना सबक़ सीख ले और ऐसा करने के बाद उसे न दोहराए।

3. बुद्धिमत्ता बच्चों द्वारा सही साबित होती है। मानसिक "बच्चे" भी होते हैं, जैसे पुस्तकें, नाटक, पेंटिंग्स, गीत आदि। ये सभी सृजनात्मक व्यक्ति की मानसिक अवस्था का चित्रण करते हैं।
4. जब किसी बच्चे को टेन कमांडमेंट्स और स्वर्णिम नियम का असली मतलब सिखाया जाता है, तो वह इन सत्यों को अपनी मानसिकता में शामिल कर लेगा और अपने जीवन में दैवी योजना को प्रकट करेगा।
5. आध्यात्मिक शिक्षा के बिना जिस बच्चे को भटकने के लिए छोड़ दिया जाता है, वह बड़ा होकर दुविधाग्रस्त और उग्र बनेगा।
6. बच्चे अपने माता-पिता की बुद्धिमत्ता को सही साबित करते हैं। इसका मतलब है कि बच्चे अपने माता-पिता की समझदारी भरी नसीहतों को सटीकता से प्रतिबिंबित करते हैं।
7. बच्चे जानते हैं कि वे कब सज़ा के हक़दार हैं। वे जानते हैं कि यह उन्हें कब मिलनी चाहिए। जो पिता अपने बेटे को अनुशासित करता है, वह दरअसल उसके प्रति अपना प्रेम उजागर कर रहा है, क्योंकि इससे पता चलता है कि वह उसके भविष्य और कल्याण में दिलचस्पी रखता है।
8. जब माता-पिता नियमित रूप से बच्चे में ईश्वर-उपस्थिति को पहचानते हैं और कल्पना करते हैं कि बच्चे द्वारा ईश्वर की बुद्धिमत्ता, प्रज्ञा और सद्भाव व्यक्त किया जा रहा है, तो ऐसा बच्चा कृपा, सौंदर्य और बुद्धिमत्ता की अनुभूति में बड़ा होगा।
9. जो अभिभावक ढील देने वाले, लापरवाह और उपेक्षापूर्ण हैं और अपने बच्चों को नियंत्रित, निर्देशित नहीं करते हैं और अतीन्द्रिय अनुभूति द्वारा उनके लिए नियम नहीं बनाते हैं, उनके बच्चों में आत्मविश्वास, सुरक्षा, आत्म-नियंत्रण की कमी होती है और वे स्वार्थी भी होते हैं।
10. जो माता-पिता एक दूसरे से लड़ते रहते हैं और आम तौर पर एक दूसरे के प्रति शत्रुता दिखाते हैं, वे अवचेतन रूप से इन नकारात्मक तरंगों को अपनी संतानों तक पहुँचा देते

हैं, जिससे वे अशांत हो जाते हैं। फलस्वरूप उन्हें महसूस होता है कि उनसे प्रेम नहीं किया जाता या उनकी क़द्र नहीं की जाती। इसके अलावा, वे घर के बिखरने से डर जाते हैं और सुरक्षा का वह अहसास गँवा देते हैं, जो उनके निर्माणात्मक वर्षों में इतना ज़रूरी होता है। कई बार वे अपना प्रतिशोध चोरी करने, पढ़ाई के ख़राब रिकॉर्ड, उदासीनता और आम तौर पर विद्रोही नज़रिये के कार्यों में दिखाते हैं।

11. कम उम्र से ही बच्चे ईश्वर को समझना और अनुभूत करना शुरू कर सकते हैं। आप संकेत कर सकते हैं कि ईश्वर उनका मन है, उनका जीवन है और यह उपस्थिति सोते समय उनका ध्यान रखती है। यही है, जो उनका उपचार करती है, प्रेरित करती है और उनके अध्ययन में उनका मार्गदर्शन करती है। छोटा लड़का या लड़की इस बात को समझ सकते हैं कि वे हवा को नहीं देख सकते, लेकिन चेहरे पर हवा के झोंके को महसूस कर सकते हैं। इसी तरह, वे प्रेम, ख़ुशी और हँसी को महसूस कर सकते हैं, जो सभी ईश्वर की हैं।

12. स्कूल जाने वाले लड़के-लड़कियाँ अपने भीतर की असीम प्रज्ञा से परिचित हो सकते हैं, बशर्ते वे हर रात पाँच-छह मिनट तक यह कहें : "असीम प्रज्ञा मेरे अध्ययन में मेरा मार्गदर्शन करती है, और मुझे हर ज़रूरी चीज़ आदर्श ढंग से याद रहती है। मैं सारी परीक्षाएँ दैवी योजना में उत्तीर्ण करता हूँ।" वे अपने मन में जो बोते हैं, उसके परिणाम का अनुभव करेंगे। यह उनके भीतर की ईश्वरीय उपस्थिति से परिचित होने का एक तरीक़ा है।

13. 12 साल की एक लड़की अतीन्द्रिय अनुभूति के साथ ईश्वर से बातचीत करती है और आग्रह करती है कि वे उसके अध्ययन में उसका मार्गदर्शन करें और वह बहुत तेज़ी से पढ़ाई के क्षेत्र में आगे बढ़ जाती है।

17

अतीन्द्रिय अनुभूति से अपनी इच्छाएँ कैसे पूरी करें

सपना, आदर्श या लक्ष्य होना बहुत अच्छी बात है, लेकिन आपकी आकांक्षाओं के नीचे एक ठोस बुनियाद भी होनी चाहिए। वरना वे सब हवाई फंतासियाँ हैं, जो आपकी ऊर्जा बर्बाद करती हैं और आपकी पूरी शारीरिक संरचना को कमज़ोर करती हैं। कई लोग हैं, जो यही नहीं जानते हैं कि वे कहाँ जा रहे हैं और जो अपने बचपन के सपनों से ऊपर नहीं उठ पाए हैं। न जाने कैसे उनकी फंतासियाँ वास्तविकता के साथ उलझ जाती हैं और दुविधाग्रस्त हो जाती हैं। उन्हें फंतासी और वास्तविकता के बीच फ़र्क़ करने में मुश्किल होती है। इसलिए उन्हें अतीन्द्रिय अनुभूति का इस्तेमाल करने की ज़रूरत पड़ती है।

उसने अपने अवचेतन मन का आवाहन करके अपने सपने को सच कैसे किया

कुछ महीने पहले मैंने लास वेगस, नेवाडा में एक युवा महिला से बातचीत की। उस शहर में वापस आने पर, जब मैं यह अध्याय लिख रहा हूँ, तो वह मेरे पास यह बताने के लिए आई कि उसने अपना सपना सच कैसे किया।

पहली मुलाक़ात में उसने मुझे बताया था कि वह लगातार एक फ़िल्मी हीरोइन बनने के दिवास्वप्न देख रही थी, जिसके एक इशारे पर अनुचर, सेवक, लिमोज़ीन, नौकरानियाँ और बटलर दौड़े चले आएँ। लेकिन उसने स्वीकार किया कि अभिनय के क्षेत्र में उसमें कोई प्रतिभा नहीं थी। वह भावनात्मक रूप से अपरिपक्व थी और वह मशहूर फ़िल्मी हीरोइन बनने के बचपन के ख़्वाब को

अपने वयस्क जीवन में खींच लाई थी। उसके बहुत से पुरुषों के साथ प्रेम प्रसंग चले थे, जिनमें से प्रत्येक ने उसे हीरोइन बनाने का वादा किया था, लेकिन अंततः उसे पता चला कि वे सब बस उसका शोषण कर रहे थे, जिससे उसे कुंठा महसूस हुई और पूर्ण मोहभंग हो गया।

मैंने उसे सुझाव दिया कि उसके पास जो प्रतिभाएँ थीं, वह अब उनका सृजनात्मक उपयोग कर सकती थी। वह बहुत अच्छी तरह टाइपिंग कर सकती थी। इसके अलावा, शॉर्टहैंड की उसकी योग्यता कमाल की थी। मैंने उसे उस पहली मुलाक़ात में बताया कि उसे धरती पर आ जाना चाहिए, व्यावहारिक बनना चाहिए और आसमान में संगमरमर के महल बनाना छोड़ देना चाहिए। मैंने उसे सुझाव दिया कि वह इस तरह का कथन कहे : "असीम प्रज्ञा मेरी पूर्ण अभिव्यक्ति के लिए आदर्श द्वार खोलती है, जहाँ मैं अपनी प्रतिभाएँ अद्भुत तरीक़े से दे रही हूँ और मुझे दैवी भुगतान मिल रहा है। मैं इच्छा करती हूँ कि एक अद्भुत पति मुझे चाहता है, उसे मेरी ज़रूरत है, वह मुझसे प्रेम और सम्मान करता है। मैं उसकी सफलता और खुशी में अद्भुत तरीक़े से योगदान देती हूँ।" मैंने उसे समझाया कि जब वह इन कथनों को दोहराएगी, तो वे उसके अवचेतन मन में बस जाएँगे और उसके अवचेतन की गहरी धाराएँ उसकी इच्छाओं को साकार कर देंगी।

एक स्पष्ट संकेत उसके दिमाग़ में आया

बाद में यह युवती लास वेगस में एक सामाजिक समारोह में गई और वहाँ अँग्रेजी के एक प्रोफ़ेसर से मिली, जिसने उससे अपनी सेक्रेटरी बनने को कहा। वह अब उससे विवाहित है और बहुत खुश है। जो संकेत उसके पास आया था, वह सामाजिक समारोह में जाने का प्रबल अतीन्द्रिय आवेग था, हालाँकि वह उस आमंत्रण को पहले ठुकरा चुकी थी। उसके अवचेतन अनुभूतिबोधक मन की बुद्धिमत्ता जानती थी कि उसके सपनों को पूरा और साकार कैसे करे। अब वह हवा में महल नहीं बना रही है। वह जानती है कि उसके नीचे नींव कैसे बनानी है।

डेव ने कैसे मज़बूत नींव बनाई

आज मैंने अपने पुराने मित्र डेव के साथ डिनर लिया, जो एक बहुत प्रगतिशील और प्रबुद्ध धर्मसमुदाय का नेतृत्व करते हैं। कई साल पहले एक रविवार की सुबह डेव लॉस एंजेलिस के विलशायर एबेल थिएटर में मेरा व्याख्यान सुनने आए थे। वे शिक्षण में गहरी रुचि लेने लगे और उसके बाद उस संगठन में प्रमुख प्रवेशक

बन गए, जहाँ वे कई साल तक रहे। डेव संगीत-नाटक के क्षेत्र में रहे थे और इसमें डिग्रियाँ भी ली थीं, लेकिन वे बस गुज़ारा ही कर पा रहे थे। ऊपर उठने के प्रयासों में वे असंतुष्ट और कुंठित थे।

मैंने डेव को सुझाव दिया कि चूँकि वे बाइबल के अंदरूनी अर्थ और अवचेतन मन की कार्यविधि के बारे में बेहद उत्साहित हैं, इसलिए मुझे यक़ीन है कि वे पादरी के रूप में बहुत सफल होंगे। इस विचार ने डेव के अवचेतन मन की घंटी बजा दी और उन्होंने रिलीजियस साइंस (धार्मिक विज्ञान) का पादरी बनने के लिए पाँच साल तक प्रशिक्षण लिया। वे इस कारण से तुरंत सफल हो गए, क्योंकि अब वे वह कर रहे हैं, जिसे करने से उन्हें प्रेम है और वे दैवी रूप से खुश तथा समृद्ध हैं। वे राज्य की सबसे सुंदर चर्च में से एक के वारिस बने, जब इसके प्रमुख पादरी ने इस्तीफ़ा दे दिया। अब वे युवाओं के कार्यक्रम आयोजित करते हैं, सप्ताह में दो बार साइंस ऑफ़ माइंड की कक्षाएँ लेते हैं और रविवार सुबह प्रवचन देते हैं। उनका संगठन दिन दूनी रात चौगुनी तरक्की कर रहा है।

उन्होंने मुझे बताया कि वे जीवन में कभी इतने खुश नहीं रहे और वे लास वेगस में अपने काम में असाधारण रूप से सफल हैं।

उनकी नींव की तकनीक

पादरी बनने के प्रशिक्षण के दौरान हर रात सोने से पहले वे स्थिर बैठ जाते थे, अपने ध्यान को गतिहीन कर लेते थे और कल्पना करते थे कि वे धर्मोपदेशक के आसन पर खड़े होकर काल्पनिक जनसमूह के सामने ईश्वर के महान सत्यों की व्याख्या कर रहे हैं। उन्हें इसकी वास्तविकता इतनी ज़्यादा महसूस हुई कि विधिवत पादरी बनने से पहले ही उन्होंने मुझसे कहा, "मुझे पूरा विश्वास है कि मेरा खुद का चर्च होगा और मैं पादरी बनूँगा। मैं इसका अहसास करता हूँ, इसे महसूस करता हूँ और स्वप्न में मैंने चर्च तथा धर्मसमुदाय को लगभग 100 बार देखा है।" और यह सब घटित हुआ। इस तरह वह बात सही साबित हुई, जो थोरो ने कई साल पहले कही थी : "यदि कोई व्यक्ति उसे करने की तस्वीर अपने दिमाग़ में रखे, जो वह करना चाहता है और उस मानसिक तस्वीर को क़ायम रखे, तो ईश्वर की शक्ति इसे विकसित और साकार कर देगी।"

आप भी अपने हृदय की इच्छा के नीचे असली ठोस नींव बना सकते हैं। डेव ने आज मुझसे कहा कि वे अपने विद्यार्थियों से इस बात पर ज़ोर देते हैं कि उनके हवा में बनाए महल धुएँ जितने निस्सार हैं, जब तक कि उन्हें साकार

करने के लिए अवचेतन की शक्तियों का बुनियादी ज्ञान न हो।

अनुभूति का नज़रिया बदलने से उसे 2.5 लाख डॉलर की संपत्तियाँ मिलीं

मेरा एक व्यक्ति के साथ बहुत रोचक सत्र रहा, जिसे हम मि. एक्स कहेंगे। वह कुछ समय से मुझसे फ़ोन पर बातचीत और पत्राचार कर रहा था। मैंने फ़ोन पर उसे आध्यात्मिक सलाह दी और नीचे प्रकरण का इतिहास है। वह बहुत दौलतमंद पिता का बेटा है, जो बहुत क्रूर और तानाशाह थे और इस बात पर ज़ोर देते थे कि बेटा कारोबार में उनकी बराबरी का बने। यह युवक अपने पिता से पागलों जैसी नफ़रत करता था और वह बड़ी कंपनियों के बारे में कटु लेख लिखकर पलटवार करने लगा। यही नहीं, उसने अपने पिता के क्लब में साम्यवादी समाज के मूल्य व महत्त्व पर व्याख्यान दिया, यह जानते हुए कि इससे उसके पिता आगबबूला हो जाएँगे। जैसा उसने बताया, उसकी इच्छा अपने पिता पर पलटवार करने की थी। इस दौरान, भावनात्मक शत्रुता और दमित क्रोध तथा ग्लानि के अहसास की वजह से वह अत्यधिक शराब पीने लगा, नशे में चूर या बाध्यकारी पियक्कड़ बन गया। उसे अल्सर और हाई ब्लड प्रेशर भी हो गया। जैसे यही काफ़ी न हो, वह दिवालियेपन की कगार पर भी पहुँच चुका था।

फ़ोन पर मैंने उसे बताया कि उसके कार्यों का कारण क्या था। इसी से उसका 75 फ़ीसदी इलाज हो गया। उसे अहसास हुआ कि वह भावनात्मक दृष्टि से अपरिपक्व था और अपने अपराधबोध को शांत करने के लिए शराब पी रहा था, जैसे लोग सिर दर्द के लिए एस्पिरिन लेते हैं। वास्तव में, उसे अचानक यह समझ आया कि वह अपने पिता के आदर्शों और नीतियों पर प्रहार करके दरअसल ख़ुद को नष्ट कर रहा था। उसने वैज्ञानिक प्रार्थना की तकनीक पर अमल करके इस नज़रिये को उलटने का फ़ैसला किया।

उसने दिन में बार-बार यह कथन ज़ोर से कहा : "मैं अपने पिता को ईश्वर के हवाले करता हूँ। मैं उन्हें पूरी तरह मुक्त करता हूँ और उनके लिए सेहत, शांति, सफलता तथा जीवन की तमाम नियामतों की कामना करता हूँ। जब भी मैं उनके बारे में सोचूँगा, मैं तुरंत कहूँगा, 'मैंने आपको मुक्त कर दिया है। ईश्वर की शांति आपकी आत्मा को भरती है।' मुझे दैवी मार्गदर्शन मिला है। दैवी योजना मुझे शासित करती है। दैवी प्रेम और दैवी शांति मेरी आत्मा को सराबोर करते हैं। मेरा भोजन और पेय ईश्वर के विचार हैं, जो लगातार मेरे भीतर प्रकट होते

हैं तथा सद्भाव, स्वास्थ्य और शांति लाते हैं। ईश्वर मेरे ज़रिये सोचता, बोलता और काम करता है। मैं सारे तरीक़ों से दैवी रूप से अभिव्यक्त तथा पूर्ण हूँ।"

उसने ये कथन बार-बार ज़ोर से दोहराए, जिससे उसका मन कहीं नहीं भटक सका। जब भी उसके मन में नकारात्मक विचार आते थे, तो वह कहता था : "ईश्वर मुझसे प्रेम करता है और मेरी हिफ़ाज़त करता है।" कुछ सप्ताह बाद वह एक सृजनात्मक चिंतक बन गया।

उसकी "फ़िल्म" तकनीक

हर रात लगभग दस मिनट तक वह पूर्ण तनावमुक्त अवस्था में आ जाता था। फिर वह कल्पना करता था कि मैं उसके सामने खड़े होकर उसे बधाई दे रहा हूँ कि वह शराब से आज़ाद हो गया है। जब भी एक पैग पीने की इच्छा का संकेत देने वाली कँपकँपी तथा घबराहट उस पर हावी होती थीं, तो वह अपने मन में मानसिक फ़िल्म चला देता था और जानता था कि सर्वशक्तिमान उसे सहारा दे रहा है। कुछ ही सप्ताह में वह बाध्यकारी पियक्कड़पन के शाप से पूरी तरह आज़ाद हो गया। उसके नए नज़रिये ने हर चीज़ बदल दी। आज तीन महीने बाद लास वेगस में मेरे साथ डिनर पर उसने मुझे बताया कि उसका व्यवसाय इतनी अच्छी तरह समृद्ध हुआ कि उसके पास दो लाख डॉलर से ज़्यादा की संपत्तियाँ हैं। उसकी अतीन्द्रिय अनुभूति ने उसे दौलत इकट्ठी करने के लिए आवश्यक सही और चतुराई भरे निर्णय लेने में समर्थ बनाया।

उसके चेहरे की फड़कन उसका करियर बर्बाद कर रही थी

मेक्सिको और इसके मशहूर पिरामिडों की यात्रा के दौरान मैं एक पादरी से मिला, जिनका चेहरा बहुत अजीब तरीक़े से फड़कता था, जो उनके लिए बहुत शर्मनाक और अपमानजनक बात थी। उन्हें अल्कोहल के इंजेक्शन लगे थे, जिनसे वह नस मृत हो जानी चाहिए थी, लेकिन कुछ महीनों बाद फड़कन दोबारा उभर आती थी। स्थिति बहुत गंभीर बन जाती थी, जब वे अपने धर्मसमुदाय के सामने या अन्य सामाजिक समारोहों में बोलते थे। वे उस बिंदु पर पहुँच गए, जहाँ वे लोगों की टिप्पणियों और खुद शर्म के अहसास की वजह से दरअसल इस्तीफ़ा देने के बारे में सोचने लगे।

बहरहाल, लंबी बातचीत के बाद मैंने टिप्पणी की कि मेरे मन में यह गहरी भावना थी कि उनमें आहत होने और अपराधबोध की ग्रंथि का अहसास था,

जिसका सामना वे व्यक्तिपरक और वस्तुपरक रूप से नहीं करना चाहते थे। यह फड़कन की अवस्था उनकी दाईं आँख को प्रभावित कर रही थी, जो संभवतः इस बात का प्रतीक हो सकता था कि वे अपने घर या ऑफ़िस में कोई चीज़ नहीं देखना चाहते थे। कोई कारण तो था कि उनका अवचेतन उनके चेहरे और उनकी दाईं आँख को बलि के बकरे के रूप में चुन रहा था। हक़ीक़त पहचानने के लिए उन्हें अपनी अतीन्द्रिय अनुभूति की ज़रूरत थी कि इससे कैसे निबटा जाए।

उन्होंने खुलकर स्वीकार किया कि वे जो सिखा रहे थे, उसमें अब यक़ीन नहीं करते थे, जिससे उनमें अपराधबोध की ग्रंथि आ गई थी। यही नहीं, वे इस्तीफ़ा देने में इसलिए डर रहे थे, क्योंकि उन्हें महसूस होता था कि वे चर्च के बाहर आजीविका नहीं चला पाएँगे। वे संचालक मंडल के सदस्यों से द्वेष करते थे, जो उनकी आलोचना करते थे, जब भी वे शिक्षण के पारंपरिक मानदंड से इधर-उधर होते थे। इस सारे नर्वस प्रेशर को उनके अवचेतन मन ने एक फड़कन में बदल दिया था। इस रोग ने एक अस्वस्थ तरीक़े से ईमानदार होने की उनकी असफलता और अपने धर्मसमुदाय के सामने यह स्वीकार करने की असफलता की भरपाई की थी कि अब वे चर्च के निर्देशों और सिद्धांतों में यक़ीन नहीं करते थे।

उन्होंने यह सब मेरे सामने खुलकर स्वीकार किया। मैंने उन्हें सुझाव दिया कि जब वे अपनी छुट्टियों से लौटें, तो अगले रविवार को उन्हें मंच से खुलकर बोलना चाहिए और अपने धर्मसमुदाय को बता देना चाहिए कि वे इस्तीफ़ा दे रहे हैं, क्योंकि अब वे उसमें यक़ीन नहीं रखते हैं, जो वे सिखा रहे थे। वे समझ गए कि एक चीज़ सिखाने और दूसरी चीज़ में यक़ीन करने से उनके दिमाग़ में एक शक्तिशाली नकारात्मक द्वंद्व हो रहा था, जिससे मानसिक और शारीरिक विकार उत्पन्न हो रहे थे।

उन्होंने अपने धर्मसमुदाय से दिल की गहराई से बोला और फिर इस्तीफ़ा दे दिया। एक पत्र में उन्होंने कहा, "मुझे भारी राहत मिली और मुझे ज़बर्दस्त शांति का अहसास मिला। मेरा सतत कथन था, 'तुम मुझे जीवन की राह दिखाओगे,' और मेरे संचालक मंडल के एक पूर्व सदस्य ने अपने संगठन में मुझे कार्मिक विभाग के संचालक का पद दे दिया, जहाँ मैं खुश हूँ।" उन्होंने आगे कहा, "आपने जो कहा था, वह सच है। प्रायः स्पष्टीकरण ही इलाज होता है।"

अगर आपके सामने कोई मानसिक, शारीरिक या भावनात्मक समस्या है, तो खुद से पूछें : "मैं किससे दूर मुड़ रहा हूँ? मैं किसका सामना नहीं करना चाहता? क्या मैं किसी के प्रति अपने द्वेष और शत्रुता को छिपा रहा हूँ?" समस्या का

सामना करें और अतीन्द्रिय अनुभूति से इसे सुलझाएँ। ईश्वर के प्रेम के प्रकाश में इसे घोल दें।

उसे अकेले रहने की ज़रूरत नहीं थी

मैंने एक बार *प्रिंसेस कार्ला* नामक समुद्री जहाज़ पर एक सेमिनार आयोजित किया था, जो मेक्सिको में कई बंदरगाहों पर गया। मैं दैनिक व्याख्यान और व्यक्तिगत बातचीतें भी आयोजित करता था। न्यू यॉर्क सिटी की एक युवा महिला हालाँकि हमारे सेमिनार की सदस्य नहीं थी, लेकिन वह मुझसे बातचीत करने आई, क्योंकि उसने मेरी पुस्तक द *पॉवर ऑफ़ युअर सबकॉन्शस माइंड* पढ़ी थी। उसकी बातचीत का सार यह था कि वह हमेशा ग़लत पुरुषों को आकर्षित कर रही थी। वे या तो शराबी थे, विवाहित थे या यौन भटकाव ग्रंथियों के शिकार थे। वह थोड़ी एकाकी, शत्रुतापूर्ण और रक्षात्मक थी। मैंने उससे एक बहुत सरल सवाल पूछा, “तुम्हें भीतर से क्या कुतर रहा है?” मैंने उसे बताया कि काहुना (हवाई का एक पुजारी) उपचार के लिए आने वाले हर व्यक्ति से हमेशा यह सवाल पूछता है। उसने कहा, “मैं अपनी माँ से नफ़रत करती हूँ। जब मेरा भाई बुखार से मरा, तो मेरी माँ ने मुझसे कहा, ‘उसकी जगह तुम क्यों नहीं थीं?’”

13 साल की लड़की के कोमल मन के लिए यह भयानक सदमा था। बेशक दुख में कही इस बात से माँ का दरअसल वह मतलब नहीं था, क्योंकि वह इकलौती लड़की उसके भाई की जगह ज़िंदा रही। यह बहुत आकर्षक और सुंदर युवती समुद्री यात्रा के दौरान कई पुरुषों से मिली, लेकिन वह उनमें से हर एक के प्रति बहुत आलोचनात्मक थी। आप कह सकते हैं कि उसमें अस्वीकृति की ग्रंथि थी, क्योंकि वह इस डर में जीती थी कि उससे कोई प्रेम नहीं कर सकता। उसे अस्वीकृत किए जाने की आशंका रहती थी और उसे यह अहसास नहीं था कि जिस बात से वह डरती थी, वह हमेशा साकार हो जाएगी। अंदर से वह साहचर्य के लिए भूखी थी और प्रबलता से चाहती थी कि उसकी क़द्र की जाए, उसे चाहा जाए और उससे प्रेम किया जाए। उसके अवचेतन द्वंद्व के मूल में उसकी माँ की आलोचनात्मक टिप्पणी थी, “उसकी जगह तुम क्यों नहीं थीं?”

हमने जहाज़ पर मेरे केबिन में एक लंबी बातचीत की और मैंने उसे बताया कि अतीत मृत हो चुका था और इस पल के सिवाय कुछ महत्त्वपूर्ण नहीं था। मैंने बताया कि उसे तो बस इतना करना था कि अपने वर्तमान विचारों को बदल ले और उन्हें बदला हुआ ही रखे। उसका भविष्य उसकी नई आदतन सोच का

आदर्श प्रकटीकरण होगा। मूल विचार यह है कि हम अपने मन के बगीचे में जो बोते हैं, उसी की फ़सल हम अपने अनुभव में काटेंगे। इसके अनुसार मैंने उसके लिए कथनों का एक साँचा बनाया और उसे समझाया कि वह जो चाह रही है, उसे उससे कभी इंकार नहीं करना चाहिए। कथन इस प्रकार था :

> मैं जानती हूँ कि अतीत मृत है और मुझे तो बस अपने अवचेतन मन को विचार के जीवनदायी साँचों से भरना है, जिससे अतीत के सारे नकारात्मक और सदमे भरे घाव भर जाएँगे। मैं अब इच्छा करती हूँ कि असीम प्रज्ञा मेरा मार्गदर्शन कर रही है और दैवी प्रेम मेरी आत्मा को भर रहा है। मैं प्रेरित और प्रबुद्ध हूँ तथा मेरी छिपी प्रतिभाएँ मेरे सामने उजागर की जा रही हैं। मैं सभी स्त्री-पुरुषों के प्रति प्रेम, शांति और सद्भाव संचारित करती हूँ। मेरे पास इंसान को देने के लिए बहुत कुछ है। मैं ईमानदार हूँ; मैं एक प्यारे घर की क़द्र करती हूँ। मैं उस व्यक्ति का सम्मान कर सकती हूँ, प्रेम कर सकती हूँ और सराह सकती हूँ, जिसके मन में दैवी चीज़ों के लिए सम्मान हो। मैं एक सुंदर घर से प्रेम करती हूँ। मैं किफ़ायती हूँ और मैं उस आदमी के प्रति अद्भुत तरीक़े से योगदान दे सकती हूँ, जो प्रेमपूर्ण, दयालु और शांतिप्रिय हो। जब भी मैं अपनी माँ के बारे में सोचती हूँ, मैं उनके लिए दुआ करती हूँ। अब वे जीवन के अगले आयाम में पहुँच चुकी हैं और मैं इच्छा करती हूँ कि उनकी यात्रा हमेशा आगे, ऊपर और ईश्वर की तरफ़ हो। मैं द्वेषपूर्ण विचार रखने के लिए खुद को क्षमा करती हूँ और जानती हूँ कि ईश्वर मुझसे प्रेम करता है तथा मेरी हिफ़ाज़त करता है। जब भी मैं खुद की आलोचना करने के लिए प्रवृत्त होती हूँ, मैं तुरंत खुद से यह कथन कहूँगी, 'ईश्वर मुझसे प्रेम करता है और मेरी हिफ़ाज़त करता है।"

मुझे सुखद हैरानी हुई, जब यह युवा महिला कुछ रविवार पहले मेरे व्याख्यान में आई और उसने मेरा परिचय अपने पति से कराया, जो ब्रिटिश नौसेना का रिटायर्ड कप्तान था। वे बहुत खुश हैं और इस वक़्त विश्व भ्रमण पर हैं, जो लगभग आठ महीने तक चलेगा। हमने जिन सत्यों पर बातचीत की थी, उन्हें उसने अपने अवचेतन मन में समाहित कर लिया था। जैसा उसने कहा, एक घंटे की अनुभूति ने उसकी ज़िंदगी बदल दी। यह सच है कि आप पलक झपकते ही बदल सकते हैं।

याद रखने वाले बिंदु

1. सपना देखना बहुत अच्छी बात है, लेकिन आपको सपने के नीचे ठोस अतीन्द्रिय बुनियाद भी रखनी होगी; वरना यह हवाई फंतासी बनकर रह जाता है।
2. पता लगाएँ कि इस वक़्त आपमें कौन से गुण हैं। अपनी वर्तमान क्षमताओं का पता लगाएँ और वहीं से शुरुआत करें। फिर अहसास करें कि आपकी सच्ची अभिव्यक्ति के लिए आपको दैवी मार्गदर्शन मिल रहा है और एक अद्‌भुत तरीक़े से दैवी भुगतान मिल रहा है। जवाब आपके अवचेतन मन से आएगा और आप उस संकेत को पहचान लेंगे, जो स्पष्टता से आपके पास आता है।
3. आप जो बनना चाहते हैं, उसकी तस्वीर अपने दिमाग़ में क़ायम रखें और अपनी कल्पना में उसे नाटकीकृत कर दें। यह विश्वास रखें कि आपका अवचेतन मन इसे विकसित करके साकार कर देगा। अगर आप उस मानसिक तस्वीर के प्रति निष्ठावान बने रहते हैं, तो रास्ता खुल जाएगा और आप वह बन जाएँगे, जिसकी आपने कल्पना की थी और सच महसूस किया था।
4. दूसरों पर पलटवार करने या प्रतिशोध लेने की इच्छा से आप शारीरिक और मानसिक रूप से दरअसल खुद को ही नष्ट कर रहे हैं। जवाब यह है कि उन्हें ईश्वर के लिए छोड़ दें और उनके लिए जीवन की सारी नियामतों की कामना करें। यदि आप शराबी हैं, तो नकारात्मक विचार रखने के लिए खुद को क्षमा करें और कल्पना करें कि कोई मित्र आपकी स्वतंत्रता तथा मानसिक शांति के लिए आपको बधाई दे रहा है। जब आप इस मानसिक फ़िल्म को देखना जारी रखते हैं, तो आपका अवचेतन कमान सँभाल लेगा और शराब की सारी इच्छा या लालसा चली जाएगी। आपके अवचेतन का नियम बाध्यकारी है और आप इस पर जो भी छाप छोड़ते हैं, वह अभिव्यक्त होती हे। आप अपनी अतीन्द्रिय अनुभूति से इसकी बाध्यता को नियंत्रित कर सकते हैं।

5. चेहरे का फड़कना किसी गहरे द्वेष और अपराधबोध की ग्रंथि के कारण हो सकता है। यह द्वंद्व का सामना बहादुरी से करने और इससे उबरने की अनिच्छा के कारण भी हो सकता है। आपको तो बस यह करना है कि इसका वस्तुपरक रूप से सामना करें, जबकि आपके मन में अतीन्द्रिय अनुभूति हो। खुद के साथ ईमानदार रहकर उस पर यक़ीन करने और सिखाने से इंकार करें, जो आप अपने दिल में सच नहीं मानते या महसूस नहीं करते। कल्पना करें कि आपके भीतर की असीम प्रज्ञा आपके लिए अभिव्यक्ति का एक नया द्वार खोल देती है और यह दैवी योजना के तहत सही प्रतिक्रिया देगी और मनचाहा उपचार हो जाएगा।

6. जब कोई महिला अपनी माँ से नफ़रत करती है और पुरानी चोटों तथा अतीन्द्रिय मानसिक आघात पर सोच-विचार करती रहती है, तो वह अपनी तरफ़ ग़लत प्रकार के लोगों को आकर्षित करेगी। यह इस नियम पर आधारित है कि समान ही समान को आकर्षित करता है। उसे इस चीज़ का अहसास करना था कि अतीत मृत हो चुका है; कोई भी चीज़ इस पल के अलावा कहीं नहीं जीती है। जब वह अपने वर्तमान विचार को बदल लेगी, तो वह अपने भविष्य को भी बदल लेगी, क्योंकि उसका भविष्य उसके वर्तमान विचारों का प्रकटीकरण होगा।

18

आपके पूर्व जन्मों की अतीन्द्रिय अनुभूति

एमर्सन ने कहा था, "सभी मनुष्यों में एक मन साझा है। हर मनुष्य उसी की एक पतली खाड़ी है। जो भी तर्क के अधिकार से एक बार स्वीकार कर लिया जाता है, उसे पूरी जायदाद का विशेषाधिकार प्राप्त मनुष्य बना लिया जाता है। जो प्लेटो ने सिखाया है, वह उसे सोच सकता है; एक संत ने जो महसूस किया है, वह उसे महसूस कर सकता है; जो भी किसी मनुष्य के साथ हुआ है, वह उसे समझ सकता है। जिसे भी इस शाश्वत मन तक पहुँच हासिल है, वह उसमें हिस्सेदार है जो है या किया जा सकता है, क्योंकि वह एकमात्र और अधिपति कर्ता है।"

इसका मतलब है कि आपका अवचेतन मन पूरी मानव जाति के शाश्वत व्यक्तिपरक मन के साथ एक है, इसलिए आपके पास हर उस चीज़ की स्मृति है, जो मनुष्य के विकास में अनादि काल से आज तक हुआ है - शारीरिक दृष्टि से भी और मानसिक दृष्टि से भी। बोली गई सभी भाषाएँ, संसार का सारा संगीत, तथा सभी मनुष्यों की खोजें, आविष्कार व अनुभव आपके अवचेतन मन में अमिट रूप से और हमेशा दर्ज हैं। यह अध्याय मानव अनुभव के इस भंडार की अतीन्द्रिय अनुभूति पर प्रकाश डालेगा।

आपका अवचेतन हर बात को स्वीकार करता है

आपका अवचेतन बहस नहीं करता है। यह आपके चेतन मन द्वारा इसे दिए गए आधारवाक्य (चाहे यह सच हो या झूठ) को स्वीकार करता है और निगमनात्मक तरीक़े से इसके सारे वैध निष्कर्षों तक पहुँचता है, अद्‌भुत स्पष्टता और सटीकता के साथ।

पूर्व जन्मों से संबंधित एक रोचक सम्मोहन प्रयोग

कुछ समय पहले मैंने एक प्रयोग देखा, जो मेरे एक मित्र ने एक व्यक्ति पर किया, जिसे हम मि. एक्स कहेंगे। वह एक रोमन कैथोलिक था और पुनर्जन्म में ज़ोरदार अविश्वास करता था। बहरहाल, मनोवैज्ञानिक ने उससे कहा कि अगर वह उसे तंद्रा में पहुँचा दे, तो वह उसके जवाबों को टेप कर लेगा और उसके सामने साबित कर देगा कि उसके कई पूर्व जन्म रहे हैं। सम्मोहित अवस्था में मनोवैज्ञानिक ने मि. एक्स को सुझाव दिया कि वह उसे 500 साल पहले ले जा रहा है और मि. एक्स को बताना है कि वह कहाँ था, कहाँ रह रहा था और क्या कर रहा था। कोई प्रतिक्रिया नहीं मिली। फिर मनोवैज्ञानिक ने कहा, "यह 1,000 साल पहले की बात है। तुम कौन हो? तुम्हारा नाम क्या है?" कोई जवाब नहीं मिला। फिर हताशा में मनोवैज्ञानिक ने मि. एक्स से कहा, "मैं अब तुम्हें पीछे ले जा रहा हूँ, इंग्लैंड या आयरलैंड के अस्तित्व में आने से भी पहले - बहुत, बहुत पहले। तुम कौन हो?"

लगभग एक मिनट तक ख़ामोशी रही, फिर मि. एक्स ने कहा, "सातवें दिन मैंने आराम किया।"

इसके साथ ही मि. एक्स पर पुनर्जन्म संबंधी सम्मोहक प्रयोग ख़त्म हो गया।

असफलता का कारण

आम तौर पर यह सच है कि तंद्रा की सम्मोहित अवस्था में आप हमेशा सम्मोहनकर्ता को वही जवाब देंगे, जो वह चाहता है, यानी आप उसके साथ सहयोग करेंगे। आधारवाक्य के सही होने पर, चाहे वह सच्चा हो या झूठा, आपका अवचेतन जो सुझाव का अनुगामी है, सम्मोहक को वही देगा, जो एक तार्किक निष्कर्ष नज़र आता है। इस प्रकरण में मि. एक्स ने नींद की अवस्था में जाने से पहले अपने अवचेतन को सुझाव दिया था, "मैं यक़ीन नहीं करता। मैं पुनर्जन्म में विश्वास नहीं करता। मैं कोई प्रतिक्रिया नहीं दूँगा।" उनके अवचेतन मन ने प्रबल सुझाव को स्वीकार कर लिया, जो मि. एक्स का था। याद रखें, आपका अवचेतन मन दो विपरीत विचारों में से ज़्यादा प्रबल विचार को ही स्वीकार करता है। मि. एक्स ने सम्मोहनकर्ता के सुझाव को ख़ारिज कर दिया और आप मनोवैज्ञानिक के तीसरे प्रश्न पर मि. एक्स की प्रतिक्रिया के हास्य को देख सकते हैं।

मि. एक्स की बहन पर प्रयोग

मि. एक्स की बहन ने तंद्रा की अवस्था में जाने से पहले अपने अवचेतन को कोई विपरीत सुझाव नहीं दिया और मनोवैज्ञानिक उसे इतिहास के विभिन्न दौरों में पीछे ले गया। उसने जोन ऑफ़ आर्क होने का दावा किया और तंद्रा की अवस्था में फ्रेंच बोलने लगी। उसने कहा कि दूसरे युग में वह मिस्त्र की राजकुमारी थी और उसने मिस्त्र के धार्मिक विश्वासों संबंधी चर्चा प्रारंभ कर दी। उसने दावा किया कि पिरामिड इंसानों ने बनाए थे, जिन्होंने अर्ध-तंद्रा में जाकर मन की शक्ति से सारे पत्थर उठाए, उन्हें काटा और सही जगह पर लगाया; कि यह सब हथौड़े या धातु के अन्य औज़ारों के बिना हासिल किया गया; कि मन ने ही सारी चीज़ें कीं।

ज़ाहिर है, यह साबित करने का कोई तरीक़ा नहीं था कि वह राजकुमारी या जोन ऑफ़ आर्क थी या नहीं। उससे बातचीत करने के बाद मुझे पता चला कि उसने चार साल तक फ्रेंच भाषा का अध्ययन किया था और फ्रांस में रही थी। यही नहीं, उसने मिस्त्र की यात्रा भी की थी और पिरामिडों व मिस्त्र के इतिहास का अध्ययन किया था। तंद्रा की अवस्था में सम्मोहक के सुझाव की प्रतिक्रिया में उसके अवचेतन मन ने उसकी पढ़ी बातों के मिश्रण को नाटकीकृत कर दिया। इसे एक काल्पनिक प्रस्तुति कही जा सकती थी और उसके निष्कर्ष उसके दोनों कथनों के सही होने के लिहाज़ से सही थे; यानी वे मनोवैज्ञानिक के इस आधार वाक्य से तार्किक रूप से निकाले जा सकते थे कि वह पहले जीवित थी और उसे हमें इस बारे में बताना था।

उसने इस सुझाव को स्वीकार कर लिया, जो उसका प्रमुख आधारवाक्य बन गया। उसके अवचेतन ने उस सबका इस्तेमाल किया, जो भी उसके खुद के ज्ञान या अनुभव के दायरे के भीतर था, जो भी उसने देखा, पढ़ा, सुना या घूमा था, जो भी किसी तरह से विचार की व्याख्या करने की प्रवृत्ति रखता था। साथ ही, उसका अवचेतन उन तमाम तथ्यों या विचारों के प्रति पूरी तरह बेसुध बन गया, जो सम्मोहनकर्ता के सुझाव के तालमेल में नहीं थे। विवेचनात्मक तर्क अवचेतन मन का गुण नहीं है।

क्या आप पहले भी जीवित थे?

कई लोगों द्वारा बताए गए सबसे रोचक घटकों में से एक यह है कि वे अपने पूर्व जन्मों की याद रखने का दावा करते हैं। यही नहीं, कुछ लोग तो उल्लेखनीय समय, स्थान और अन्य रोचक बातें विस्तार से बताते हुए दावा करते हैं कि वे

प्राचीन मंदिरों में पुजारी थे। कोई शक नहीं है कि कुछ लोग पूर्व जन्म की याद के साथ नज़र आते हैं। वे बताते हैं कि ऐसी स्मृतियों को स्पष्ट करने का एकमात्र तरीक़ा यह है कि वे दरअसल पहले भी इस संसार में रह चुके हैं।

हम सभी मन के एक विराट सागर में डूबे हैं। डॉ. फ़िनीज़ पार्कहर्स्ट क्विम्बी ने कहा था, "हमारे मन परिवेशों की तरह मिलते हैं।" आपका मन एक महान भंडार है, जिसमें युगों के मानसिक अनुभव और प्रतिक्रियाएँ शामिल हैं। किसी अतीन्द्रिय-दर्शक या दूसरे अतीन्द्रिय के लिए यह संभव है कि वह समय में पीछे पलट जाए और जॉर्ज वॉशिंगटन को बर्फ़ पर घुटने टेकते देख ले, लेकिन इसका यह मतलब नहीं है कि वह जॉर्ज वॉशिंगटन का दूसरा जन्म है। इसका मतलब बस यह है कि वह उस मानसिक तस्वीर या तरंगों को ग्रहण करता है, जो हमेशा के लिए शाश्वत व्यक्तिपरक मन के शाश्वत पर्दे पर हमेशा के लिए मूर्त है। सारी चीज़ें मन-सिद्धांत में शाश्वत वर्तमान के रूप में सह-अस्तित्व में हैं।

याद रखने के महत्त्वपूर्ण बिंदु

इस तथ्य पर विचार करें कि संसार में अब तक रहे सभी लोगों के इंद्रियात्मक प्रभाव आपके भीतर हैं। आप आसानी से किसी पुराने अनुभव की तरंगों को ग्रहण कर सकते हैं, जो किसी दूसरे के पास रहा था और उसे अपना मान सकते हैं। आपके भीतर का जीवन सिद्धांत कभी नहीं मरता और कभी नहीं मरेगा। आपके भीतर के इस जीवन सिद्धांत ने, जो असीम आत्मा और असीम मन है, सारी भूमिकाओं को निभाया है, सारे देश बनाए हैं, हर कहीं है, हर चीज़ देखी है और सारी चीज़ों का अनुभव किया है। स्पष्टता से सोचें और आप अतीन्द्रिय अनुभूति के ज़रिये महसूस करेंगे कि इंसान के ज़रिये काम कर रहे एक मन ने सारी बाइबलें और सारी पुस्तकें लिखी थीं तथा सारे धर्म स्थापित किए थे। एक मन आपके भीतर है और इसीलिए भारत और तिब्बत में ही नहीं, बल्कि दूसरे देशों में भी ऐसे लोग हैं, जिन्हें विस्तार से इसका वर्णन करने के लिए संसार के किसी हिस्से की यात्रा करने की ज़रूरत नहीं है। कई अतीन्द्रिय-दर्शक यह करने में समर्थ हैं, लेकिन अतीन्द्रिय-दर्शन और अतीन्द्रिय-श्रवण की शक्तियाँ आपके और सारे लोगों के भीतर है।

वहाँ पहले रहने का मनोवैज्ञानिक स्पष्टीकरण

एक बार मैंने भारत में पांडिचेरी की यात्रा की। पहुँचने पर मैं अपना रास्ता जानता

था। सारी सड़कें, इमारतें और बाज़ार मेरे लिए जाने-पहचाने थे। जब मैंने लोगों को बोलते सुना, तो मैंने खुद से कहा, "मैंने ये आवाज़ें पहले भी सुनी हैं।" आइए इस अनुभव को अवचेतन मन के दृष्टिकोण से देखते हैं। मेरा अवचेतन जानता था कि मुझे पांडिचेरी की यात्रा करनी थी, इसलिए मेरे अवचेतन स्वरूप ने वहाँ की यात्रा तब की, जब मैं गहरी नींद में सोया था। आप इसे अतीन्द्रिय यात्रा कह सकते हैं, लेकिन आपका अवचेतन हमेशा मौजूद होता है, क्योंकि यह समय और स्थान के पार जा सकता है। हालाँकि चेतन रूप से मैं सोया था, लेकिन मैंने मानसिक तौर पर कई लोगों से बातचीत की, उनकी प्रतिक्रियाएँ और आवाज़ें सुनीं। यही नहीं, उस मनोवैज्ञानिक यात्रा में मैंने देहात की सारी सुंदरता भी देखी।

मैं एक अद्भुत यात्रा के मानसिक चित्र देख रहा था, मैंने अपने अवचेतन मन पर इसकी छाप छोड़ दी थी और "इस पर सोने चला गया था।" मेरे अवचेतन ने सुझाव को स्वीकार कर लिया और मनोवैज्ञानिक रूप से वहाँ गया। जब मैं चेतन और वस्तुपरक रूप से वहाँ पहुँचा, तो मैंने सारी व्यक्तिपरक अवस्थाओं का अनुभव किया। मैंने वस्तुपरक रूप से जो देखा और सुना, मैं उसे व्यक्तिपरक रूप से देख और सुन चुका था। ज़ाहिर है, मैंने वह आवाज़ पहले सुनी थी और वह जगह पहले देखी थी! असल सच्चाई यह है कि कोई भी, चाहे वह कोई भी हो, किसी ऐसी जगह नहीं जा सकता, कोई ऐसी चीज़ नहीं सुन सकता, या किसी ऐसी चीज़ का अनुभव नहीं कर सकता, जो पहले से ही उसके भीतर मौजूद न हो। ऐसा क्यों है? क्योंकि असीम मन उसके भीतर है। असीम आत्मा या असीम मन को यात्रा करने, कुछ सीखने, कुछ अनुभव करने, या विकास, विस्तार या संकुचन करने की ज़रूरत नहीं है। सब कुछ वहाँ पहले से ही मौजूद है। सारी चीज़ें असीम में इसी समय रहती हैं। यह शाश्वत रूप से जीवित, सर्व-बुद्धिमान और सर्वज्ञानी है।

आप यह क्यों कह सकते हैं, "ऐसा लगता है, मैं उसे हमेशा से जानता हूँ"

आपको कोई व्यक्ति मिल सकता है, जिसके बारे में आपको लगता हो कि आप हमेशा से उसे जानते हैं। इसका कारण यह है कि वह आपकी मनोदशा के लिए अंतरंग हैं। सारे सुर आपके भीतर हैं, जिस तरह असंख्य ध्वनियाँ और सुर पियानो में होते हैं; जो सुर आपको प्रभावित करता है, वह हमेशा था। जब आप कहते हैं कि आपको पहले किसी निश्चित शहर में रहने की याद है और हर चीज़

आपको परिचित दिखती है, तो यह बहुत संभव है कि आप स्वप्न अवस्था में उस जगह की यात्रा कर चुके हों और बाद में भूल गए हों। लेकिन आपका अवचेतन या अतीन्द्रिय मन कुछ नहीं भूलता। यह आपके सारे अनुभव अमिट और अचूक तरीक़े से दर्ज कर लेता है। आपके अनुभव का यह मतलब भी हो सकता है कि आप उसके प्रति जाग रहे हैं, जो हमेशा ज्ञात था और जो हमेशा आपके भीतर विद्यमान था। याद रखें, ईश्वर - जीवन सिद्धांत - आपके भीतर है। इस उपस्थिति ने सारी चीज़ें बनाई थीं। जब आप उस देवत्व की ओर जाग्रत होना शुरू करते हैं, जो आपके परिणामों को आकार देता है, तो आप यह अहसास करना शुरू करेंगे कि पूरा संसार और मानव जाति का सारा सृजन तथा अनुभव आपके भीतर हैं।

पहले हुई कोई चीज़ याद करना क्यों संभव है?

एक चीज़ के बारे में आप विश्वास कर सकते हैं : इस पृथ्वी पर जो भी कभी हुआ है, उसे याद करना संभव है। यह देखना भी संभव है कि भविष्य में क्या हो सकता है, हालाँकि इसे प्रार्थना के माध्यम से बदला जा सकता है। आपके बारे में असल सच्चाई यह है : आपके भीतर की सर्वज्ञता आपकी खुद की चेतना या जागरूकता है। बाइबल में एक्सोडस के तीसरे अध्याय में ईश्वर का नाम (प्रकृति), *मैं हूँ* बताया गया है, जिसका मतलब है शुद्ध अस्तित्व जीवन, आत्मा, स्वयं उत्पन्न होने वाली प्रज्ञा, वास्तविकता या शुद्ध जागरूकता। दूसरे शब्दों में, ईश्वर आपके भीतर वास करता है और जब आप कहते हैं, *"मैं हूँ,"* तो आप अपने भीतर ईश्वर की उपस्थिति की घोषणा कर रहे हैं।

इसलिए जब आप थोड़ा गहरा चिंतन करते हैं, तो आपको अहसास होगा कि आपके भीतर की असीम आत्मा या असीम मन में वे सारे लोग हैं, जो कभी रहे थे, जो अभी जीवित हैं या जो कभी रहेंगे। आपके भीतर का यह मन-सिद्धांत बुद्ध, ईसा मसीह, मोज़ेस, सुकरात, लिंकन, शेक्सपियर आदि रहा है। आपकी जागरूकता या आत्मा ने सारी भूमिकाएँ निभाई हैं। यह हर जगह रही है। इसने हर चीज़ देखी है। इसके भीतर सब कुछ है। पूरी सृष्टि भी आपके खुद के 'मैं हूँ' से निकली थी।

सभी मनुष्यों में कार्यरत असीम मन ने सारी बाइबलें लिखीं, सारी भाषाएँ बोलीं, सारे पिरामिड बनाए, सारी पुस्तकें लिखीं; इसलिए आप अक्सर संसार के कई लोगों के बारे में पढ़ते हैं, जो हालाँकि कम शिक्षित थे, लेकिन तंद्रा में वे 12-13 भाषाएँ बोल लेते हैं।

केवल एक ही अस्तित्व या जीवन-सिद्धांत है

एक अस्तित्व - चेहराविहीन, निराकार और कालातीत - मनुष्य के रूप में व्यक्तिगत होता है। सारे मनुष्य आपके विस्तार हैं, क्योंकि सिर्फ़ एक ही मन है। हर व्यक्ति इसे अलग तरीक़े से ढाल सकता है, लेकिन यह एक ही मन है, जो सारे लोगों में आम है। सबका जीवन एक है और अविभाजित है। यह कई चोले पहनता है। "मानवता" शब्द का अर्थ एक स्वरूप है, जो कई अन्य के अलावा मानव आकार के रूप में प्रकट होकर खुद को सीमित करता है।

पैदा होने से पहले आप कहाँ से आए थे?

हमेशा याद रखें कि जब भी कोई बच्चा पैदा होता है, तो यह ईश्वर है, जो संसार में आ रहा है। यह शाश्वत है, जो निराला बन रहा है या अदृश्य ही दृश्य बन रहा है। आप ईश्वर की एकल अभिव्यक्ति हैं। हम सभी का एक ही पिता है, एक ही जनक, जीवन-सिद्धांत। इसे कई नामों से बुलाया जाता है, जैसे अल्लाह, ब्रह्मा, वास्तविकता, जीवन, अस्तित्व, जागरूकता, चेतना, जीवित आत्मा सर्वशक्तिमान और स्वयं उत्पन्न होने वाली आत्मा।

आध्यात्मिक दृष्टिकोण से ईडन असीम आनंद, अनिर्वचनीय सौंदर्य और पूर्ण शांति का स्थान है। दूसरे शब्दों में आप ईश्वर, असीम उपस्थिति से आए हैं, जहाँ आप खुशी की पूर्णता, असीम प्रेम, पूर्णता और सद्‌भाव में रहे थे। ईश्वर के ये गुण वे क़ीमती पत्थर हैं, जिन्होंने आपको ढँका था। दूसरे शब्दों में, आप पूर्ण अवस्था में यह अस्तित्व थे और जब आपके माता-पिता का संगम हुआ और अंडा निषेचित हुआ, तो आत्मा प्रविष्ट हुई और आपके माता-पिता के आनुवांशिक इतिहास तथा मनोदशा, मानसिक नज़रिये और स्वभाव के अनुरूप ढल गई। जब आप आए, तो इसका अर्थ ईश्वर का पैदा होना और बच्चे का रूप धारण करना था। इसका मतलब एक ही चीज़ है; यानी कोई भी आकार या प्रकटीकरण आने से पहले अदृश्य से बाहर आता है - मैं हूँ, जीवित सिद्धांत, सर्वशक्तिमान।

कोई मासूम बच्चा बहरा, लँगड़ा, अंधा या अपाहिज क्यों पैदा होता है?

आप पूछ सकते हैं कि एक स्वस्थ, ज़िंदादिल, दमदार आदमी - अंधा, बहरा, दमे का शिकार, आर्थ्राइटिस से अपाहिज या मतिभ्रम का शिकार या विक्षिप्त क्यों बन जाता है। जवाब यह है : एक शाश्वत नियम है, जो तोड़ा नहीं जा सकता।

यदि वह व्यक्ति किसी से नफ़रत करता है या यदि वह द्वेष, ईर्ष्या, प्रतिशोध या शत्रुता से भरा है, तो ये सभी विनाशकारी भाव उत्पन्न करते हैं, जो सभी प्रकार के विकार और रोग ले आते हैं। ऐसा नहीं है कि बच्चे के लिए एक नियम है और 80-90 साल के आदमी के लिए दूसरा नियम है। हम सभी उसी नियम के अधीन हैं, जैसे कि गर्भ में पल रहा बच्चा या पालने में लेटा हुआ बच्चा। इसका मतलब है कि हम सभी सामूहिक मन के नियम में डूबे हुए हैं। सामूहिक मन के नकारात्मक सुझाव लगातार हमारी मानसिकता पर प्रभाव डाल रहे हैं। हमारा मन अपनी ग्रहणशीलता की सीमा के अनुरूप ही प्राप्त करता है। हम अपनी अतीन्द्रिय अनुभूति के ज़रिये नकारात्मक परिस्थितियों से अपनी रक्षा कर सकते हैं।

पुनर्जन्म और समय का चक्र

जब कोई बच्चा पैदा होता है, तो यह असीम आत्मा ही है, जो उस बच्चे का रूप धारण कर रही है। वह व्यक्तित्व - जॉन या मैरी - हममें से हर एक के विचारों, भावनाओं और विश्वासों का ही योग है। हम अपने विश्वासों, प्रभावों तथा कंडीशनिंग द्वारा उस एक आत्मा को रंगते हैं और संशोधित करते हैं।

आइए मान लेते हैं कि न्यू यॉर्क में रहने वाला जॉन अगले आयाम में चला जाता है। जॉन के रूप में जो गुण था, वह संसार भर के सारे लोगों में रह जाता है। अब संसार के किसी हिस्से में एक प्रजनन क्रिया के दौरान, वह सुर या गुण जो जॉन था, जकड़ लिया जाता है। यह चीन या जापान या कहीं और हो सकता है और असीमित का वह गुण या मूड प्रकट हो जाता है। हम जिसे जॉन के रूप में जानते थे, ऐसा नहीं है कि वह वापस लौट रहा है। यह तो असीमित का सुर है, जो प्रकट हो रहा है।

जिस पल जॉन की मृत्यु हुई, तुरंत वही तरंग किसी दूसरी जाति और देश के सदस्य में प्रकट हो सकती है। 500, 600 और 1,000 साल के चक्रों का इस नियम से कोई लेना-देना नहीं है। जीवन-सिद्धांत काल से परे है; सभी सुर एक ही में हैं। जब आप पियानो बजाते हैं, तो आप जिस तरह की ध्वनियाँ बजाएँगे, यह उसी अनुरूप प्रतिक्रिया करेगा।

आप मन में बीज बोते हैं और आप उस बीज की फ़सल काटते हैं। यह हूबहू बोए गए बीज जैसी ही होगी।

यह विश्वास करना निश्चित रूप से ग़लत है कि आप या कोई दूसरा "पिछले जन्मों" में की गई ग़लतियों की वजह से कष्ट उठा रहा है।

आप वह हैं, जो आप दिन भर सोचते हैं

अगर आप अपने लिए नहीं सोचते हैं और अगर आप अपने मन को साफ़ नहीं करते हैं, तो आप कष्ट उठाएँगे, क्योंकि आपने डर, झूठे विश्वासों और संसार की ग़लत अवधारणाओं को खुद पर प्रभाव डालने की अनुमति दी है। फिर आप विश्व-मन को अनुमति दे रहे हैं कि यह आपके लिए सोचे और सभी प्रकार की दुर्घटनाओं, बीमारी, कष्टों तथा त्रासदियों को आपके जीवन में ले आए। सामूहिक मन या विश्व-मन वह मन है, जो बीमारी, रोग, दुर्भाग्य, दुर्घटनाओं और सभी तरह के अंधविश्वासों में यक़ीन करता है, इसलिए अपने मन को साफ़ करने और प्रार्थना करते रहने का महत्त्व है। संयोग या दुर्घटना जैसी कोई चीज़ नहीं है, क्योंकि सब कुछ नियम है। एक मानसिक अवस्था, एक मानसिक नज़रिया है, जो सबका कारण है।

आप यहाँ जीवन के नियम सीखने आए हैं

मान लें आप अपना हाथ बिजली के नंगे तार पर रख देते हैं। आप जल जाएँगे या झटका लगने से मर जाएँगे। बिजली के नियम को दोष क्यों देना? सीखें कि बिजली का सिद्धांत कैसे काम करता है और आप इसका इस्तेमाल खुद को तथा दूसरों को लाभ पहुँचाने के लिए कर सकते हैं। आप जले या आपको जो चोट लगी, वह नियम के अज्ञान या ग़लत उपयोग के कारण थी। यह कहना मूर्खतापूर्ण होगा कि ईश्वर आपको सज़ा दे रहा था या यह आपके पूर्व जन्म के पापों का फल था।

मान लें आप समुद्र में कूद जाते हैं और आपको तैरना नहीं आता। आप डूब जाएँगे। आप इसके लिए किसी शत्रु देवी-देवता को दोष नहीं देंगे, जो आपको सज़ा दे रहा है; इसके बजाय यह तो आपके तैरने के ज्ञान के अभाव के कारण हुआ था। पानी किसी नाव या इंसान को तैराता रहेगा, जो जानता है कि कैसे तैरा जाता है या नाव कैसे चलाई जाती है।

आप किसी चट्टान से गिर सकते हैं, पर्वतारोहण में लापरवाही के कारण या निर्देशक की ओर कोई ध्यान न देकर, जो आपको सिखा रहा है कि पहाड़ पर कैसे चढ़ा जाता है। गुरुत्वाकर्षण का नियम अव्यक्तिगत है, जिसमें कोई विद्वेष या प्रतिशोध नहीं है।

शिशु और छोटे बच्चे बीमारी, दुर्घटनाओं और त्रासदियों के शिकार क्यों होते हैं?

यह सच है कि बहुत छोटे बच्चे तब तक नहीं सोचते हैं या तर्क नहीं करते हैं, जब तक कि वे एक ख़ास उम्र तक नहीं पहुँच जाते हैं। वे अपने माता-पिता की मनोदशाओं, भावनाओं और परिवेश की दया पर निर्भर होते हैं। कई वर्षों पहले फ़िनीज़ पार्कहर्स्ट क्विम्बी ने बताया था कि छोटे बच्चे एक कोरी स्लेट की तरह होते हैं, जिस पर परिवार के सभी सदस्य और रिश्तेदार कुछ न कुछ लिखते हैं। बच्चे का मन बहुत ग्रहणशील होता है और यह माता-पिता के नकारात्मक सुझावों, डरों तथा चिंताओं को स्वीकार कर सकता है। ज़ाहिर है, वह इस भावनात्मक प्रभाव के प्रति ग्रहणशील होता है और इसी अनुरूप प्रतिक्रिया करता है। यह अतीन्द्रिय संचरण है, जो दूसरों के जीवन को प्रभावित कर रहा है।

सभी मनोशारीरिक चिकित्सक और मनोविश्लेषक इस तथ्य से परिचित हैं कि बच्चे, जब तक कि वे खुद के लिए तर्क करना और वैज्ञानिक दृष्टि से प्रार्थना करना नहीं सीख लेते, घर के मानसिक व भावनात्मक परिवेश के अनुरूप छवि में बड़े होते हैं। अतीन्द्रिय अनुभूति का एक सावधान अंश बच्चों के अच्छे विकास को नियंत्रित कर सकता है।

मन का नियम अच्छा और बहुत अच्छा है

मन का नियम हमेशा निष्पक्ष और बहुत न्यायसंगत है। यदि आप किसी आइने के सामने एक भयंकर पेंटिंग रख दें, तो यह अपने सामने रखी पेंटिंग जैसा हूबहू प्रतिबिंब दिखाएगा। आपका मन राजा और भिखारी के लिए एक आईना है और यह हमेशा गणितीय तरीक़े से तथा सटीकता से आपकी मानसिकता की सामग्री को प्रतिबिंबित करता है। इसीलिए नियम को अच्छा और बहुत अच्छा कहा जाता है। प्राचीन हिब्रू लोगों ने कहा था कि ईश्वर का नियम आदर्श है। यह आपके साथ कोई छल नहीं करता है और इसीलिए जब आप अच्छा सोचते हैं, तो परिणाम अच्छा ही निकलता है। इसी अनुसार, आपकी अतीन्द्रिय अनुभूति आपके विचारों के भौतिक प्रकटीकरण को नियंत्रित कर सकती है।

उसने कहा कि पूर्व जन्म में उसने लोगों का दम घोंटा था

जब मैं लास वेगस में एक महिला से बातचीत कर रहा था, जिसे हम श्रीमती बी. कहेंगे, तो उसने बताया कि वह दस सालों से अस्थमा के दौरों से कष्ट

उठा रही थी और कभी-कभार दवाओं व इंजेक्शनों का भी इस्तेमाल कर रही थी, लेकिन पर्याप्त राहत नहीं मिली थी। उसने रीनो में एक महिला से "अपना जीवन पढ़वाया" जो उसे 200 साल पीछे ले गई और तंद्रा की अवस्था में उसने सम्मोहनकर्ता को बताया कि उसने चीन के कैंटन प्रांत में हुए विद्रोह के दौरान कैदियों का दम घोंटा था।

स्पष्टीकरण

मैंने अतीन्द्रिय अनुभूति के संदर्भ में उसके सामने स्पष्ट किया कि उसके भीतर की आत्मा या ईश्वर कभी सज़ा नहीं देता है, और सारा फ़ैसला यानी उसके ख़ुद के मन के हवाले छोड़ दिया जाता है और वह अपनी अपराधबोध ग्रंथि की वजह से ख़ुद को सज़ा दे रही थी। मैंने यह भी बताया कि जो सम्मोहनकर्ता उसे सम्मोहन की अवस्था में पीछे ले गई, वह काल्पनिक बकवास की दोषी थी।

बातचीत के दौरान उसने ज़िक्र किया कि उसकी माँ अस्थमा के गंभीर दौरे से मर गई थीं। यही नहीं, उसने आगे कहा कि वह अपनी माँ की मृत्यु के समय उनसे बातचीत नहीं करती थी। मैंने उससे कहा, "तुम्हारा अस्थमा तुम्हारे गहरे अपराधबोध और ग्लानि की वजह से है कि तुमने अपनी माँ के साथ ऐसा बर्ताव किया और तुम ख़ुद को सज़ा देने के लिए अपनी माँ के अस्थमा के दौरों के लक्षण ग्रहण कर रही हो।"

मिसेज़ बी ने मेरे साथ मिलकर अपनी माँ के लिए प्रार्थना की और उसने अपनी माँ को मुक्त कर दिया तथा उसके लिए प्रेम, प्रकाश, सत्य, सौंदर्य, ख़ुशी व आनंद की कामना की। उसने अपनी माँ के लिए प्रेम और सद्भाव उड़ेला। उसने नकारात्मक तरीक़े से सोचने के लिए ख़ुद को क्षमा कर दिया और सारी आत्म-निंदा रोक दी।

मिसेज़ बी ने अपनी माँ पर प्रेम उड़ेलना जारी रखा। कुछ सप्ताह में दौरे बंद हो गए और वह मुक्त हो गई। मिसेज़ बी को अब अहसास हो चुका है कि मन या आत्मा के लिए समय या स्थान का कोई बंधन नहीं है और यह कि अतीत तो मृत है। इस पल के सिवा कुछ महत्त्वपूर्ण नहीं है। जब उसने अपने विचार बदले और उन्हें बदले ही रखा, तो अतीत भुला दिया गया और अब याद नहीं किया जाता।

कुछ बच्चे अंधे, बहरे और विकृत क्यों पैदा होते हैं, जबकि बाक़ी स्वस्थ होते हैं

यह सवाल 2,000 साल पहले पूछा गया था। *और उनके शिष्यों ने उनसे पूछा, मालिक, किसने पाप किया, इस आदमी ने या इसके माता-पिता ने, कि वह अंधा पैदा हुआ था? ईसा मसीह ने जवाब दिया, न तो इस आदमी ने पाप किया था, न ही उसके माता-पिता ने : बस ईश्वर के कार्य उसके ज़रिये प्रकट हो रहे हैं... और उससे कहा, जाओ, सिलोआम के तड़ाग में चेहरा धो लो। वह अपने रास्ते चला गया और उसने आँख धोई और वह देखने लगा।* (जॉन 9:2, 3, 7)।

ईसा मसीह से पूछे गए सवाल का मतलब था कि शिष्यों को विश्वास था कि यह आदमी पूर्व जन्म में पापी रहा होगा; यह विश्वास उस वक़्त की परंपरा का हिस्सा था और पूर्वी जगत में काफ़ी पैठ जमा रहा था। लोगों को यह भी विश्वास था कि माता-पिता के पाप बच्चों तक संप्रेषित होते थे। दूसरे शब्दों में, अगर पिता को टी.बी. थी, तो उसके बच्चों को भी होगी; अगर माता-पिता लँगड़े थे, तो बच्चे भी होंगे। ईसा मसीह ने दोनों विश्वासों को पूरी तरह अस्वीकार कर दिया और आत्मिक शक्ति की ओर मुड़े; उन्होंने उस आदमी का तुरंत उपचार कर दिया। आपको ख़ास तौर पर ग़ौर करना चाहिए कि ईसा मसीह ने इस कथन को पूरी तरह नज़रअंदाज़ कर दिया, जो किसी झूठ या भ्रांति के साथ पेश आने का आदर्श तरीक़ा है।

औसत का नियम क्या है?

हम सभी प्रजाति वाले मस्तिष्क में जन्म लेते हैं, जिसे कई बार सामूहिक मन या औसत का नियम कहा जाता है। हम अपने माता-पिता और अपने परिवेश के विश्वासों, मतों और परवरिश के अधीन होते हैं। जब हम अतीन्द्रिय अनुभूति से मन के नियमों को जान लेते हैं, तो हम सामूहिक मन से ऊपर उठ जाते हैं और परिवेश की परवरिश व सीमा को लाँघ जाते हैं। ईसा मसीह ने अंधे आदमी से यह नहीं कहा, "तुम पापी हो। तुमने पूर्व जन्म में पाप किया था और अब तुम्हें उसका प्रायश्चित करना चाहिए।" नहीं, वे ईश्वर-शक्ति की ओर मुड़े और असीम उपचारक उपस्थिति में उनके विश्वास ने अंधे आदमी का उपचार कर दिया। ईश्वर - परम अस्तित्व या जीवन-सिद्धांत - किसी मनुष्य की निंदा नहीं करता या सज़ा नहीं देता। भले ही कोई व्यक्ति अपंग हो, उसका उपचार किया जा सकता है। अगर कोई बहरा है, तो उसका उपचार किया जा सकता है। वह किसी पूर्व

जन्म का शिकार नहीं है, जो एक पूर्वी विश्वास है कि जन्म के समय हमारी सीमाएँ और कमियाँ पूर्व जन्म के पापों का फल हैं, जिसे हमारे कर्म का कर्ज़ कहा जाता है और अब हम उन ग़लतियों या अपराधों का पश्चाताप कर रहे हैं।

बाल प्रतिभाओं का रहस्य

आपको यह बात याद रखनी चाहिए कि हर चीज़, जो मानव जाति के साथ कभी हुई है, मानव जाति के सामूहिक अवचेतन या अचेतन में दर्ज है। मिसाल के तौर पर, इस संसार में रहने वाले अब तक के सभी लोगों का आनुवांशिक इतिहास भी इस शाश्वत अवचेतन मन में दर्ज है। मिसाल के तौर पर, प्रथम विश्व युद्ध में एक अँग्रेज अफ़सर एक स्कॉटिश बटालियन का प्रभारी था, जिसे गंभीर नुकसान सहने पड़े थे। अचानक उसने कहा, "मेरे मन में उनका नेतृत्व करने की गहन इच्छा थी और मैं उनसे उनकी ख़ुद की हाईलैंड गैलिक जुबान में बात करने लगा। मुझे महसूस हुआ कि मैं कोई अन्य व्यक्ति था और युद्ध के एक अलग मैदान में था, जो वही चीज़ कर रहा था, जो मैंने पहले की थी।" उसने बाद में अपनी वंशपरंपरा को टटोला। उसे एक परदादा मिले, जो स्कॉटलैंड में हाईलैंड के निवासी थे और स्कॉटिश रेजिमेंट में कप्तान थे।

जीववैज्ञानिकों और आनुवांशिकी विशेषज्ञों का उसके लिए पहले से तैयार स्पष्टीकरण था। वह बहुत दबाव और तनाव में था तथा बटालियन को प्रेरित करने के सबसे अच्छे तरीक़े की बेतहाशा तलाश कर रहा था। इसलिए उसके अवचेतन ने तुरंत एक उसी तरह के पुराने दृश्य की आनुवांशिक स्मृति को ताज़ा कर दिया, जिससे यह भावना आई कि उसने यह स्थिति पहले भी अनुभव की थी। पूरी जाति का आनुवांशिक ब्योरा हमारे भीतर है। वैज्ञानिक हमें बताते हैं कि इस धरती पर तीन अरब लोगों के जीन्स एक अंगुल जगह भी नहीं भर पाएँगे।

अपने पुरखों को पलटकर देखें

आप एक लड़के थे, जिसके एक पिता थे, जो एक लड़के थे, जिसके एक पिता थे, जो एक लड़के थे, जिसके एक पिता थे। पीछे जाते रहें और आपको अहसास होगा कि पूरी जाति का आनुवांशिक ब्योरा और अनुभव आपके भीतर हैं। पीछे जाते रहें और आप उस मूल कोशिका पर पहुँच जाएँगे, जिससे हम सभी उत्पन्न हुए और मूल कोशिका ईश्वर के साथ उत्पन्न हुई - पृथ्वी पर सारे जीवन का जनक और उद्गम। हम सभी अंतरंग रूप से जुड़े हुए हैं। दरअसल हम सभी

भाई-बहन हैं, जिनका एक ही पिता है। इस तथ्य के सहारे हम तार्किक दृष्टि से अतीन्द्रिय अनुभूति पर चर्चा कर सकते हैं।

एक नई शुरुआत एक नया अंत है

कुछ समय पहले एक व्याख्यान में मैंने ज़िक्र किया कि मैं पुनर्जन्म के आधुनिक विचार को नहीं मानता हूँ, जो कहता है कि जो व्यक्ति विकृत, अपाहिज, अंधा, बहरा या किसी अन्य आनुवांशिक दोष के साथ पैदा हुआ है, उसने पूर्व जन्म में कोई अपराध या दूसरों पर कोई अन्याय किया; कि कर्म की सज़ा उसकी अपूर्ण स्थिति का कारण है - यानी, वह पूर्व जन्म के पाप कर्मों की सज़ा भुगत रहा है; कि उसे बार-बार लौटना होगा जब तक कि वह प्रायश्चित नहीं कर लेता या दैवी अनुकूलन नहीं कर लेता, तभी वह कर्म के तथाकथित चक्र से स्वतंत्र होगा।

यह सब कामयाब नहीं होता है, जब उसे अहसास होता है कि आपकी स्थिति या परिस्थितियाँ चाहे जो भी हैं, जब आप अपने अवचेतन मन को जीवनदायी साँचों से भरना शुरू करते हैं और मानसिक रूप से खुद को असीम प्रेम, असीम जीवन और असीम उपचारक उपस्थिति के सामंजस्य में लाते हैं, तो आपके अवचेतन के नकारात्मक साँचे नष्ट हो जाते हैं और अतीत भुला दिया जाता है तथा याद नहीं रहता है। यह सब अतीन्द्रिय अनुभूति से किया जा सकता है : एक नई शुरुआत एक नया अंत है, क्योंकि शुरुआत और अंत समान है।

आपका आनुवांशिक ब्योरा

एक महिला अपने बच्चे को पैडेरेवस्की का अवतार मानती थी। वह यह अहसास करने लगी कि हालाँकि उसमें और उसके पिता और बेटे के परदादा में किसी तरह की कोई संगीत से जुड़ी प्रतिभा नहीं थी और संगीत में ख़ास रुचि भी नहीं थी, लेकिन लड़के के परदादा हंगरी में संगीतकार थे। यह अनुमान लगाना तार्किक है कि लड़का (उनका बेटा) अपने अभिभावकों के बजाय अपने परदादा के जीन्स और आनुवांशिक यादों के साथ पैदा हुआ था, जो प्रबल थीं।

मैंने इस महिला को समझाया कि अगर परिवार में पाँच सदस्य हैं, तो एक सदस्य हर तरह से अपने माता-पिता, भाई-बहनों से पूरी तरह अलग हो सकता है। वह उत्तरी और दक्षिणी ध्रुव जितना दूर हो सकता है। यह जीववैज्ञानिकों द्वारा जैविक परिवर्तन के रूप में समझाया जाता है, जो क्रोमोसोम संरचना में बुनियादी बदलाव है। प्रतिभाशाली बच्चे में अतीन्द्रिय-दर्शक और अतीन्द्रिय-श्रवण की

शक्तियाँ कार्यरत हो सकती हैं, जो सभी लोगों में निहित होती हैं। यह भी काफ़ी संभव है कि असामान्य प्रतिभाशाली बच्चे को संगीत की प्रतिभा और योग्यताएँ अपनी पैतृक वंश परंपरा में सुषुप्त अवस्था में मिली हों।

जीववैज्ञानिक पूर्व-लक्षण क्या है?

शब्दकोश में इसकी परिभाषा यह है : "किसी व्यक्ति में किसी दूरस्थ पुरखे के लक्षणों का दोबारा उभरना, जो बीच की पीढ़ियों में अनुपस्थित रहे हों।" मिसाल के तौर पर, मोज़ार्ट ने पाँच साल की उम्र में संगीत की रचना कर दी। इससे पहले कि वे सामंजस्य के नियमों के बारे में चेतन रूप से जागरूक हो जाएँ, उनका अवचेतन मन उन्हें जानता था; यह हर जगह सारे लोगों के बारे में सच है, बशर्ते हम अपनी आंतरिक महान शक्तियों के बारे में जाग्रत हो जाएँ। आर्कबिशप वेटली में गणित के क्षेत्र में विलक्षणकारी प्रतिभा थी। उन्होंने कहा था कि जैसे ही उनके चेतन मन को अभ्यास कराया गया और उसे शिक्षित किया गया, उनकी शक्ति ओझल हो गई। उन्होंने अतीन्द्रिय अनुभूति की अपनी प्रतिभा गँवा दी।

जीनियस क्या है?

जीनियस अपने अवचेतन या अतीन्द्रिय मन के साथ तादात्म्य वाला व्यक्ति होता है। अवचेतन के द्वारा ही शेक्सपियर ने मनुष्य के चेतन मन में छिपी महान सच्चाइयों को अनुभूत किया। रैफ़ेल अपनी मनन की मनोदशाओं में अपने अवचेतन की अतीन्द्रिय शक्तियों के संपर्क में थे, जिससे वे उन मास्टरपीसेस को बाहर निकाल सकते थे, जिन्हें उन्होंने मैडोनाज़ कहा। बीथोवन ने अपनी अतीन्द्रिय अनुभूति से अपनी आत्मा के मौन में संगीत सुना।

बाल्यावस्था की गणितीय विलक्षण प्रतिभाएँ अपनी प्रतिभा क्यों गँवा देती हैं?

बच्चा व्यक्तिपरक मन के संपर्क में रहता है। व्यक्तिपरक मन सुझाव का अनुगामी होता है और सामान्य शिक्षा बच्चों को अन्तर्ज्ञान या अतीन्द्रिय-दर्शन तथा अतीन्द्रिय-श्रवण की आवाज़ को नज़रअंदाज़ करना सिखाती है। भीतर की अतीन्द्रिय अनुभूति की बुद्धिमत्ता को बाहर निकालना सिखाने के बजाय इसे अक्सर नज़रअंदाज़ कर दिया जाता है, जिससे यह शक्ति कुम्हला जाती है और ग़ायब हो जाती है। इसे बच्चे में क़ायम रखा जा सकता है, बशर्ते शिक्षक बच्चे

के मन पर इस तथ्य की छाप छोड़ दे कि उसमें गणित की अतीन्द्रिय प्रतिभा हमेशा मौजूद है; कि वह वस्तुपरक नियम, आकार, अंकीकरण आदि सीखते समय उसका विस्तार कर सकता है। बच्चे का व्यक्तिपरक मन सुझाव का अनुगामी होने के कारण अतीन्द्रिय अनुभूति की अपनी शक्तियों को क़ायम रखेगा, क्योंकि उसके और उसके शिक्षक "के विश्वास के अनुरूप ही उसके साथ किया जाएगा।"

कुछ उल्लेखनीय प्रकरण

जब आस-पड़ोस के बच्चे पढ़ना सीख भी नहीं पाए थे, तब रैल्फ़ वॉल्डो एमर्सन अमर ग्रंथों का अध्ययन कर रहे थे। इसमें कोई रहस्यमय या पारलौकिक चीज़ नहीं है। उनके पुरखे अध्यात्म-केंद्रित थे और अतीन्द्रिय ज्ञान के प्रेमी थे। बेशक, उनके गर्भाधान के पल में उन्हें उनके माता-पिता की मनोदशा ने प्रभावित किया और सही आनुवांशिक प्रभाव भी डाला।

जॉन स्टुअर्ट मिल ने तीन साल की उम्र में ग्रीक भाषा सीख ली और सात साल की उम्र में प्लेटो के ग्रीक ग्रंथ पढ़ लिए, साथ ही गिबन और ह्यूम की कृतियाँ भी।

मेरे पिता दक्षिण आयरलैंड में एक स्कूल के प्रिंसिपल थे। वे 12 साल के एक लड़के को देखकर हैरान थे, जो किसी भी गणितीय समस्या या बीजगणित के समीकरण को तुरंत समझ लेता था। वह गणित की सबसे जटिल समस्या को भी देखकर जवाब बता सकता था, वह भी कुछ लिखे बिना। मेरे पिता ने स्थानीय बिशप से उसकी अनुशंसा की, जिन्होंने उसे सेमिनरी में शिक्षित करने का इंतज़ाम किया। बाद में वह लड़का पादरी बन गया और अब सुदूर पूर्व में गणित पढ़ा रहा है। अब पलटकर देखते हुए मुझे विश्वास है कि वह लड़का अतीन्द्रिय-दर्शक था।

एक महान सत्य का अहसास करें

किसी एक इंसान ने जो भी चीज़ की है, उसे कोई दूसरा इंसान भी कर सकता है। ईश्वर सभी इंसानों के भीतर है और ईश्वर अविभाज्य है, इसलिए इसके लिए बस इतना ज़रूरी है कि इंसान ख़ुद को अपने भीतर की इन असीमित अतीन्द्रिय शक्तियों के बारे में जाग्रत कर ले और मानसिक रूप से उन्हें स्वीकार कर ले।

आपका स्मृति भंडार

आपका अवचेतन मन स्मृति का भंडार है और इसका इस्तेमाल किसी भी तारीख़ या जानकारी प्राप्त करने के लिए किया जा सकता है, जो आपने कभी पढ़ी है।

सॉलोमन लिथुआनिया के रब्बी थे और उनकी इतनी उल्लेखनीय स्मृति थी कि वे किसी पढ़ी हुई चीज़ को कभी नहीं भूलते थे। उन्हें बाइबल और टैलमड ज़ुबानी याद थीं और वे किसी भी अंश को आग्रह के अनुरूप आसानी से दोहरा सकते थे। उन्होंने जो किया, वह आप भी कर सकते हैं। अतीन्द्रिय जागरूकता या अनुभूति के माध्यम से यह बुनियादी और स्वयंसिद्ध है।

आपमें से कई एडगर केस के लेखन से परिचित होंगे। मैंने उन्हें कई बार व्याख्यान देते सुना है और मैं उनकी ईमानदारी तथा सादगी से बहुत प्रभावित हुआ। वे किसी पुस्तक की सामग्री को पूरी तरह याद कर सकते थे, इसकी ओर देखे बिना भी। आपकी अतीन्द्रिय अनुभूति इंसानी आँखों के बिना देख सकती है। केस निश्चित रूप से अतीन्द्रिय-दर्शक और अतीन्द्रिय-श्रोता थे। ये शक्तियाँ हम सभी के भीतर होती हैं, हालाँकि हो सकता है कि वे सुषुप्त हों। हम उन्हें विकसित कर सकते हैं और उनकी धार पैनी कर सकते हैं। इसका बार-बार भौतिक शरीर में पैदा होने से कोई संबंध नहीं है। हम निरायन समय और स्थान में विकास नहीं करते हैं या जाग्रत नहीं होते हैं। हमें तो अपने भीतर की लंबी सीढ़ी पर चढ़ना होगा, ईश्वर की पहाड़ी पर ऊपर जाना होगा, जहाँ जीवित आत्मा, काल से परे, स्थानरहित और शाश्वत निवास करती है, जहाँ सभी चीज़ें जानी जाती हैं - हमारे भीतर ईश्वर की उपस्थिति में।

एडगर केस को बहुत कम सामान्य स्कूली शिक्षा नसीब हुई थी। लेकिन नींद या तंद्रा की अवस्था में अवचेतन मन का दोहन करके वे संसार के किसी भी हिस्से में रोगियों की बीमारी का निदान करने में सक्षम थे। हालाँकि वे चिकित्सा, औषधि शास्त्र या दवाओं के बारे में कुछ नहीं जानते थे, लेकिन वे दवाएँ बता सकते थे और शारीरिक क्षति का वर्णन कर सकते थे। उन्होंने तो सिर्फ़ शाश्वत अवचेतन या अतीन्द्रिय मस्तिष्क का दोहन किया और उनके विश्वास के अनुरूप उनके साथ किया गया। बाद में जो उपचार हुए, वे विश्वास पर आधारित थे।

वे अपने तकिए के नीचे एक पुस्तक रखकर उसकी सामग्री शब्दशः दोहरा सकते थे। यह कहा जाता है कि वे तंद्रा की अवस्था में एक दर्जन से अधिक भाषाएँ बोल सकते थे। वैसे सारी बोली गई भाषाएँ आपके अवचेतन मन में होती हैं, क्योंकि आप शाश्वत अवचेतन या अचेतन के साथ एक हैं। बेशक, एडगर केस अतीन्द्रिय-श्रोता भी थे और वे जीवन के अगले आयाम में पहुँच चुके डॉक्टरों के साथ संपर्क कर सकते थे या शाश्वत अवचेतन से अपने सारे जवाब निकाल सकते थे। वे अगले आयाम में पहुँच चुके सर्जनों, अस्थि चिकित्सकों और औषधिविज्ञानियों की आवाज़ों या शब्दों को भी सुन सकते थे, जिन्हें कोई दूसरा

नहीं सुन सकता था। अतीन्द्रिय जागरूकता या अनुभूति की उनकी शक्ति ही उनकी महान शक्तियों की बुनियाद थी।

जन्म के समय असमानता क्यों होती है?

प्रायः मुझे इस तरह के पत्र मिलते हैं, “ऐसा क्यों है कि कुछ लोग इतने ग़रीब पैदा होते हैं और बाक़ी विलासिता की गोद में? कुछ बच्चे अपाहिज होते हैं और बाक़ी क्यों नहीं होते?” कई लोगों के मन में अमीर और ग़रीब के अर्थ को लेकर दुविधा होती है। कई लोग प्रेम, ख़ुशी, आस्था, आत्मविश्वास, हँसी और सद्भावना में ग़रीब होते हैं। दौलत मन में होती है। आप अमीर हैं, जब आप जानते हैं कि आप अपने अवचेतन अतीन्द्रिय मन की प्रज्ञा और बुद्धिमत्ता का दोहन कर सकते हैं तथा अपनी इच्छाओं को साकार कर सकते हैं। आप अमीर हैं, जब आपका मन शांति, ख़ुशी, प्रेम, आत्मविश्वास और जीवित लोगों के प्रदेश में ईश्वर की अच्छाई में आस्था से भरा होता है।

आइए हेलन केलर का प्रसंग देखते हैं। यह कहना कि उनका जन्म एक अन्याय था या यह कि उन्हें पूर्व जन्म के ग़लत कार्य के कारण सज़ा दी जा रही थी, पूरी तरह अतार्किक, असंगत और बहुत अवैज्ञानिक है। कुछ कहते हैं कि यह एक अन्याय था, क्योंकि वे दृष्टि और श्रवण के अहसास से बचपन में ही वंचित हो गई थीं। बहरहाल, उनके पास एक नर्स थी, जिसने प्रेम और अनुशासन का इस्तेमाल किया, जिसकी बदौलत हेलन अपने मन की अमीरी का इस्तेमाल करने लगीं। उनकी आँखों को “देखने” में इतना समर्थ बनाया गया, जितना कि अधिकतर लोग ओपेरा में सारी तड़क-भड़क के रंग भी नहीं देख पाते हैं। इसी तरह उनके बहरे कान ऑर्केस्ट्रा के संगीत के आरोह, अवरोह और पूरे फैलाव को “सुन” सकते थे। वे उच्चतम स्वर की स्पष्ट ध्वनियों के बारे में जागरूक थीं। यह अतीन्द्रिय अनुभूति है।

इतिहास असंख्य दूसरे लोगों के बारे में बताता है, जिनके जीवन में तमाम तरह के रोग, शारीरिक दोष और आर्थिक कठिनाइयाँ रहीं, लेकिन उन्होंने विज्ञान, कला, संगीत, उद्योग और धर्म में उत्कृष्ट उपलब्धियाँ हासिल कीं। विलासिता की गोद में पैदा हुए असंख्य लोगों के बारे में सोचें, मानवता के आदर्श नमूने, जिनमें से कई अपने मुँह में सोने के चम्मच लेकर पैदा हुए थे। खुद से पूछें कि क्या उन्होंने उतना ज़्यादा भला किया है या वे महानता की उतनी ऊँचाई तक उठे हैं, जितना कि हमारे द्वारा बताए लोगों ने किया, जो ग़रीबी, बीमारी, विकृति और

सभी तरह की कठिनाइयों के साथ पैदा हुए थे।

क्या आप ज़ोर देंगे कि जिन लोगों का मैंने ज़िक्र किया है, उन्हें न्याय पाने के लिए बार-बार लौटना होगा? ई. हेनली दर्द से यातना में थे और एक लंबी बीमारी से पीड़ित थे। उन्होंने कहा था : "... जो भी देवता हैं, मैं उन्हें अपनी अजेय आत्मा के लिए धन्यवाद देता हूँ।" आपकी आत्मा ही ईश्वर है। वास्तविकता में आप अभेद्य और अजेय हैं। आप पृथ्वी पर चलते-फिरते ईश्वर हैं, बशर्ते आप बस अनुभूति की अपनी अतीन्द्रिय प्रतिभा का इस्तेमाल करें।

कुछ लोग न्याय को कैसे देखते हैं

कई लोग हैं, जो यक़ीन करते हैं कि चूँकि कोई इंसान बहुत अमीरी में पैदा हुआ है, इसलिए उसे दोबारा इस पृथ्वी पर ग़रीबी में पैदा होना होगा, ताकि हिसाब बराबर हो जाए या न्याय हो जाए। यहाँ वे पैसे, दौलत, ज़मीन-जायदाद, सांसारिक संपत्तियों की बात कर रहे हैं। न्याय का अर्थ है निष्पक्षता, धार्मिकता, चीज़ों को संतुलित करना। यह नियम हमेशा बहुत निष्पक्ष और न्यायपूर्ण है। "जैसा कोई मनुष्य बोता है, वैसा ही वह काटेगा।" यह जीवन के अगले आयाम में भी काम करता है और यहाँ भी। बहरहाल, आपको इसकी अनुभूति अपनी अतीन्द्रिय इंद्रियों से करनी होगी।

पुनर्जन्म इन सवालों का जवाब नहीं है। यह बहुत खोखली सोच होगी। आपको बाहरी चीज़ों को नहीं देखना चाहिए, जैसे इंसान का शरीर, उसका परिवेश, उसके माता-पिता, उनकी दौलत, उनकी शक्ति या संपत्तियाँ। मान लें कि एक बच्चा बकिंघम पैलेस में अपने आस-पास सारी विलासिता, अमीरी और शाही ठाठ-बाट के साथ पैदा होता है। उससे क्या? आप सिर्फ़ बाहरी चीज़ों के बारे में बात कर रहे हैं और उस असल लड़के के बारे में बात नहीं कर रहे हैं, जो एक मानसिक और आध्यात्मिक जीव है, जिसके भीतर ईश्वर का साम्राज्य है। वह अमीर होगा या ग़रीब, यह इस बात पर निर्भर होगा कि वह अपने भीतर की ईश्वर की प्रतिभा का कैसा इस्तेमाल करता है। जैसा वह बोता है, वैसा ही वह काटेगा, चाहे इस त्रि-आयामी जीवन में या अगले चार आयामी जीवन में, जो इस धरातल को भेदता है और हमारे चारों ओर है।

आप कर्म के शिकार नहीं हैं

हिंदू और बौद्ध धर्म के दृष्टिकोण से, कर्म का मतलब कार्य होता है, इस जीवन

या पुनर्जन्म में इंसान को अपने कार्यों के अच्छे-बुरे परिणाम अवश्यंभावी रूप से मिलते हैं। सिद्धांततः यह संसार का सिद्धांत है, जिसके अनुसार हर व्यक्ति को एक जन्म में उसके पूर्व जन्म के कर्मों के अनुसार पुरस्कार या दंड मिलता है।

बाइबल कहती है, *कोई इंसान जो भी बोता है, वही उसे काटना भी होगा* (गैलेशियन्स 6:7)। आप अतीत के शिकार नहीं हैं, सिर्फ़ इस वजह से कि आप वर्तमान को बदल सकते हैं और आपका भविष्य आपके वर्तमान विश्वासों की साकार अभिव्यक्ति होगी। ईश्वर, जो आपके भीतर की जीवित आत्मा है, काल से परे और स्थानमुक्त है, इसलिए एक नई शुरुआत एक नया अंत है। जब आप वैज्ञानिक रूप से प्रार्थना करते हैं, तो आप समय और स्थान के सिद्धांतों से सरोकार नहीं रखते हैं।

हम जिस आदमी को हत्यारा, चोर या बदनाम कहते हैं, वह यदि चाहे, तो पलक झपकते ही उसका कायाकल्प हो सकता है। यह चेतना में भारी वृद्धि से हासिल किया जा सकता है, जिसके साथ ईश्वर के प्रेम और शांति की प्रबल इच्छा हो।

अपनी भलाई को कैसे स्वीकार करें

यदि कोई व्यक्ति अपने अतीत को छोड़ दे और सही सोच, सही भाव और सही कर्म का अभ्यास शुरू कर दे, तो वह अपना कायाकल्प कर लेगा। एक नई शुरुआत एक नया अंत है। अपनी एक नई अवधारणा लें और अतीन्द्रिय अनुभूति के ज़रिये एक नए जीवन की ओर आगे बढ़ें।

आपका समय अभी है

औसत व्यक्ति जिस समय के बारे में बात करता है, उसका मतलब है पृथ्वी के परिक्रमा पथ की गति में पृथ्वी और सूर्य की स्थिति का संबंध। इसका मतलब है आज और कल की घटनाओं से उसका संबंध। आइंस्टाइन ने कहा था कि अगर कोई पुरुष किसी सुंदर महिला से बात करे, तो एक घंटा एक मिनट जैसा लगता है, लेकिन अगर वह किसी गर्म तवे पर बैठे, तो 30 सेकंड भी एक घंटे जैसे लगते हैं। इसका मतलब है कि आपके मन में समय आपका विचार, आपकी भावना, मानसिक अवस्था है।

आपके हृदय का आदर्श अभी मौजूद है। यह मन के अगले आयाम में एक मूर्त, जीवित वास्तविकता है। आप जिस पुस्तक या नाटक को लिखने की योजना

बना रहे हैं, वह पहले से ही आपके मन में है। कहें, "मैं अपनी इच्छा के पूरी तरह पूर्ण होने को अभी स्वीकार करता हूँ और मैं इस विश्वास में रहता हूँ कि मेरा अवचेतन इसे साकार कर देगा।" निष्ठावान रहें और आप सफल प्रार्थना की ख़ुशी का अनुभव करेंगे। यह अतीन्द्रिय और अनुभूतिजन्य नीति है।

पुनर्जन्म के बारे में लेखक का दृष्टिकोण

विकास और प्रबुद्धता असीम के साथ संपर्क में मन के कायाकल्प से घटित होते हैं, जो कालातीत और स्थानमुक्त है और जहाँ सारी अच्छाई इसी समय वास करती है। इस चुनौती को स्वीकार करें : "अपने मन को नया बनाकर कायाकल्प कर लें।"

हमें पूर्वी धर्मों और सिद्धांतों द्वारा फैलाई एक प्रजातीय भूल के सामने आत्मसमर्पण नहीं करना चाहिए। आइंस्टाइन ने समय और स्थान के झूठे देवताओं को ढहा दिया था। आज हम जानते हैं कि आत्मा और पदार्थ एक हैं। वैज्ञानिक और मानसिक चिंतक पुनर्जन्म के सिद्धांत को बिलकुल ही नए दृष्टिकोण से देखते हैं। वे "माउंट के उदाहरण" से शुरू करते हैं, जहाँ इंसान ईश्वर के साथ एक है।

खुद के लादे हुए शारीरिक, मनोवैज्ञानिक रूप से क़ैदी बनाने वाले मूर्त रूपों में विश्वास से खुद को मानसिक रूप से मुक्त कर लें। "ईश्वर के बेटे" को "ख़ुशी से कूदना" चाहिए, प्रकाश, प्रेम, सत्य और सौंदर्य के "भोर के सितारों के नीचे," जो आपके मन के आकाश में रोशनी करते हैं।

कर्म या आपने जो बोया है उसे काटना, तभी तक कठोर होता है, जब तक कि आप प्रार्थना नहीं करते हैं या ईश्वर के सत्यों पर मनन नहीं करते हैं। जैसे ही आप प्रार्थना करते हैं, आप कर्म के ऊपर उठ जाते हैं और पुरानी ग़लतियों के अप्रिय परिणाम साफ़ होने लगते हैं। चाहे अपराध कितना भी भयंकर हो - चाहे यह हत्या या और कोई जघन्य अपराध हो - यह सामान्य तौर पर मिलने वाली सज़ा के साथ मन से पूरी तरह साफ़ किया जा सकता है। सतही प्रार्थना मामलों को नहीं बदलेगी। ईश्वर के प्रेम और कृपा की गहरी भूख और प्यास, साथ ही कायाकल्प की गहरी इच्छा, उस सज़ा को मिटाने के लिए अनिवार्य है, जो इसके बिना नकारात्मक और विनाशकारी सोच को मिलेगी।

ईश्वर का प्रेम सारी समझ से परे है और यह उस मार्ग को प्रकाशित करता है, जिस पर हम चलते हैं। ईश्वर के चमत्कारों और वरदानों का कोई अंत नहीं है। आपकी यात्रा हमेशा आगे, ऊपर और ईश्वर की ओर होती है। आप एक

महिमा से दूसरी महिमा, एक महल से दूसरे महल में जाते हैं, कई महलों वाले अपने पिता के भवन में। जीवन प्रगति है। आप एक अंतहीन यात्रा पर हैं। उस एक की ओर यात्रा में आनंदित हों, जो सुंदर है और अच्छा है; जाने के लिए कोई दूसरी जगह है ही नहीं। यह अकेले की ओर अकेले की उड़ान है।

एक नए स्वप्न के साथ धर्म और विज्ञान दोनों ही इस प्राचीन हिब्रू ध्यान के रहस्यवादी निहितार्थ को समझ सकते हैं, इस पर विश्वास करके और इसे कहकर :

समूचे अस्तित्व का स्त्रोत मैं हूँ
यात्रा और अंत।
मैं ही बीज हूँ;
मैं ही विकास हूँ;
मैं ही विनाश हूँ।
सारी वस्तुएँ और प्राणी मैं भेजता हूँ;
मैं उनका समर्थन करता हूँ, जब वे बाहर खड़े रहते हैं;
और जब अलगाव का स्वप्न ख़त्म होता है, तो मैं
उन्हें अपने पास लौटा लेता हूँ।
मैं जीवन हूँ,
और नियम का पहिया हूँ,
और वह रास्ता हूँ जो परे ले जाता है।
दूसरा कोई नहीं है।

जब आप इस पुस्तक में बताई गई अतीन्द्रिय अनुभूति का अपना दायरा पैना करते हैं, तो आप जो चाहते हैं, उसे हासिल करने के लिए अपने मन की पूर्ण शक्तियों को व्यवस्थित कर लेंगे।

याद रखने वाले बिंदु

1. सभी लोगों में एक मन साझा होता है। मानव जाति के सारे अनुभवों की पूर्ण स्मृति शाश्वत अवचेतन के भीतर है और इसका दोहन आप तब कर सकते हैं, जब आप अतीन्द्रिय अनुभूति के ज़रिये इसके सामंजस्य में होते हैं।

2. आपका अवचेतन मन विवेचनात्मक तर्क नहीं करता है या आपके साथ बहस नहीं करता है। यह सिर्फ़ निगमनात्मक तरीक़े से तर्क करता है और आपके आधारवाक्य (सच हो या झूठ) को तार्किक दिखने वाले निष्कर्ष पर ले आता है, जो इसे दिए गए सुझाव की प्रकृति पर निर्भर करता है।
3. सम्मोहन की अवस्था में आप आम तौर पर वही करेंगे, जो सम्मोहनकर्ता चाहता है। अगर उसे यक़ीन है कि आप पहले जीवित रह चुके हैं और वह आपको यह सुझाव देता है, तो आपका अवचेतन इसी अनुरूप प्रतिक्रिया करेगा और फंतासी व नाटक का एक जाल बुन देगा, जिसकी वस्तुपरक पुष्टि असंभव है।
4. यदि आप अपने अवचेतन मन को सम्मोहन से पहले एक प्रबल सुझाव दे दें कि आप इसमें विश्वास नहीं करते और आप प्रतिक्रिया नहीं करेंगे और अगर आपका सुझाव सम्मोहनकर्ता के सुझाव से ज़्यादा शक्तिशाली हो, तो उसे परिणाम नहीं मिलेंगे। आपका अवचेतन दो विपरीत विचारों में से ज़्यादा प्रबल को ही स्वीकार करता है।
5. सम्मोहन संबंधी प्रयोगों के ज़रिये पूर्व जन्मों में पीछे लौटने के फलस्वरूप काल्पनिक नाटकीयकरण होता है, जो आपके द्वारा पढ़ी, सुनी और अनुभव की गई चीज़ों पर आधारित होता है। आपका अवचेतन एक कुशल बुनकर है और यह तंद्रा की अवस्था में दिए गए सुझाव की प्रकृति के अनुरूप किसी तरह की मिश्रित कहानी या तस्वीर का आविष्कार कर लेगा।
6. आपके अवचेतन मन में युगों के मानसिक अनुभव और प्रतिक्रियाएँ शामिल हैं। सच्चे अतीन्द्रिय-दर्शन के लिए समय में पीछे पलटकर देखना संभव है और कोई वैली फ़ोर्ज में जॉर्ज वॉशिंगटन को झुका हुआ भी देख सकता है। वह अवचेतन के शाश्वत पर्दे पर मानसिक तरंग या मानसिक तस्वीर के साथ संपर्क जोड़ सकता है। इसका यह मतलब नहीं है कि वह व्यक्ति किसी समय सचमुच जॉर्ज वॉशिंगटन रहा है।

7. आप किसी दूसरे व्यक्ति के पुराने अनुभव के साथ आसानी से संपर्क कर सकते हैं और इसे अपना खुद का अनुभव मान सकते हैं। अतीन्द्रिय-दर्शन और अतीन्द्रिय-श्रवण की शक्तियाँ हम सभी में होती हैं, हालाँकि ये सुषुप्त होती हैं। इन्हें अतीन्द्रिय अनुभूति से जाग्रत किया जा सकता है।

8. गहरी नींद में सोते समय आपके लिए यह संभव है कि मनोवैज्ञानिक दृष्टि से आप उस शहर या जगह पर पहुँच जाएँ, जहाँ आप जाना चाहते हैं। फिर जब आप वहाँ वस्तुपरक रूप से जाते हैं, तो आप वही देखते, सुनते और अनुभव करते हैं, जो आपने व्यक्तिपरक रूप से किया था। इसलिए आपको लग सकता है कि आप वहाँ पहले रहे थे या आपने उस जगह को पहले देखा था आदि। यह एक बहुत आम अनुभव है। आज इसे अतीन्द्रिय यात्रा कहा जाता है, जिसके बारे में हो सकता है कि आप चेतन रूप से भूल गए हों।

9. यात्रा में आप किसी ऐसे व्यक्ति से मिल सकते हैं, जिसके बारे में आपको लगता है कि आप उसे हमेशा से जानते हैं। वह बस आपकी मनोदशा के लिए अंतरंग है। हमारी मनोदशाओं में समानताएँ होती हैं।

10. याद रखें, असीम आत्मा, असीम मन, या जिसे भी लोग ईश्वर कहते हैं, जीवित आत्मा आपके भीतर है और इंसान के माध्यम से काम कर रही है और इसकी अनुभूति अतीन्द्रिय रूप से की जा सकती है। इसने ख़ुद से सारी चीज़ें बनाई हैं और इंसान के साधनों से भी, क्योंकि मनुष्य अभिव्यक्ति में ईश्वर के समान है। असीम मन ने सारी चीज़ों का अनुभव किया है, यह सब कुछ जानता है और सब कुछ देखता है और जब आप असीमित से संपर्क करते हैं, तो आप अतीन्द्रिय अनुभूति का इस्तेमाल करते हुए अपने भीतर के आश्चर्यों तथा महिमाओं के प्रति धीरे-धीरे जागेंगे।